VOYAGE EN ITALIE

ET EN SICILE,

FAIT EN 1801 ET 1802.

Chez P. DIDOT L'AINÉ, imprimeur (ci-devant au Louvre), actuellement rue du Pont de Lodi, n° 6, derrière le quai des Augustins;

Et A.-A. RENOUARD, libraire, rue S.-André-des-Arcs.

VOYAGE EN ITALIE ET EN SICILE,

FAIT EN MDCCCI ET MDCCCII,

PAR

M. CREUZÉ DE LESSER,

MEMBRE DU CORPS LÉGISLATIF.

Plus je vis l'étranger, plus j'aimai ma patrie.
DU BELLOY.

A PARIS,
DE L'IMPRIMERIE DE P. DIDOT L'AINÉ.

M.DCCCVI.

PRÉFACE.

J'ai fait deux voyages en Italie, tous deux à la vérité assez courts, et j'étois bien éloigné de penser à rien écrire sur ce sujet très usé: voici ce qui m'a fait changer d'avis.

Depuis que je me mêlois d'écouter et de penser, j'avois sans cesse lu et entendu dire que l'Italie étoit le plus beau pays de la nature, et que tout y étoit au niveau du pays. J'avois même, assez récemment, entendu sérieusement affirmer que le climat et le ciel y étoient tellement avantageux, que des tableaux et des statues qu'on y admiroit de temps immémorial comme des chefs-d'œuvre de l'art, alloient perdre la plus grande partie de leur mérite par le seul fait de leur translation en France. Heureusement cela ne s'est pas confirmé tout-à-fait; mais il ne m'en étoit pas moins resté un grand fond de respect pour l'Italie. Je n'y allai que très disposé à admirer, et d'autant moins disposé à écrire qu'il n'y a rien à ajouter à ce qu'on en a écrit, du moins dans le genre admiratif. Quelle fut ma surprise quand en parcourant ce pays célebre, je fus obligé de rectifier mes idées sur une foule d'objets! Je me taisois cependant, persuadé que l'exagération des éloges m'amenoit involontairement à l'exagération de la critique, et que le dégoût des odes me repoussoit dans la satire. Je n'ai commencé à prendre un peu de confiance dans mon opinion qu'après un fait dont j'atteste l'exactitude: sur plus de deux cents Français que j'ai rencontrés en Italie, je n'en ai pas vu quatre qui ne convinssent de l'exagération des louanges prodiguées à ce pays. Autorisé, d'après une telle unanimité, à penser que presque tous ceux de mes compatriotes, qui en si grand nombre ont vu récemment l'Italie, en ont rapporté la même idée, je me flattois que quelqu'un d'entre eux prendroit la peine d'écrire ce qui est l'opinion de tant de monde, et de donner enfin un démenti à tant de panégyriques plus ampoulés et plus faux les uns que les autres. J'ai attendu long-temps que quelqu'un plus instruit que moi se chargeât de cette tâche; mais mon espérance a été trompée.

La raison par laquelle je puis expliquer ce silence, expliquera en même temps la différence d'opinions qui existe entre les Français qui ont vu récemment l'Italie, et les voyageurs de tout pays qui l'ont décrite. Les premiers n'y étoient appelés que par leurs devoirs ou leurs intérêts, et ont jugé avec d'autant plus de sang-froid et d'impartialité qu'ils n'ont jugé que pour eux-mêmes, et sans se soucier, comme on le voit, de faire partager leur opinion à personne. Les seconds venus en Italie *pour écrire un voyage*, et déterminés à y trouver et à y peindre des beautés de tout genre, ont souvent commencé par les imaginer, pour les admirer ensuite; ce sont des hommes qui ont mis devant leurs yeux des lunettes vertes, et qui ont vu tout verd. M. de Volney qui, de l'avis de tous les militaires français, a le premier, et presque le seul, imprimé la vérité sur l'Egypte, plus louée encore que l'Italie quoique bien moins digne de l'être, M. de Volney, dis-je, observe, dans son excellent voyage, que rien n'est plus commun que de voir des voyageurs, sur-tout ceux qui écrivent, se prendre à la longue d'engouement pour les pays qu'ils ont parcourus avec le plus de dégoût. Il ajoute même avoir vu en France vanter beaucoup l'Egypte par des hommes qu'il avoit vus en Egypte apprécier ce pays à sa juste valeur; il s'est apperçu qu'avec le temps, l'éloignement d'un pays fait souvent oublier les désagréments qu'on y avoit le plus remarqués. Cette cause pourroit déja avoir réconcilié plus d'un Français avec l'Italie; mais je suis persuadé que la plupart conviendront de la vérité de mes tableaux, et, s'il le faut, en défendront la franchise contre la faction des admirateurs.

Au reste, en exprimant mes opinions très indépendantes, je suis bien loin de penser à leur asservir celles des autres. Je supplie les personnes de l'avis desquelles je ne suis pas, de me le pardonner d'aussi bonne grace que je leur pardonne d'avance de n'être pas du mien.

Je pensois si peu à écrire sur l'Italie, que je n'avois recueilli aucuns matériaux sur ce pays: ramené à une opinion différente, j'ai retrouvé quelques lettres que j'avois écrites; j'ai interrogé ma mémoire assez fidele, et j'ai formé du tout, l'ensemble un peu décousu que je soumets au public. J'espere que le naturel qu'on y trouvera dédommagera d'une partie de ce qu'on pourra y desirer. Le plus grand mérite de mon voyage, supposé qu'il en ait deux, sera d'avoir été écrit sans aucune des prétentions ni des préventions d'un voyageur.

Je n'ai pas tout vu en Italie, je n'ai même pas écrit tout ce que j'ai vu: mais ayant parcouru cette contrée depuis les Alpes jusqu'au-delà de Naples, et ayant pénétré en Sicile jusqu'à Palerme, j'ai cru que ce dernier avantage, assez rare pour un Français, me donnoit encore plus de droits à écrire ce voyage. Si dans un livre assez court, que j'aurois voulu pouvoir diminuer encore, je suis parvenu à donner, sur une grande partie ce qu'il y a d'intéressant en Italie, une idée un peu plus juste que celle qu'on en a généralement, je ne regretterai pas le loisir que j'ai consacré à cet ouvrage qui nécessairement sera sans gloire, mais qui alors ne seroit pas sans utilité.

Qu'on me pardonne ce mot *utilité* placé à la tête d'un livre où il y a quelques plaisanteries; mais la folie est quelquefois si *sérieuse*, sur-tout en France, que la raison a pris souvent le parti de s'y montrer assez gaie.

J'ai assez peu parlé de tableaux et de statues, ce sujet appartenant désormais à un voyage de France; j'ai moins parlé encore de minéralogie, et autres choses de ce genre qui rendent tant de voyages plus savants, mais non pas plus lisibles; c'est une lacune dans le mien, et je m'en accuse. Mais outre que je suis peu versé dans ces matières déjà traitées, j'ai cru plus intéressant encore de peindre, par exemple, les mœurs de la nation que de disserter sur les roches schisteuses ou calcaires du pays : le charlatanisme en ce genre est si facile que je l'ai même dédaigné. En un mot, on a assez observé les montagnes et les tableaux de l'Italie; j'y ai sur-tout observé l'espece.

Je contredis trop souvent mes prédécesseurs pour me permettre de les juger : autant je m'éloigne de leurs opinions, autant j'aurois desiré pouvoir me rapprocher du talent de beaucoup d'entre eux. Je me bornerai à dire que ce qu'il y a de plus élégant sur l'Italie est le voyage du président Dupaty, et de plus complet, celui de M. de Lalande. Même, après ce dernier, qui devroit plutôt s'appeler *séjour en Italie* que *voyage en Italie*, tant il offre une description complete et détaillée, il n'est plus permis de peindre ce pays que sous les rapports qui inspirent toujours de l'intérêt par leur propre importance, ou qui peuvent en recevoir, soit du genre d'esprit, soit du genre de connoissances de l'écrivain.

En tout, si l'on me demande dans cet ouvrage plus que je n'ai voulu donner, si l'on cherche tout ce qui auroit pu y être, on y trouvera beaucoup de lacunes; si l'on se borne à juger ce qui y est, on sera peut-être moins mécontent.

VOYAGE
EN ITALIE ET EN SICILE.

LE PONT DE BEAUVOISIN.

Le pont de Beauvoisin étoit la frontiere de la France avant que la Savoie y eût été réunie, ou plutôt s'y fût réunie elle-même; car les habitants de ce pays avoient toujours eu le cœur comme le langage français, et ils allerent en quelque sorte au-devant de la conquête qui les a séparés pour jamais de l'Italie.

Que ce pont de Beauvoisin est déja triste, et qu'il annonce bien la triste Savoie! comme cette petite riviere est noire et encaissée! comme ses bords sont arides! ce ne sont plus là les belles eaux et les rives riantes de la Saône; et cependant cela est bien loin de ce qu'on voit une heure après. On est alors dans les Alpes; d'un côté on voit se développer une suite de roches toujours plus menaçantes, de l'autre est un long précipice au fond duquel roule avec fracas le torrent qui est devenu une rivière au pont de Beauvoisin. Le chemin tracé avec une intelligence rare est suffisamment large, et de plus garni de parapets dans les passages les plus escarpés. Il y a peu de voyageurs qui en franchissant cette gorge qu'on appelle *la montée de la Chaille*, ne s'amusent à faire rouler dans le torrent les plus grosses pierres qu'ils peuvent rencontrer, et à écouter en silence le bruit qu'elles ajoutent au tumulte des ondes où elles se précipitent. Des soldats ont fait mieux, et bien pis: dans un temps où on ne leur demandoit que de la bravoure, ils se sont divertis à jeter dans le torrent les parapets eux-mêmes, du moins ceux qui étoient en bois. A une époque réparatrice j'ai vu plusieurs de ces parapets qu'on relevoit en bonne maçonnerie: la précaution n'est pas inutile.

Peu de spectacles sont plus imposants que cette entrée de montagnes, sur-tout pour quelqu'un qui n'en a pas encore vu. Voici le pays des grandes pensées et des sensations profondes, et il y a bien loin d'ici à Bagatelle et à l'Opéra-comique.

En considérant le torrent, j'apperçus sur la neige du roc opposé un chamois, qui nous regardoit avec une sécurité que sa position justifioit. Ma premiere pensée fut de le plaindre de l'horrible séjour qu'il habitoit; mais je réfléchis bientôt qu'il en est vraisemblement des chamois comme il en est des Lappons, comme de tous les hommes.

Non, me dis-je, je me trompois; il se plaît là; il doit s'y plaire, c'est sa patrie.

LES ÉCHELLES.

De la montagne de la Chaille on descend aux Echelles, village déja assez misérable avant l'incendie qui l'a consumé il y a peu d'années; il n'en reste presque plus que les habitants. C'est un spectacle touchant pour le voyageur de voir sortir des ravins et des cavernes de cet horrible canton, des vieillards, des femmes, des enfants sollicitant une pitié et des secours qu'il est impossible de leur refuser. Dans un pays où le caractere moral du peuple seroit moins heureux, cette population assez nombreuse privée de pain et même d'asile seroit dangereuse pour l'étranger; mais c'est une observation fort honorable pour les habitants de la Savoie, que leur province, qui est un long coupe-gorge, n'a pas depuis long-temps vu la sécurité de ses routes troublée par un seul assassinat, tandis que le Piémont, pays ouvert de toutes parts, en présente un grand nombre, et exige de la police de nombreuses et souvent encore infructueuses précautions. Les Savoyards sont chez eux pauvres et honnêtes comme ils le sont à Paris, où il y en a tant d'établis... sur le Pont-neuf.

A une demi-lieue des Echelles on monte beaucoup plus qu'on n'avoit descendu. C'est ce qu'on appelle la montée de la Grotte, et des bœufs seuls peuvent traîner les voitures. Ce passage étoit autrefois bien plus difficile, et on étoit obligé de suivre une longue caverne, qu'on voit encore; mais le duc Charles Emmanuel II, qui aimoit la France et en avoit été secouru, fit faire, en 1670, le chemin actuel, qui est peut-être le plus bel ouvrage de ce genre. L'imagination s'effraie à l'aspect des rochers, qu'on a percés ou fait sauter pendant près d'une demi-lieue. Ils bordent des deux côtés la route, et présentent à l'œil étonné une espece de régularité sauvage, qu'augmentent encore leurs sommets, qui semblent former deux cordons d'antiques creneaux. Il est beau de faire un tel usage de sa puissance. Charles Emmanuel, justement orgueilleux de ce passage, qu'on appelle, je ne sais pourquoi, grotte, fit graver à l'entrée cette inscription : *Naturâ occlusam, Romanis intentatam, cæteris desperatam, patefecit Carolus Emmanuel II;* Fermée par la nature, non tentée par les Romains, abandonnée par tous, cette route a été ouverte par Charles Emmanuel. Des hommes qui croyoient que la France pouvoit être en guerre avec les morts, ont insulté à ce monument, et l'ont rendu presque illisible ; comme si cette dégradation pouvoit priver de sa gloire celui qui avec de bien foibles moyens a créé ce prodigieux passage. Peut-être seroit-il digne (1) du gouvernement généreux qui administre aujourd'hui la Savoie de faire rétablir cette inscription, justice due à un prince qui fut l'ami de la France, et qui a bien mérité de l'humanité.

A une lieue de Chambéry, où on arrive en descendant presque toujours, on voit à côté de la grande route une cascade qui tombe d'environ cent cinquante pieds de haut; mais elle est si foible, qu'il faut laisser le plaisir de la remarquer à ceux qui n'ont vu ni Tivoli, ni Terni.

Chambéry n'a rien de remarquable que l'abondance de ses eaux, et la sociabilité de ses habitants. Les femmes y sont aimables et jolies : cette ville appartenoit de droit à la France.

~~~~~~~~~~~~~~~~~~~~~~~~~~~~~~~~

LA MAURIENNE.

A quatre lieues de Chambéry on trouve Montmélian, vilaine petite ville, qui, pour être quelque chose, avoit grand besoin de son fort, qu'on a démoli. Ses vins, assez estimés, lui conservent

---

(1) 1804. J'apprends que le préfet du Mont-Blanc a prévenu ma demande, et a fait rétablir cette inscription. Honneur à lui et à ses estimables collegues, qui la plupart ont fait tant de bien au milieu de tant d'obstacles, et qu'on est presque sûr de rencontrer dans tout ce qui est juste et noble en administration.

encore une espèce d'existence; ils sortent presque tous de leur pays, et on s'empresse de faire comme eux.

Après avoir passé l'Isere sur un assez beau pont et l'avoir côtoyé quelque temps, on voit devant soi un grand rocher noir qui semble fermer la route. On se détourne un peu à droite, et on entre dans l'éternelle vallée de la Maurienne.

A gauche est la vallée de la Tarentaise, par laquelle on va aussi en Italie en passant le petit S.-Bernard; mais les routes de la Maurienne sont beaucoup meilleures, ce qui est bien fâcheux pour celles de la Tarentaise.

Pendant environ trente lieues on voyage entre deux lignes de rochers, souvent très rapprochés et toujours plus escarpés. Au bas de la vallée coule une petite et tumultueuse riviere nommée l'Arc; on la passe sept ou huit fois sur des ponts de bois, qu'il étoit plus que temps de réparer. Souvent on la côtoie; souvent aussi ses rives devenant trop escarpées, on est obligé de gravir le long des montagnes qui la bordent; mais ce n'est guere qu'après S.-Jean de Maurienne que les chemins deviennent décidément pénibles. Cette ville, située dans l'endroit le plus large de la vallée, est presque dans une position riante. Il y a eu un évêque; il y a même eu davantage; car les rois de Sardaigne avoient commencé par être comtes de Maurienne. Quand on compare Turin à leur premiere capitale, on trouve qu'ils étoient partis de bien loin pour s'élever bien haut : la fortune, qui se joue des familles les plus illustres, les a remis presque au point où elle les avoit pris.

A peu de distance de S.-Jean de Maurienne on se trouve dans les hautes Alpes, et on s'en apperçoit. Les montées deviennent beaucoup plus roides, et aussi beaucoup plus étroites. Quelquefois deux voitures auroient peine à passer de front, et cependant il s'agit là de plus que de verser. Ces chemins, fort bien tracés en général, ne l'ont été originairement que pour et souvent par des mulets. On les a élargis, mais pas assez, et d'autant moins que les rochers, qu'ils côtoient sans cesse, y roulent souvent des morceaux de roc qui les rétrécissent encore. Il n'est pas rare en suivant cette route de voir sur sa tête des roches qui menacent ruine, et celles qui ont roulé dans le torrent et dans la vallée rassurent peu sur celles qui tiennent encore à la montagne. Mais si on veut détourner ses idées sur un objet plus doux, on admire l'industrie des bons habitants de la Savoie qui ont su tourner à leur avantage ces masses de destruction. Ils ont recueilli les pierres, ils ont morcelé les roches, et ils en ont formé des enclos, pour défendre le peu de terre qu'ils ont à cultiver. Ce long exemple de patience dans un pays si stérile a quelque chose de touchant, et fait desirer pour ces braves gens un meilleur pays, mais non pas un meilleur esprit.

Cette lugubre vallée, qui a besoin du printemps pour être supportable aux regards, s'attriste encore pour le voyageur par la rencontre trop fréquente d'individus des deux sexes, qui au malheur d'avoir des goîtres joignent le tort de les montrer. Il n'y a rien de plus dégoûtant sous le ciel ; et il est triste de savoir que cette difformité se perpétue avec les races dans la plupart des vallées des montagnes. C'est un tableau grotesque à la fois et affligeant que celui que présentent à l'imagination les amours de ces races abâtardies; car elles se mêlent aussi de cela ; et sans doute ces vallées retentissent quelquefois des chants d'un amant qui célebre son étrange maîtresse.

Il ne paroît pas pourtant que, dans la Maurienne du moins, cette difformité soit regardée comme un avantage, et qu'on plaigne ceux qui ne l'ont pas. Seulement on s'y est accoutumé sans répugnance à un inconvénient jusqu'à ce jour sans remede. On n'est pas d'accord sur la cause de ces excroissances, qu'en général cependant on attribue aux eaux de neige.

Ce qu'il y a de plus fâcheux pour la Maurienne et pour tous les pays qui lui ressemblent, c'est que les goîtres n'y sont pas la plus grande singularité qu'on y remarque. Dans la plupart de ces vallées il est peu de familles où il n'y ait ce qu'on appelle un *cretin*. C'est parmi les êtres qui sont hommes ceux qui sont le plus près de ne l'être pas. Ce sont de malheureux hébêtés qui ont presque tous une tête difforme. Ils n'ont ni l'intelligence, ni le plus souvent la voix humaine, et ne font guere entendre qu'un cri sourd et inarticulé, qui étonne et même effraie ceux qui ne savent pas combien ils sont en général loin d'être méchants. Mais comme si la nature humaine avoit voulu placer ce qui l'honore à côté de ce qui l'afflige, on a remarqué les soins touchants que recevoient de leurs parents de tous les âges ces enfants éternels, pour qui l'amitié ne connoît ni dégoût ni fatigue. Il n'y a pas d'égards qu'on n'ait pour ces infortunés, et les attentions qu'on ne cesse de leur prodiguer les dédommagent peut-être avec usure des facultés qu'ils n'ont jamais connues.

C'est un peu avant le village de Modâne que le chemin commence à devenir plus escarpé et plus dangereux. On nous montroit l'endroit où assez récemment un fourgon attelé de six chevaux s'étoit abymé dans le précipice. Assez près de là avoient péri le domestique et les chevaux d'un général français nommé Pigeon. Lui-même un moment auparavant avoit, par un pressentiment fort heureux, voulu descendre et suivre à pied cette route pittoresque et singuliere. Les chevaux, qui n'étoient pas du pays (et il est assez imprudent d'y en avoir d'autres) s'emporterent, et entraînerent dans le précipice la voiture et leur malheureux guide. Tout fut brisé, anéanti dans le torrent, et on n'en put rejoindre la moindre trace. Le maître étoit réservé à une mort plus glorieuse ; il périt peu après en Italie dans une de nos batailles les plus sanglantes.

Il ne faut pas croire pourtant que des accidents de cette espece soient ni très fréquents, ni très à craindre. Avec de la prudence et de la précaution on peut être tranquille, même dans la forêt de Bramans, le passage le plus élevé et souvent le plus étroit de la route : il est vrai qu'on y a élevé quelques mauvais parapets en bois. On voit sur sa tête des sapins, retraite des ours et des loups : on en voit beaucoup plus sous ses pieds ; et, malgré la singularité du spectacle, c'est avec quelque plaisir qu'on redescend dans la vallée, qu'on n'appercevoit plus qu'en miniature.

Il n'est pas inutile d'observer ici que la route pourroit être abrégée de trois lieues, et de ses trois plus mauvaises lieues. Alors on ne passeroit plus par cette longue forêt de Bramans, et on suivroit les bords de l'Arc, qui en cet endroit seroient assez aisément accessibles. Ce projet a été depuis long-temps proposé, accueilli, accepté ; et s'il ne s'exécute pas, c'est sans doute parcequ'il y a trop de bien à faire dans le monde, et que le meilleur gouvernement ne peut tout faire à la fois.

Après avoir passé Termignon, village hideux,

comme tous ceux de ce pays, on gravit une montée assez pénible, et on ne tarde pas à arriver au pied du Mont-Cénis à Lanslebourg.

LE MONT-CÉNIS.

Il y a peu de villes aussi vivantes, pour les étrangers du moins, que ce petit village de Lanslebourg. Le concours des muletiers qui offrent leurs services, des charrons qui remontent ou démontent les voitures, des curieux qui regardent, des voyageurs qui s'impatientent, tout cela forme un spectacle très varié et très animé. Mais ce qu'on ne conçoit pas là, non plus qu'à la Novalèse, c'est que dans un village où les voyageurs les plus illustres comme les plus modestes sont obligés de s'arrêter au moins pour faire un repas, il n'y ait pas une auberge supportable. On n'y trouve rien de bon ni rien de propre; et pour comble tout y est d'une cherté impertinente, au point de mériter la surveillance de l'administration, qui a mis là un tarif sur tout, excepté sur la partie qui se trouve en avoir encore plus besoin que les autres.

Heureusement pour les voitures, les charrons sont meilleurs que les aubergistes. C'est une chose surprenante que la rapidité et l'adresse avec lesquelles ils défont et distribuent sur des mulets toutes les pieces d'une voiture, qui en peu d'heures est rétablie telle qu'elle étoit de l'autre côté du mont qu'elle vient de franchir. Jamais rien d'égaré ni de perdu; et ces hommes ont même sur cela un esprit de corps aussi important pour eux qu'heureux pour les voyageurs. Leur taxation, assez forte, ne l'est cependant pas trop, vu la peine qu'ils ont, le climat qu'ils affrontent, et sur-tout les mulets qu'ils perdent. Ces animaux coûtent fort cher, et, lors même qu'ils ne sont pas estropiés, durent assez peu d'années. Ils viennent presque tous de la Tarentaise, dont les habitants s'associent de cette maniere aux profits qu'ils ne pourroient autrement partager avec les habitants de la Maurienne.

Il faut environ sept heures pour aller de Lanslebourg à la Novalèse. On part ordinairement de grand matin, bien entendu quand il n'y a aucun indice de tourmente, ce que les gens du pays reconnoissent à merveille. Les femmes prennent presque toujours des porteurs pour monter la montagne comme pour la descendre; les hommes la montent souvent sur des mulets. La pente n'en est pas très pénible, et on l'adoucit encore par des circuits. On arrive enfin sur la plaine du Mont-Cénis, plaine où l'on est à mille toises au-dessus du niveau de la mer, et on voit assez loin à droite et à gauche des montagnes plus élevées encore de cinq cents autres toises. Cette plaine de deux lieues, si dangereuse dans la tourmente, est charmante dans les jours calmes. On a tort de s'y faire porter, parcequ'il y fait extrêmement froid, quand il n'y fait pas horriblement chaud. Quand il y a de la neige, et il y en a presque toujours, on se met assez volontiers sur un traîneau, auquel le conducteur attache un mulet, ou quelquefois un âne. Lui-même se pose sur le devant du traîneau, fouette l'animal, court souvent entre ses jambes, et n'attrape jamais de coup de pied par une grace particuliere. L'animal trotte, galoppe même souvent en jetant des flocons de neige aux yeux du voyageur, à qui la nouveauté et la rapidité du voyage en fait très gaiement supporter les inconvénients.

Au milieu à-peu-près de la plaine est la poste, et un peu plus loin, presque sur le bord d'un beau lac qu'on est bien étonné de voir si haut, est cet hospice célebre, cette noble institution qu'on n'auroit jamais dû détruire, mais que du moins on s'est hâté de rétablir. J'ai eu le plaisir de voir, à mon dernier passage, ce modeste édifice presque entièrement réparé. A un de mes trois passages précédents j'avois vu sur la porte de sa maison encore en ruine, le chef de cet établissement. Jamais je n'ai salué personne avec plus de respect. En effet quel état et quel dévouement! jamais la religion n'a mieux mérité de l'humanité.

On arrive assez promptement à la Grand'-croix,

auberge qui est à l'extrémité de la plaine. On s'y arrête volontiers, autant pour laisser rafraîchir les muletiers, que pour manger soi-même les truites excellentes que fournit le lac quand il n'est pas glacé. Les truites méritent sans doute leur réputation ; mais elles peuvent la devoir en partie à la course qu'on vient de faire, et l'appétit se mêle un peu de l'assaisonnement.

De la Grand'-croix où on commence à descendre, on se fait assez volontiers ramasser jusqu'à la Ferriere. Chacun sait que se faire ramasser c'est se laisser glisser dans un traîneau qui est dirigé par un homme. Il semble quelquefois qu'on vole dans l'espace. Cet exercice, qui est un assez grand plaisir, n'est bien parfait que du côté de Lanslebourg, où on fait de cette maniere une lieue en quelques minutes. On n'en a en quelque sorte qu'un échantillon en allant à la Ferriere ; encore la neige ne va pas souvent jusque-là ; et alors on est ramassé sur les cailloux, ce qui gâte beaucoup ce délassement. Quoi qu'il en soit, une foule de voyageurs, qui n'ont pas dit un mot des précipices assez inquiétants de la Maurienne, se récrient sur les dangers de cette descente dans le Piémont. Cependant rien de moins effrayant. D'abord on n'est point en voiture, et par conséquent on n'est pas à la merci de chevaux capricieux ou rétifs. Cette raison seule dispense de toutes les autres ; mais de plus il y a des parapets pour les précipices, et une grotte construite exprès pour préserver des avalanges. Le seul moment qui pourroit en imposer un peu est celui où l'on glisse par un passage assez étroit, au-dessus d'une cascade qui tombe dans une plaine, où on arrive presque aussitôt qu'elle. La riviere, qui y coule plus doucement, formoit la séparation de la Savoie et du Piémont; mais elle vient d'être comblée par le Premier Consul (1).

On ne tarde pas à arriver ou plutôt à tomber à la Ferriere, le village peut-être le plus sauvage qui existe. Les maisons sont sous la neige pendant la moitié de l'année, et les habitants ne récoltent pas pour se nourrir pendant deux mois. Il faut que les voyageurs fournissent le reste. Ces malheureux habitants étoient encore plus à plaindre pendant une époque de la guerre qui vient de finir; ce fut celle où les Français étoient maîtres du Mont-Cénis, et les Piémontais de la Novalèse. La Ferriere se trouvoit cernée par le fait, et les habitants ne pouvoient obtenir des vivres d'aucune des deux nations; enfin les Français en eurent pitié, et voulurent bien les dispenser de mourir de faim.

On descend beaucoup plus du côté de la Novalèse que de celui de Lanslebourg : aussi le che-

(1) On s'appercevra à ce passage et à plusieurs autres que la plus grande partie de ce voyage a été écrite en 1803.

min a-t-il été bien plus travaillé. Il est tellement contourné qu'il est à-peu-près impossible de se faire ramasser. On est obligé de descendre à pied, ou de se faire porter jusqu'au bas de la montagne. C'est alors qu'on a occasion d'admirer ces muletiers dont le pied immense est beaucoup plus sûr que celui de leurs mulets, et qui ne bronchent jamais dans les sentiers les plus rocailleux. On a quelque regret au métier qu'ils font; mais on pense que c'est le métier qui les fait vivre, et que personne ne les y oblige.

Cette partie du chemin est ce qu'il y a de plus escarpé, et justement ce qu'il y a de moins effrayant. En général il y a très peu de chose qui le soit. Si je commence ici à n'être pas d'accord avec mes prédécesseurs, on va voir que j'ai avec eux un bien autre sujet de querelle.

Presque tous disent, que quand des hauteurs qui dominent la Novalèse on apperçoit l'Italie, on voit un tout autre pays, un tout autre climat, les arbres tout en fleurs, et enfin que le printemps est là quand l'hiver est encore en France. Parti en effet de Lyon quand les arbres n'avoient pas encore une feuille, je me faisois un grand plaisir de jouir de ce spectacle enchanteur qui m'étoit promis, et j'ai fait tout ce que j'ai pu pour le découvrir. Je n'ai pu appercevoir que la prévention de beaucoup de voyageurs, et la complaisance de leur imagination. Pour moi voici ce que j'ai vu, et je m'en rapporte à tous ceux qui ont regardé. La vallée qui ouvre l'Italie est un peu plus riante que celle qui termine la France; mais c'est également une vallée étroite, également bordée de deux rangs de hautes montagnes couvertes de sapins ou de neiges, et quelquefois des uns et des autres, également troublée par le tumulte sauvage d'un torrent plus rapide encore. Quand je passai dans cette vallée pour la premiere fois, la nature n'y étoit pas plus avancée qu'à Lyon, placée à la même température; et je ne pus y appercevoir en fleurs que des amandiers, arbres comme on sait très précoces. Je conviens que la Maurienne et le Mont-Cénis sont des ombres excellentes pour faire valoir le plus mauvais tableau; mais malgré les bonnes dispositions qu'elles inspirent, j'ose dire que ce n'est pas à la Novalèse, mais seulement à trois lieues de là, à Suse, que l'on commence à voir un changement. On auroit presque le même plaisir en entrant en France par le pont de Beauvoisin (fin de la chaîne des Alpes de ce côté), s'il n'étoit pas convenu d'avance de s'enthousiasmer sur l'Italie, et de se taire sur cette pauvre France, qui n'est pourtant pas si disgraciée qu'on a l'air de le croire.

Voilà une opinion bien hasardée. Tous les livres me condamnent; il n'y a que les yeux qui puissent m'absoudre.

TURIN.

Avant d'arriver à Suse on passe à côté des débris de la Brunette, forteresse presque imprenable qui gardoit la porte des Alpes, et que les Français ont fait tomber devant eux. Suse n'a rien de remarquable qu'un antique arc de triomphe souvent décrit. Mais ce qui commence à frapper le voyageur dans ce pays, c'est la disparition des femmes. Au lieu de ces filles d'auberges, parfois jolies, toujours accortes, qu'il rencontroit par-tout en France, il n'est plus servi que par de vilains hommes dont la lenteur surpasse encore la gaucherie. La vivacité française ne peut rien pour les activer. Ils vous crient *subito*, et cela fait trembler ceux qui savent que *tout de suite* pour eux veut dire *dans une heure*. Ils ne sont jamais pressés que pour demander la *bonne main*, qu'ils sollicitent avec une avidité souvent fatigante. Notre *pour la fille* est beaucoup moins sollicité et s'accorde bien plus volontiers. Il y a lieu de croire que les Piémontais en se voyant réunis à nos provinces prendront nos usages, et ils y gagneront à quelques égards.

Plus on s'avance vers Turin, plus les montagnes s'éloignent, et plus la campagne s'embellit. C'est à Rivoli (qui n'est pas Rivoli-Victoire) que commence cette magnifique plaine qui s'étend sans interruption jusqu'à l'Adriatique. Rivoli, située à deux lieues de Turin, y est comme réunie par une avenue magnifique qui a été préférée à tout, sans être comparable à la plupart des grandes routes qui aboutissent à Paris. En effet, indépendamment des dimensions moins étendues dans tous les sens, on n'y voit ni ces contre-allées charmantes qui feroient elles-mêmes des routes magnifiques, ni un aspect aussi multiplié d'habitations élégantes, où la ville semble s'être transportée à la campagne : mais le pays commence à devenir véritablement très riant; et comme on sort des horreurs de la Savoie, le contraste double encore l'effet de tout ce qu'on voit d'agréable.

Mais en revanche, Paris et toutes les villes que j'ai vues en France et en Italie sont bien loin de Turin pour la beauté des rues et des édifices. Ces derniers sont un peu défigurés par les trous des échafaudages; mais rien de plus imposant que leurs masses régulieres ainsi que les rues larges et prolongées qu'ils décorent. Ces rues presque toutes tirées au cordeau, sont pour la plupart ornées de portiques d'une autre proportion et d'une autre beauté que ceux de notre Palais royal; mais aussi les boutiques qu'on y voit n'approchent en rien de l'élégance des nôtres.

De magnifiques églises, une vaste salle de spectacle, beaucoup plus belle que les pieces qu'on y joue, un palais aussi inférieur à celui de Versailles, qu'il lui est supérieur relativement à la puissance qu'avoient les deux états, un fleuve déjà imposant, des places superbes, des eaux pures et abondantes qui lavent journellement la ville, tout concourt à faire de Turin un séjour très agréable. On venoit d'en raser les fortifications, et la ville y gagnoit encore par la perspective verte et agreste qui terminoit le coup-d'œil un peu monotone de toutes ces rues alignées.

La régularité est une des plus grandes beautés de l'architecture, et peut-être la plus grande : aussi suis-je loin de desirer que les rues d'une ville soient tracées comme les allées d'un jardin anglais. Je crois cependant que quelques rues circulaires ou courbes ne gâteroient rien à l'agrément de la ville la plus réguliere. L'œil n'aime pas toujours à voir tout à la fois.

Même avant d'être Français, les Piémontais ne se croyoient pas Italiens; et en voyant un Milanais ou un Bolonais, ils disoient, c'est un Italien, comme nous disons d'un habitant de Londres, c'est un Anglais. Ils ont pour leurs voisins les Milanais une aversion particuliere; et c'est sans doute par suite de la longue division de l'Italie en une foule de petits états, que les haines entre les cités voisines sont aussi communes que violentes;

elles sont de plus très durables. La haine en Italie, a la constance que par-tout on desireroit à l'amour.

On parle en général à Turin un mauvais français, un mauvais italien, et un plus mauvais patois. Le français comme de raison y gagne tous les jours, et on a donné à toutes les rues des noms en cette langue qui a tant de droits à être universelle.

A Turin, comme ailleurs, beaucoup de voyageurs ont la manie d'écrire leurs noms sur les murailles des chambres où ils ont couché, et souvent celle d'y ajouter des réflexions rimées et des confidences plus ou moins plates, plus ou moins obscenes, qui rappellent ce vers-proverbe :

Nomina stultorum semper sub mœnibus adsunt.
Toujours les noms des sots tapissent les murailles.

Il y a pourtant des exceptions à cette regle comme à toutes les autres. J'ai trouvé sur les murs d'une auberge de Turin ce quatrain un peu irrégulier, mais d'une expression noble et d'une précision remarquable :

A Dieu mon ame,
Mon cœur aux dames,
Ma vie au roi,
L'honneur à moi.

Les auberges sont passables à Turin, mais fort

cheres. La meilleure, la Femme sans tête, porte une enseigne qui, triviale seulement autrefois, fait horreur depuis la révolution, dont elle rappelle les plus tristes souvenirs.

Toutes les chambres d'auberge ont déja ici, comme par toute l'Italie, un nom de ville ou de pays inscrit au-dessus de la porte. J'ai vu même, dans la Campagne de Rome, je ne sais quelle misérable hôtellerie dont les quatre uniques chambres portoient le nom des quatre parties du monde. Je me rappelle que l'*Asie* où on nous avoit logés étoit trop étroite, et que mon compagnon de voyage fut obligé d'aller coucher dans l'*Amérique*.

~~~~~~~~~~~~~~~~~~~~~~~~~~~~~~~~~~~~~~

MILAN.

Passé Turin, et sur-tout Verceil, on se trouve en pleine Italie. Tout le pays jusqu'à Venise en est incontestablement la plus belle partie, du moins pour ceux qui ne confondent pas ce qui est singulier avec ce qui est beau, et qui ne font pas consister les beautés de la nature exclusivement dans les torrents et dans les précipices. La nature et les hommes se sont réunis pour en faire le pays le mieux arrosé qui existe. De nombreuses rivieres sont divisées en d'innombrables ruisseaux qui vont répandre par-tout la fécondité la plus riante. L'industrie à cet égard est telle que j'ai vu dans le Milanès trois ruisseaux qui couloient les uns sur les autres. Rien de si commun que d'en voir deux qui se croisent. Il y a de tout dans ce beau pays, excepté des montagnes; encore en apperçoit-on aux dernieres extrémités de l'horizon. Par-tout une belle verdure, de belles habitations, de beaux arbres. Des vignes nombreuses, qu'on y suspend en festons, produisent un vin détestable, mais un aspect enchanteur. Après avoir quitté les beaux mûriers du Piémont, et les rizieres mal-saines de Verceil et de Novare, on approche quand on le peut de Milan; je dis quand on le peut; car ces nombreuses rivieres joignent à leurs avantages un désagrément cruel. Leurs lits sont si peu profonds, et leurs rives si peu escarpées, que le moindre orage les fait grossir et déborder, et rend le passage impraticable. Des voyageurs sont quelquefois arrêtés trois ou quatre jours devant ce qui n'étoit qu'un ruisseau la veille de leur arrivée. Les bacs ne peuvent passer, les ponts de bateaux sont levés quand ils n'ont pas été emportés, et on ne connoît guere d'autres ponts sur ces rivieres trop inégales et trop multipliées. C'est le plus grand désagrément de la haute Italie, qui dans les années pluvieuses est quelquefois presqu'entièrement sous l'eau. Malheureux le voyageur qui s'y trouve dans ces moments-là;

mais heureux celui qui s'y trouve dans tout autre.

Il faut observer que je parle ici de l'agrément du pays, comparable dans son genre aux bords du Rhône, de la Garonne, de la Saône, et presque de la Loire. Je n'entends nullement vanter, ni l'agrément des postes, ni celui des auberges; les unes et les autres sont mal servies, les dernieres sur-tout. La sale et mauvaise cuisine italienne dégoûte un Français. Il est de tout temps difficile d'y dormir, et en été cela devient impossible par des causes aisées à deviner.

Milan dédommage à cet égard de l'ennui qu'on a éprouvé, et les auberges y sont assez bonnes. C'est avec quelque plaisir qu'on entre dans cette ville célebre par tant d'évènements anciens et modernes. Elle n'a d'ailleurs rien de bien remarquable en elle-même, étant en très grande partie composée de rues étroites et inégales comme les antiques rues de Paris; mais elle lui ressemble sous de meilleurs rapports. Milan, par la quantité de Français qui y ont été, par ceux qui y sont encore, et par d'autres circonstances, est devenue le Paris de l'Italie, à qui elle donne le ton sur bien des points. Les Milanais sont d'ailleurs, malgré quelques défauts, le meilleur peuple de cette partie de l'Europe.

Je ne parlerai pas de la citadelle de Milan; car elle étoit détruite quand j'ai passé dans cette ville, et on a d'autant mieux fait, que jamais elle n'a empêché de prendre Milan, ni tardé beaucoup à être prise elle-même.

La salle de spectacle est immense. Toutes les loges sont ornées de rideaux de différentes couleurs qui y donnent quelque variété, lorsqu'on les voit toutefois; car, selon l'usage de l'Italie, le théâtre est seul éclairé, et les loges restent dans l'ombre, excepté dans des occasions extraordinaires et très rares. C'est là que j'ai vu pour la premiere fois ces danses de grotesques, qu'on s'est si ridiculement flatté de faire accueillir dans le centre du goût et de la grace. Il faut de la force, et seulement de la force pour y réussir. Un grotesque tourne sur lui-même en l'air d'une maniere assez plaisante. Quant aux femmes cela n'est pas supportable; il faut que ce sexe ait de la grace ou qu'il se cache.

Milan n'a pas même une riviere, mais seulement un canal plus utile à son commerce qu'à son embellissement. Cette ville n'offre de bien curieux que sa cathédrale, immense carriere de marbre qui en impose, non pas par le prodigieux nombre de ses statues, mais par sa masse gothique, et par la grandeur de son vaisseau, le plus vaste de l'Italie après S.-Pierre. L'œil même se tromperoit à l'avantage de la cathédrale de Milan. Cette église est commencée depuis plus de quatre siecles. De nombreuses fondations avoient été laissées dans l'intention qu'elle fût finie, et c'est peut-être ce qui a empêché qu'elle ne le fût. Son portail à peine commencé, et qui pourroit bien ne pas s'élever plus haut, lui donne à l'extérieur l'air d'une mâsure; mais l'intérieur a quelque chose à la fois de sauvage et de majestueux qui convient aux esprits religieux, et qui étonne ceux qui ne le sont pas.

On monte assez volontiers sur l'église de Milan pour voir l'immense travail dont elle est chargée, et la vue magnifique qu'on découvre de là. On descend ensuite dans la chapelle souterraine où repose le corps embaumé de S.-Charles Borrhomée, cet archevêque de Milan, où on le révere encore. Cette chapelle est de la plus grande richesse, ainsi que les ornements qui entourent le saint. Son visage, qui est à découvert, présente encore tous ses traits. Le nez seul est un peu endommagé; c'est le sort des grands monuments.

LODI.

Assez près de Milan les Français passent avec plaisir à Marignan, village encore célèbre par la bataille de trois jours, dans laquelle François Ier vainquit les Suisses. Marignan n'est qu'à dix-huit lieues de Pavie. On continue à traverser ces belles plaines du Milanès qui contribuent à justifier ce vieux proverbe : le meilleur des royaumes, c'est la France ; le meilleur des comtés, la Flandre ; le meilleur des duchés, le Milanès. En suivant des routes belles comme un jardin, quand elles ne sont pas humides comme un marais, on arrive à Lodi, qui étoit autrefois le Versailles du Milanès ; mais ce que cette jolie ville a perdu en richesse, elle l'a regagné en renommée. On se détourne volontiers de son chemin pour aller à une autre extrémité de la ville voir le pont *où a passé Bonaparte*.

Je considérois avec émotion ce théâtre d'une de nos plus brillantes victoires. Je fixois ce pont si fragile qui est devenu immortel. Je promenois mes regards sur cette onde si pure, et naguere si sanglante, sur cette campagne si tranquille, et naguere si tumultueuse ; quand je vis s'approcher du pont un vieux soldat, qu'à son costume, et bientôt à son air je reconnus pour un Autrichien qui sans doute retournoit dans son pays. Il mesuroit de l'œil ce pont si étroit et si prolongé, et il disoit assez haut : non, cela ne se peut pas, cela ne se peut pas ! Il se tourna alors vers moi. Sans doute, malgré mes efforts, il trouva dans mes regards quelque chose de trop français. Il ne me dit rien : il appela un paysan qui travailloit près de là, et le questionna sur les détails de cette mémorable journée. Cet Italien se trouva aimer assez à parler pour faire le récit qu'on lui demandoit. Le vieux guerrier l'écoutoit avec un intérêt inquiet. Je le vis s'animer, oublier son bâton, et relever sa tête pittoresque au récit des exploits de ses compatriotes attendant les Français, soutenant leur choc si redoutable, et parvenant à les repousser plusieurs fois; mais quand l'Italien peignit le géneral, un drapeau à la main, montrant le chemin de la victoire et de la mort, les grenadiers français se précipitant sur ses pas au milieu d'un nuage de plomb et de feu, et emportant enfin, au prix de leur sang, ces inexpugnables redoutes, alors le vieil enfant de la Germanie se laissa retomber sur son bâton et s'éloigna en silence.

PARME.

A quelques lieues de Lodi on trouve le Pô, ce beau fleuve, aux bords duquel nous vîmes encore les traces des batteries autrichiennes. On le passe sur un pont de bateaux, et on arrive à Plaisance, ville qui a été forte autrefois, et qui mériteroit de l'être encore, parcequ'elle commande à presque toutes les routes de l'Italie. Cette cité, dont la situation est riante, est un désert assez triste qui se dépeuple ou du moins se dépeuploit de jour en jour par la résidence des ducs à Parme, qu'on peut, ainsi que Versailles, comparer à un favori sans mérite. On arrive à Parme après avoir traversé le Taro, torrent qui est tantôt à sec, et qui tantôt couvre une demi-lieue de pays. Il est bon de savoir que ses premieres eaux tombent quelquefois des Apennins avec une telle rapidité, qu'elles surprennent le voyageur traversant tranquillement son lit desséché; et c'est ce qui rend ce passage dangereux à quelques époques de l'année. On arrive enfin à Parme, que gardoient, lorsque j'y passai, les soldats du seul régiment de l'Infant. Aucun voyageur ne traversoit alors cette ville sans être obligé de montrer son passe-port; mais le nom de *Français* faisoit tomber toutes les questions et tous les ponts-levis; et c'est ici qu'au nom de tous mes compatriotes, je puis adresser des remerciements à nos braves militaires, dont les prodigieux exploits ont achevé de donner à toute la nation une considération dont tous ses membres profitent, et dont quelques uns abusent. D'un bout de l'Italie à l'autre j'ai vu les Français obtenir des égards, des privileges que l'attachement ne dictoit pas toujours, mais où l'estime avoit la plus grande part. Ces avantages de toute espece sont incontestablement dûs à nos triomphes; et quand on n'a pas eu l'honneur de contribuer à ces succès, on ne peut s'en consoler qu'en rendant hommage à ceux à qui on les doit.

J'ai passé plus de temps à Parme qu'en aucune autre ville de l'Italie; ce n'est pourtant pas à beaucoup près la ville où il y ait le plus à s'amuser ou à voir.

Parme a dû perdre beaucoup à la mort du dernier duc; car près d'un tiers de la population étoit salariée par ce prince. La noblesse surtout en recevoit, à divers titres, des pensions trop foibles pour la tirer de la pauvreté, trop fortes pour lui laisser le courage de chercher à en sortir.

Quoique ce prince eût *des maréchaux des camps et armées*, il n'avoit, comme je l'ai dit, qu'un seul régiment. Il est vrai qu'il auroit pu en avoir un second des officiers titulaires de sa maison.

Ce prince avoit des moyens, de l'activité, de la bonté, du caractere même à quelques égards: mais il perdoit la plus grande partie de ses avantages par une dévotion qui, huit siecles plutôt l'auroit immanquablement fait canoniser, mais qui dans celui-ci, toute louable qu'elle est, peut paroître exagérée. Il faut laisser à l'histoire les détails de la vie de l'éleve de Condillac. Au reste, d'après ce que la tradition, à Parme, rapporte de ce dernier, il paroît que si c'étoit un des hommes les plus propres à faire un livre, c'étoit un de ceux qui l'étoient le moins à faire une éducation. On assure que le prince dans son enfance témoignant le goût commun à tous les enfants de *jouer à la chapelle*, il en fut si sévèrement repris par son instituteur, qu'il conserva toute sa vie ce goût qui lui auroit passé comme à tous les autres. On dit plus : on prétend que la violence de l'abbé alloit jusqu'à donner des coups de pied à l'enfant sur qui on lui avoit laissé une beaucoup trop grande autorité. C'étoit apparemment des matériaux que cet écrivain amassoit pour le *Traité des Sensations*. Quoi qu'il en soit, c'est une remarque singuliere et qui frappe l'observateur, qu'un philosophe ait fait de son éleve un capucin, et qu'un capucin (frere Turchi, évêque actuel de Parme), ait fait du sien (le roi actuel d'Etrurie), un prince dans la dévotion duquel on ne remarque aucune exagération.

La ville de Parme seroit assez belle en France, mais ne l'est pas assez dans la Lombardie, où les moindres villages ont un air d'aisance et un goût d'architecture dont nous n'approchons pas, il faut en convenir. Il n'y a guere que la grande rue qui soit véritablement imposante.

Il y a à Parme trois ponts, mais il n'y a presque jamais de riviere. La Parma est un torrent qui devient quelquefois un beau fleuve, mais qui plus souvent n'est pas même un ruisseau. Rien ne ressemble tant à nos parvenus, si ce n'est que ceux-ci ne redeviennent guere fleuve quand une fois ils sont devenus ruisseau.

Si malgré l'affluence des Français, Milan est encore pour toutes les choses d'agrément à cent ans de Paris, on peut dire que Parme est pour les mêmes objets à deux siecles de Milan, dont pourtant elle n'est qu'à trente lieues. Je ne citerai que deux faits. Le plus beau café de Parme, celui où vont par préférence les premieres classes de la société, n'est pour la propreté, pour la tenue, pour le local, qu'un peu au-dessus des mauvais cabarets de Paris. Enfin dans aucune maison, même dans les premieres, je n'ai apperçu une pendule comme il y en a en France sur la cheminée des plus petits particuliers. Seulement dans deux *palais* j'ai trouvé le sallon orné d'une de ces vieilles pendules de *boule*, que chez nous on commence même à ne plus tolérer dans nos antichambres.

Les femmes sont en général peu jolies à Parme; cela y semble si reconnu, que les enfants ou hommes qui font dans cette ville l'ignoble métier de *rufians*, annoncent toujours *una bella forestiere*, une belle étrangere. Au reste, les femmes ne sont guere mieux dans presque aucune partie de l'Italie; et c'est encore ici un des points où je ne puis tomber d'accord des exagérations de plusieurs voyageurs. Je le serai du moins avec Montaigne, qui écrivoit de Florence, que l'Italie étoit le pays où il avoit vu le moins de jolies femmes. Sans doute elles ne sont très communes en aucun pays, et le ciel a voulu que leur rareté fût encore un de leurs mérites; mais, quoi qu'on en ait dit, elles sont un peu trop rares en Italie. Je n'ai rien vu de moins bien que les italiennes, si ce n'est les cinq cents anglaises, qui après la paix d'Amiens sont venues à Paris, avec une confiance si remarquable, faire admirer leurs figures, et qui pis est leurs modes. C'est un nouveau chapitre à ajouter aux fictions des voyageurs, qui depuis un siecle s'accordoient avec les romanciers, et avec certains philosophes pour nous vanter dans les Anglaises les plus belles femmes, et dans les Anglais les hommes les plus sages de la terre. Dieu sait comme a réussi presque tout ce que nous avons adopté des derniers. Quant aux Anglaises qui ont bien voulu croire tout ce qu'on a dit d'elles, il seroit trop dur de les détromper entièrement ; mais j'avoue que depuis que j'en ai vu de mes yeux un si grand nombre de toutes les classes, je n'ose plus lire un seul roman anglais. Je tremble que l'adorable Clarisse, ou la miraculeuse Amanda, n'eût un teint de plâtre, de vilaines dents, un regard dur, un dos en voûte, une taille forte, et un pied exorbitant. Ce portrait est tout le contraire de celui qu'on a fait des Anglaises, et il n'en est pas moins vrai en général. Je m'en rapporte à tout Paris, où la politesse française a réussi à peine à dissimuler l'effet qu'y faisoient ces étrangeres. Je ne parle pas de leur mise, qui, ainsi que leur tournure, est en tout le contraire de la grace, et dont les Françaises ont été obligées de corriger, de recréer en quelque sorte, le peu qu'elles ont bien voulu adopter. Quant à leurs traits, si j'avois besoin d'une autorité pour justifier mon opinion à cet égard, je citerois celle de Winkelmann, qui dans son genre vaut bien celle de Montaigne. Cet Allemand, à qui on ne refusera pas de se connoître en figures, juge celles de l'Angleterre avec une sévérité que Dupaty veut bien trouver exagérée, mais qui au fond n'est qu'exacte.

Je reviens aux femmes de Parme, dont plusieurs réparent en amabilité ce qui peut leur manquer en attraits. On s'apperçoit à bien des égards dans ce pays du séjour qu'y ont fait beaucoup de familles françaises sous l'Infant don Philippe. Celles qui y sont restées n'ont pas toujours joui pendant les troubles de l'Italie de toute la faveur à laquelle elles avoient droit. Elles s'en sont vengées par la modération qu'elles ont montrée dans d'autres circonstances.

Un Français fixé dans ce pays depuis quarante ans, honore celui où il est né. Cet homme de bien, nommé le Vacher, après avoir acquis comme chirurgien-accoucheur une fortune indépendante, emploie encore à soixante-dix ans la plus grande partie de son temps à visiter gratuitement tous les malades de la ville, et, comme il me le disoit en riant, il est extrêmement employé.

Un autre Français me contoit un fait que je veux répéter, quoiqu'il n'appartienne à un voyage d'Italie que pour avoir été dit en Italie; mais il mérite d'être écrit pour l'honneur de l'art dramatique. Ce Français déja âgé, que je félicitois sur les égards et la tendresse de ses enfants, me disoit que le plus respectueux de tous ne l'avoit pas toujours été autant. « J'avois épuisé tous les moyens, continua le vieillard, et ne savois plus comment m'y prendre, quand je lus par hasard dans le théâtre de Mercier le drame de *Jenneval;* j'en fus si frappé, que je m'imaginai que mon fils pourroit l'être. Je posai ce drame sur sa table, et l'ouvris à l'endroit le plus touchant : mon fils le lut, et je dois dire que depuis ce jour il fut avec moi tel que vous le voyez aujourd'hui ». Ou je me trompe, ou voilà le succès le plus flatteur dont un auteur dramatique puisse s'honorer. Il paroîtra tel sans doute à un écrivain dont je suis loin d'ailleurs de partager toutes les opinions.

En voilà beaucoup sur Parme, ou du moins à l'occasion de Parme. Le reste sera pour un autre chapitre : mais je ne finirai pas celui-ci sans dire un mot d'un ministre qui pendant le temps que j'ai passé dans cette ville y honoroit la France, et qui la sert aujourd'hui plus utilement encore. C'est M. Moreau de Saint-Méry, qui, avec son intéressante famille, se consoloit de vivre en Italie, et y donnoit, entre autres exemples, celui d'une probité rigoureuse qu'on y a désirée quelquefois. Tous ceux qui ont eu des rapports avec lui n'ont eu qu'à s'en louer, et moi plus que personne.

Le ministre d'Espagne, et tous les membres de

la légation m'ont paru polis et aimables comme devroient être tous les ministres et toutes les légations. La femme du ministre d'Espagne, madame de L. G., est une des femmes les plus aimables que j'aie rencontrées. Elle parle cinq ou six langues, et c'est un de ses moindres mérites.

L'éducation française est certainement la meilleure de toutes: mais il faut convenir que l'étude des langues en est la partie foible. Rien de plus rare qu'un Français ou une Française parlant plus de deux langues. Une foule d'étrangers en parlent cinq ou six. Il est vrai que la plupart n'ont pas, comme madame de L. G., le mérite d'être très agréables à entendre dans tous ces divers idiômes. Beaucoup n'apprennent que des mots, et quelques uns rappellent cette plaisanterie d'un évêque du nord, qui disoit de sa nation avec plus de gaieté que de justice: «Nous parlons toutes les langues de l'Europe, mais nous n'avons le sens commun dans aucune.»

ENCORE PARME.

C'est à Parme qu'étoit en quelque sorte le chef-lieu de la gloire du Corrège, de ce peintre charmant qui, malgré ses défauts, s'est, par son coloris, et sur-tout par ses graces inexprimables, mis presque de niveau avec le talent un peu sévere de Raphaël. C'est là qu'on voyoit son fameux tableau de la fuite en Egypte, dit vulgairement *la Vierge de saint Jérôme*. Ce chef-d'œuvre excite encore le regret, la douleur même de tous les Parmesans. Le duc, malgré la modicité et l'épuisement de ses revenus, offrit *un million* pour le racheter des Français, qui en avoient exigé la remise comme une des conditions de la paix; et c'est une circonstance bien honorable pour les beaux arts que dans ces derniers temps leurs chefs-d'œuvre soient entrés dans la balance des empires et dans le texte des traités, et que la cession d'un tableau ou d'une statue soit devenue plus décisive que la cession d'une ville.

Il ne reste guere plus du Correge à Parme que la coupole de la cathédrale et celle de S.-Jean l'évangéliste. La premiere est la plus estimée, et a été très foiblement gravée. D'ailleurs le Correge est un des peintres qui perd davantage à la gravure, vu que le coloris n'y est plus pour rien, et que les graces sont ce qui s'imite le moins. Il n'en est que plus fâcheux que ces deux coupoles soient si maltraitées par le temps, quoique les amateurs prétendent encore y voir tout ce qu'ils ne font plus qu'imaginer. Elles sont en effet en si mauvais état, qu'un de ces connoisseurs s'extasiant devant moi sur une superbe tête de femme qu'il appercevoit, il se trouva à l'examen que c'étoit une tête de cheval. Pour moi, j'avoue franchement que je n'y ai guere vu que du blanc et du noir : je félicite de bon cœur ceux qui sont ou seront plus heureux que moi.

On pourroit hardiment défier le plus habile voyageur de deviner où est à Parme le palais du prince. C'est un assemblage de maisons particulieres, dont l'extérieur est en général très modeste, et qui n'offre aucune espece d'ensemble ni de rapport. On est assez agréablement surpris, en entrant dans ce singulier palais, de trouver l'intérieur fort au-dessus de ce qu'on attendoit, et d'y voir de très belles enfilades de très nobles appartements, entre autres une magnifique salle de concert. Il y a en Italie tant de maisons particulieres déguisées en palais, qu'on n'est pas fâché d'y trouver une fois un palais déguisé en maison particuliere.

Sur la place qui fait face à celui-ci, on avoit, il y a plusieurs années, commencé sur de très beaux dessins un palais tout-à-fait régulier, et même plus beau qu'il n'appartenoit à un duc de Parme. Les plus grandes dépenses étoient faites, les matériaux assemblés, les fondations finies et l'édifice déja hors de terre, quand une économie très tardive fit tout arrêter, et même tout détruire.

Le palais actuel touche au vieux palais Farnese, bâtiment élevé dans des proportions bien plus nobles, et où l'on voit une cour qui en petit rappelle un peu la cour du Louvre; mais l'intérieur de ce bâtiment n'est guere habitable. La meilleure partie en a été consacrée à la bibliotheque, et au célebre théâtre de Parme.

Ce théâtre, qui commence à être une ruine, est, selon M. Cochin, le seul qui soit décoré d'architecture. Cela prouve, avec les salles à colonnes qu'on nous a faites à Paris ces dernieres années, que ceux qui parlent d'architecture, et même ceux qui l'exercent, ne savent pas assez que son premier mérite, sur-tout dans les édifices destinés au public, est de loger commodément beaucoup de monde. Or je parie que cette belle forme de notre Odéon, qu'on a dédaignée depuis, logeoit mieux, à espace égal, un tiers plus de monde que quelques unes de ces salles italiennes si vantées; je dis quelques unes; car à Milan, à Naples et ailleurs, on retrouve le système de la salle de l'Odéon. Quoi qu'il en soit, l'architecture de l'immense salle de Parme est véritablement d'une noblesse remarquable. Il y tenoit, non pas treize mille personnes, comme on l'a dit, mais quatre mille, comme on l'a mesuré. Il y a soixante-dix ans qu'on ne s'en est servi, et aujourd'hui on ne pourroit plus s'en servir. Cette salle devoit être bonne pour une pantomime. On y voit même un espace pour une naumachie; mais, quoi qu'on en ait dit, il est douteux que les spectateurs ne fussent pas trop éloignés du théâtre pour goûter beaucoup et entendre entièrement une représentation dramatique ordinaire. En effet la salle a cent dix pieds depuis le bord du théâtre jusqu'au bout des gradins. Le théâtre a cent vingt-quatre pieds de profondeur; il est vrai qu'il n'en a que trente-six d'ouverture. En tout c'étoit un beau monument, mais plus beau que réellement commode, et plus fait pour étonner les étrangers que pour convenir aux indigenes.

Près de là est la bibliotheque, disposée avec autant de goût que d'élégance, et composée de plus de soixante mille volumes, assez bien choisis il y a vingt-cinq ans; c'est-à-dire que l'on y chercheroit en vain tous les bons ouvrages qui ont paru depuis cette époque. Cet établissement est fort négligé depuis long-temps; et j'ai appris avec surprise qu'il n'existoit seulement pas de catalogue. A la vérité les préposés cherchent à y suppléer par de prodigieux efforts de mémoire, et ils connoissent à-peu-près tout ce qu'ils ont: mais les chefs de cette bibliotheque et de beaucoup d'autres devroient bien, pour leur avantage et pour celui des amateurs, se reposer, et mettre leur mémoire par écrit.

On a joint à la bibliotheque de Parme un cabinet de médailles, dont beaucoup sont d'or, et dont une en argent m'a paru curieuse, et doit être déja fort rare, quoique frappée en 1799. Elle porte pour exergue, *Republica Parthenopea*; mais aucune n'a excité mon intérêt comme une petite piece en cuivre, qu'on m'a assuré être unique, ce dont je doute. Elle représente Ulysse avec sa figure et son casque connus, et au bas il y a en grec: *Ithaque*. Si cette médaille est vraie, rien de plus curieux que de toucher une des pieces de monnoie avec lesquelles la sage Pénélope aura peut-être payé le fidele Eumée.

En revenant du cabinet de médailles on repasse par la bibliotheque, où on s'arrêteroit encore devant plusieurs beaux livres, et entre autres devant quelques Bodoni, si dans une dépendance du même palais on ne pouvoit voir Bodoni lui-même.

BODONI.

On a tant et si justement parlé du bien qu'a fait l'imprimerie qu'il faut bien convenir quelle a eu quelquefois ses inconvénients. On sait comme elle a, dans ces dernieres années, abusé de la patience connue du papier, pour propager les doctrines les plus antisociales, les mensonges les plus impudents. Elle a bien encore de temps à autre ses petits torts; mais avec tout cela elle n'en est pas moins au premier rang des inventions utiles. Je n'examinerai pas tout ce qu'elle fait sans cesse pour l'avantage des gouvernements et pour l'agrément des particuliers; mais je me bornerai à prier ceux qui s'amusent à la décrier, de mesurer le vuide que laisseroit dans leur vie la suppression de l'imprimerie, si malheureusement elle pouvoit avoir lieu.

Parmi les hommes qui ont cultivé ce métier, qui est presque un art, peu méritent autant d'éloges que Jean-Baptiste Bodoni. Il faut connoître la pente presque invincible qui éloigne dans la molle Italie de toute amélioration en tout genre, pour bien apprécier le mérite d'un homme qui, dans un état sans territoire et dans une ville sans communications, est parvenu à fonder un établissement dont les productions jouissent du plus grand succès dans toute l'Europe, et balancent les réputations les mieux établies dans ce genre. Je ne connois que les presses de Didot l'aîné, qui à mon avis l'emportent sur celles de Bodoni, et encore n'est-ce pas le sentiment de tous mes compatriotes. Je crois, il est vrai, pouvoir l'attribuer à cette inclination particuliere qu'ils ont presque tous à préférer ce qui vient de loin à ce qui sort de leur propre pays, tandis que les autres nations de l'Europe ont un goût et tombent dans un excès tout-à-fait contraire. En effet l'avantage est évident à tous égards pour ceux qui veulent bien regarder : mais il faut remarquer en faveur de Bodoni, que si Didot a été constamment supérieur pour les petites éditions, par exemple dans la collection du dauphin, Bodoni l'a été long-temps pour les éditions in-4° et in-folio. Son encre étoit plus belle, ses caracteres plus nourris, et ses titres d'un meilleur goût. Didot a senti tout cela. Il a redoublé d'efforts, et il a donné le *Virgile*, l'*Horace*, et le *Racine*, qui, je l'avoue, me paroissent supérieurs en quelque chose aux chefs-d'œuvre de Bodoni, et à tous ceux de la typographie. Bodoni peut-être se piquera à son tour, et fera aussi bien que Didot; car pour faire mieux, cela me paroît désormais impossible. Au reste, quoi qu'il arrive, Bodoni sera toujours un homme du premier ordre dans son genre, et ses belles éditions, des objets d'art extrêmement précieux.

Il faut pourtant le dire : ces magnifiques éditions in-folio, où Bodoni et Didot disputent d'élégance et de goût, mais où Didot l'emporte pour la correction, sont d'un volume et d'un prix qui passe un peu les proportions naturelles. Cela est d'autant plus vrai que les hommes à qui on prodigue ainsi les plus grands honneurs de la typographie sont en général des auteurs charmants, mais frivoles, qui n'étoient pas appelés à s'élever au-dessus de l'in-8° tout au plus; l'in-folio étant jusqu'à ce jour réservé à des écrivains d'un bien moindre talent, mais d'un mérite plus grave, Montfaucon, par exemple, Moréri, et autres : mais on est tout étonné de découvrir dans un in-folio le léger Horace ou le tendre Racine. Ajoutez que des ouvrages de ce format, imprimés avec le plus grand luxe, et souvent accompagnés de gravures, montent à un tel prix que quelquefois pour la valeur d'un volume de cette espece on auroit une petite bibliotheque. Je sais qu'on peut répondre à cela qu'il est naturel que les chefs d'œuvre de l'imprimerie soient employés à des chefs-d'œuvre de littérature ; que ces magnifiques éditions sont des especes de monuments élevés aux grands écrivains, monuments auxquels doit applaudir et concourir la reconnoissance d'une nation, et l'estime de toutes les autres ; qu'il est bon qu'il y ait des livres pour toutes les fortunes, et qu'après tout il y a mille manieres moins nobles de dépenser son revenu. J'en conviens; et sans citer les plus déplacées, je sens qu'il est beaucoup plus convenable de mettre 1800 fr. à un Racine qu'à une coquille.

Bodoni a fait fondre une prodigieuse quantité de magnifiques caracteres dans toutes les dimensions et dans toutes les langues. Il a cet amour de son art sans lequel on ne fait rien dans aucun. Quel que fût son talent et son zele, il a été aidé par d'heureuses circonstances, plus nécessaires encore dans toutes les carrieres. Il a trouvé dans M. d'Azzara un généreux protecteur, et presque un ami, qui l'a aidé de sa fortune, de son crédit, et de ses éloges. La maniere dont Bodoni parle de ce noble Espagnol fait également honneur à l'obligeance de l'un et à la reconnoissance de l'autre.

Grace à M. d'Azzara et à quelques autres, Bodoni étoit connu, estimé; mais il restoit pauvre. Il se soutenoit à peine. Il a fallu que les Français vinssent en Italie pour faire sa fortune. Je tiens ce fait de lui-même ; et en effet, parmi cette foule de Français qui ont passé à Parme, il en est bien peu qui ne soient venus voir Bodoni, et qui n'aient voulu emporter quelqu'un de ses ouvrages. Beaucoup de simples soldats même ont voulu faire quelque emplette proportionnée à leurs moyens. Bodoni m'a également attesté que pendant tout le temps qui s'est passé entre la bataille de Vérone et celle de Marengo il n'a pas vendu aux Autrichiens *pour deux séquins de volumes*. Il m'a cité le trait d'un capitaine de cette nation qui lui étant venu demander à voir un de ses plus beaux livres, eut la patience de feuilleter jusqu'à la fin tout un Horace, et lui demanda ensuite ce que c'étoit qu'Horace. Il est facile de dire ce que c'étoit que ce capitaine. Au reste un fait dont l'Italie entiere déposera, et même ceux qui aiment le moins les Français, c'est que du moins ceux-ci y ont dépensé noblement l'argent qu'ils avoient pu y acquérir, tandis que les Allemands, plus avides encore, faisoient venir de chez eux jusqu'à leurs souliers.

Bodoni, enrichi après de longs travaux, a acquis près de Parme une assez belle propriété, qu'il méritoit bien, et qu'il mérite plus encore par l'usage qu'il en fait. Il en consacre presque tout le revenu à soutenir de ses bienfaits la famille pauvre de l'épouse laborieuse qu'il s'est associé. Cet homme estimable à tous égards est presque Français, car il est né à Saluces, qui vient d'être réuni à la France, et qui en avoit été autrefois séparé.

J'ai vu avec surprise quelques personnes à Parme traiter avec dédain le seul homme de Parme qui ait su y attirer l'argent de l'étranger, et presque le seul dont le nom soit connu et intéressant en Europe.

COLORNO.

Colorno est une petite ville à quatre lieues de Parme, dont le château étoit la résidence habituelle de l'Infant. Ce château d'une apparence assez médiocre renferme des appartements plus vastes qu'élégants; mais cette habitation est embellie par de fort beaux jardins, où l'on remarque une bizarrerie assez originale. Des deux côtés du château il y a une belle rangée d'arbres, au pied de chacun desquels est une colonne qui s'éleve jusqu'à la hauteur où naissent les feuilles, et dont la blancheur jetant encore de l'ombre sur le tronc de l'arbre, donne de loin à ces deux allées l'air d'être portées sur des piédestaux de marbre. Je cite cette singularité comme remarque plutôt que comme éloge.

Le dernier duc vivoit à Colorno avec une simplicité extrême. Il laissoit à Parme son régiment et même ses cinquante gardes-du-corps, et il ne se faisoit garder que par quelques invalides. Il faut lui rendre cette justice, que l'excès de dévotion, qui lui a dicté plusieurs démarches singulieres, ne l'a jamais empêché de s'occuper avec activité et suite de toutes les affaires de son petit état. Son revenu de trois millions lui avoit été laissé très grevé par son prédécesseur, qui en tout genre auroit bien fait, s'il n'eût trop fait pour une si petite puissance. Les dépenses de toute espece que la guerre avoit nécessitées, avoient achevé de déranger ses finances, et j'ose dire qu'un particulier qui a cent mille livres de rentes bien nettes, est beaucoup plus riche que ne l'étoit le souverain de Parme avec un revenu de trois millions.

Au reste, il semble que dans ce pays ont eût mesuré la monnoie à la petitesse de l'état. La livre de Parme ne vaut que cinq sols de France, tandis que celle de Milan en vaut quinze. Celle du Piémont en valoit vingt-quatre, et par parenthese rien n'est plus incommode en Italie que ces perpétuels changements de monnoies. Rien ne prête davantage aux fripponneries des postillons et des aubergistes.

Quand un homme a rempli ses devoirs, il est assurément le maître de l'emploi de ses loisirs. Le duc employoit tous les siens à des occupations pieuses. Il avoit près de lui un couvent de religieux qu'il voyoit beaucoup. Il étoit plus souvent encore occupé à entendre l'office et quelquefois à le chanter. Il avoit fait bâtir à grands frais une très jolie église dédiée à saint Liboire, saint fort peu connu par-tout ailleurs qu'à Colorno. Cette église remarquable par la quantité des marbres et la profusion des ornements, l'étoit sur-tout à ses yeux par les reliques qu'il y avoit rassemblées, et fait orner avec des dépenses considérables ; j'y ai remarqué entre autres, plusieurs têtes de saints qu'il avoit fait faire en argent massif, pour y placer quelques débris de la tête de ces mêmes saints. La tradition assure que des frippons avoient souvent abusé de sa piété pour lui vendre fort cher des reliques très modernes et très peu respectables. On est d'autant plus porté à le croire, que dans toute l'Italie le commerce en ce genre est sujet aux plus indignes profanations; et les hommes les plus estimables, après y avoir été trompés, trompent fort innocemment les autres. Je n'en citerai qu'un exemple: un chirurgien français visitoit avec quelques voyageurs un couvent à quelques lieues d'Ancone. On leur montroit les reliques que la maison avoit l'honneur de posséder. On présentoit sur-tout à leur vénération je ne sais plus quel petit os d'un saint très honoré. Le chirurgien, grand anatomiste, examina cet os, l'examina encore, et prit enfin à part le religieux qui le faisoit voir : « Mon pere, lui dit-il tout bas, vous devriez bien supprimer ou du moins changer cette prétendue relique; je dois vous prévenir qu'il est peu convenable de la faire passer pour un os de saint; car ce n'est pas un os d'homme. »

Plus on a de respect pour la religion, et plus on desire que tout ce qui y tient, même de loin, ne puisse pas inspirer un autre sentiment.

LA CHARTREUSE.

J'avois demandé qu'on m'indiquât hors de Parme, un but de promenade un peu intéressant. Allez à la Chartreuse, me dit-on. — Un couvent de chartreux : est-ce qu'on y entre ? — Il n'y a plus de chartreux depuis long-temps ; c'est aujourd'hui la manufacture de tabac pour les états de Parme. — Eh bien! allons voir la Chartreuse, et nous y jouirons à la fois de ce que ce lieu a été et de ce qu'il est.

Nous avons, ou plutôt nous avions en France, sur la plus horrible montagne du Dauphiné, la *Grande Chartreuse*, qui est un lieu de tristesse et d'horreur, et où l'on a aussi établi une manufacture. Dans les plaines de l'état de Parme, il n'étoit pas possible de trouver rien de semblable ; mais on y a fait tout ce que la nature permettoit, et cette Chartreuse est encore assez triste. Une allée longue et étroite y conduit. Des fossés pleins d'une eau stagnante et corrompue bordent cette allée, au bout de laquelle on se trouve dans une cour entourée de bâtiments très bas, comme tous ceux de cet ex-monastere, et terminée par une église, dont on avoit commencé à revêtir le portail en marbre ; mais ce projet, comme beaucoup d'autres, a été interrompu.

L'église de ce monastere est fort peu remarquable pour la grandeur, mais l'est extrêmement pour la fraîcheur et l'agrément des peintures dont tout son intérieur est orné. Je ne sais jusqu'à quel point elles pourroient soutenir le jugement d'un connoisseur; mais elles enchantent le premier coup-d'œil. Nos églises de France sont bien nues auprès de celles d'Italie : celle-ci a été peinte il y a cinquante ans, et il semble que ce soit d'hier. On sent d'ailleurs que saint Bruno et les chartreux jouent un grand rôle dans toutes ces peintures; mais c'étoit leur place assurément. Un rideau remplace aujourd'hui devant le maître-autel un tableau extrêmement estimé, qui a été transporté en France avec plusieurs autres, et qui y a peut-être peu gagné. Il y a tant de tableaux dont la réputation est venue expirer à Paris, qu'il est permis d'être inquiet sur le sort de celui-ci. J'ai vu des hommes plus connoisseurs que moi en peinture, convenir que, si l'on osoit, on renverroit en Italie la moitié au moins des tableaux qu'on en a tirés.

En sortant de l'église j'entrai dans le cloître, beaucoup plus vaste que ne le sont en général les édifices de ce genre. C'est dans l'espace qu'il renferme, qu'étoient déposés les restes des infortunés habitants de cette demeure. En France, où cet ordre sembloit avoir plus perfectionné la mélancolie, chaque chartreux étoit enterré dans le petit jardin qu'il avoit cultivé toute sa vie. Cette idée plus triste pouvoit aussi avoir quelque chose de plus doux pour ces hommes dont le jardin étoit le seul et dernier ami. Aujourd'hui une partie de cet ancien cimetiere, revêtue de briques bien unies, est destinée à faire sécher les feuilles de tabac. Je ne sais; mais un cimetiere ne devroit, ce me semble, être jamais destiné à d'autre usage. Il y a dans le mépris de cette convenance une sorte de profanation qui froisse l'ame.

J'ai demandé à voir une des cellules des anciens habitants de cette demeure. Cellules n'est pas le mot. Ils avoient chacun quatre chambres, deux au raiz-de-chaussée et deux au dessus. A la vérité, elles étoient fort tristes et n'avoient aucune espece de vue. Le jardin étoit plus petit encore. Quoi, me disois-je en voyant cette enceinte, c'étoit là qu'étoit resserrée l'existence d'un infortuné, là qu'il devoit vivre d'une longue mort! Ces murs éternels retomboient continuellement de tout leur poids sur ses pensées solitaires! J'ai frémi du sort de ces religieux. C'est alors qu'on m'a proposé de voir la prison. Une prison pour des chartreux! on les croyoit donc libres? Je l'ai vue, cette prison. C'étoit une salle basse assez humide, aujourd'hui éclairée par une croisée, mais alors par un soupirail très étroit qui venoit de la partie supérieure de la chambre, et ne donnoit que très peu d'air et très peu de jour. C'étoit un vrai cachot. Tous ces hommes là croyoient sans doute que, pour aller au ciel, il falloit passer par l'enfer.

Je finirai ce que j'ai à dire sur ce lugubre sujet, en rapportant le mot d'un visiteur de chartreux, que nous citoit hier la personne qui nous montroit cet ancien couvent. Ce visiteur venoit de faire sa tournée dans les maisons de son ordre, et, à son retour, on lui demandoit s'il étoit satisfait de son voyage : « Mais oui, répondit-il, cette année-ci il ne s'est pendu que sept de nos religieux. »

L'ancienne Chartreuse est aujourd'hui une manufacture de tabac qui produit environ 500,000 l. au duc de Parme. Ce prince gagne à-peu-près vingt sous par livre de tabac; c'est par conséquent cinq mille quintaux de tabac qu'il débite. Cette quantité n'est pas tout entiere consommée dans ses états, et il en exporte une certaine partie. Il est vrai qu'il tire de la Hongrie, de l'Alsace, et de la Hollande, ses matieres premieres. On avoit essayé de faire venir du tabac dans l'enclos même de ces chartreux dont je viens de parler; mais ce tabac s'est trouvé d'une si mauvaise qualité, qu'on a été obligé de renoncer à cette tentative, dont le mauvais succès dément une opinion de l'abbé Rozier. Cet écrivain, à qui l'agriculture a tant d'obligations, donne comme regle générale que plus le tabac, plante originaire du midi, vient au midi, meilleur il vaut. Voilà cependant le fertile et méridional état de Parme obligé de tirer ses tabacs de la Hongrie, de l'Alsace, et même de la Hollande. L'expérience est la meilleure des théories et le plus utile des livres.

MODENE.

Dans toute la riante plaine de la Lombardie, rien ne m'a paru aussi bien cultivé, aussi bien planté, aussi bien bâti, que le petit état du Modenois. Après avoir passé Reggio, jolie ville qui a l'éternel honneur d'être la patrie de l'Arioste, on ne tarde pas à arriver à un pont bâti sur la Secchia, ouvrage d'une construction, d'une longueur et d'une beauté remarquables. Quatre pavillons quarrés, élevés à chacune de ses quatre extrémités, l'embellissent encore, et il n'y a pas de princes qui ne dussent s'honorer de cette création des ducs de Modene. Leur capitale, où on arrive à travers une plaine enchantée, s'est également ressentie de leurs soins. C'est à mon gré la plus jolie ville de l'Italie, comme Turin m'en a paru la plus belle. Elle est presque neuve, et presque par-tout ornée d'édifices et de portiques aussi commodes qu'élégants. Tassoni qui la trouvoit si laide et si *crottée*, ne la reconnoîtroit plus aujourd'hui. Les ducs de Modene ne pouvant agrandir leur état, s'étoient occupés à l'embellir; il seroit bon que quelques unes des puissances de ce monde, en fussent réduites à ce pis aller.

C'est à Modene que régnoit cette maison d'Est qui, maîtresse aussi autrefois de Ferrare, a mérité par ses bienfaits les éloges des deux premiers poëtes de l'Italie; ce qui n'est pas sa moindre illustration. On regretteroit presque de ne la plus voir régner à Modene, si elle n'avoit pas été dédommagée d'ailleurs, et si de plus elle n'étoit pas prête à se fondre dans la maison de Lorraine-Autriche.

Presque tous les voyageurs qui passent à Modene vont dans une vieille tour voir ce vieux seau enlevé aux Bolonais, qui a fourni à Tassoni le sujet d'un poëme un peu vieux aussi, qu'on a assez récemment cherché à rajeunir en France. C'étoit bien mon intention de voir ce monument respectable de la gloire des Modenois; et j'avois même des raisons particulieres pour cela. Mais il tomboit une pluie très forte; la tour où on montre le seau étoit assez loin; le dîner étoit tout près; il falloit partir dans un quart-d'heure. Je me suis contenté de constater l'existence du *personnage;* j'ai su qu'il étoit plus vermoulu et plus respecté que jamais, et je suis parti sans le voir en étouffant indignement mes remords.

Au reste, j'ai appris à Bologne un fait fort important dont l'histoire ne parle pas, et les Modenois encore moins; c'est que si les Modenois ont un seau enlevé à Bologne, les Bolonais ont une barriere enlevée à Modene, ce qui compense leurs avantages. Oui, je crois que, tout bien pesé, les deux nations sont aussi grandes l'une que l'autre.

BOLOGNE.

Ce qui acheve de prouver l'extrême fécondité de toute l'Italie supérieure, c'est la quantité de grandes villes très rapprochées qu'elle renferme. Bologne est encore plus près de Modene, que Modene ne l'est de Parme; aussi on n'a pas besoin de s'arrêter en route, et tous les voyageurs profitent de cet avantage; car il faut avoir été bien peu en Italie pour n'avoir pas appris à y craindre et à éviter autant que possible les auberges; leur cherté y est en raison inverse de leur bonté. L'effronterie de ceux qui les tiennent révolte d'autant plus les Français, que ceux-ci savent très bien que les allemands ne les payoient gueres qu'en coups de schlague. Les aubergistes, payés aujourd'hui en argent, sont sujets à élever les prétentions les plus insensées et donnent, malgré qu'on en ait, du goût pour les manieres allemandes. Tel est le genre de beaucoup d'hommes de ce pays, du moins dans les classes inférieures; aussi bas et soumis avec ceux qui les traitent durement, qu'insolents et rapaces avec ceux qui les ménagent.

Bologne n'a pas été aussi bien traité par ses légats, que Modene par ses ducs. Cette ville est d'une beauté assez médiocre; elle n'offre gueres à la curiosité des voyageurs vulgaires que ses deux tours bâties à côté l'une de l'autre. La plus élevée, haute de 307 pieds, est inclinée de 3 pieds et demi, et paroît cependant droite, parce que sa voisine, haute seulement de 144 pieds, est inclinée de 8 pieds 2 pouces. Elle subsiste ainsi depuis si long-temps qu'on se dispute encore pour savoir si cette singularité, renouvellée à Pise, provient de la volonté de l'architecte, ou de l'affaissement du terrain. Plusieurs observations porteroient à pencher vers ce dernier parti. Mais ces deux tours, sont en tout un objet de curiosité assez puéril.

Un autre objet, d'une plus grande importance, et dans la description duquel je regrette qu'on m'ait tant et si bien prévenu, c'est l'institut de Bologne, le premier dépôt en Italie pour les connoissances dans presque tous les genres. Il y a de nombreux et d'excellents professeurs; et certes ce n'est pas leur faute si l'Italie est reculée sur tant d'objets. Cet établissement est administré avec un zele et un ordre qu'on ne peut trop louer, et dans un siecle où les meilleurs établissements ne sont pas toujours les plus économiques, il peut être bon de remarquer que c'est avec moins de 11,000 livres de rente que l'institut de Bologne enseignoit toutes les connoissances humaines et soutenoit la juste réputation qu'il a acquise dans l'Europe. J'ignore quel changement les derniers événements d'Italie auront pu apporter dans ses revenus, et même dans son organisation.

L'école Bolonaise qui a produit les Carrache, l'Albane, le Guide, le Dominiquin, vit depuis long-temps sur sa réputation, et ne semble plus devoir produire aucun sujet bien distingué. Si j'osois chercher à expliquer la cause de ce fait commun à tant d'écoles, je l'attribuerois à cette manie d'imitation qui s'empare toujours de plus en plus des éleves des grands maîtres, et qui leur fait perdre, à se traîner sur leurs traces, le temps que quelques uns auroient pu employer à se frayer une route nouvelle. C'est là le sort et le malheur de tous les arts; aussi dans tous les genres, les génies les plus brillants et les plus estimés sont ceux qui sont venus avant qu'il y eût des modeles; après eux il n'y a plus gueres eu que des copies.

Il y a à Bologne de nombreuses fabriques de crêpe, et peu de voyageurs passent sans en emporter quelques pieces. Les Bolonais prétendent avoir un secret pour le faire mieux que par-tout ailleurs, et leur crêpe est très estimé; mais il pourroit bien en être de cette réputation comme de tant d'autres en Italie. J'atteste du moins que plusieurs Français qui s'étoient donné beaucoup de peine pour introduire en France des crêpes de Bologne, ont été tout étonnés de trouver à Paris des crêpes de France qui, *tout considéré*, n'étoient pas plus chers, et souvent même étoient plus beaux. Ce fait très positif, est très bon à dire à nos négocians, ou du moins à nos voyageurs.

A une lieue de Bologne, on voit une madone dite de S. Luc, pour laquelle les Bolonais ont une telle dévotion, que, pour en faciliter le pélerinage ils ont bâti un long portique de six cent quarante arcades, par lesquelles on y va à couvert. Il n'y a pas de famille un peu illustre à Bologne qui n'ait fait bâtir quelqu'une de ces arcades. Les corps, les communautés s'en sont mêlés, et les domestiques se sont cotisés pour payer aussi la leur. La Vierge est l'objet d'une dévotion générale et presque exclusive en Italie, et il faut toute la bonté de Dieu pour n'en être pas quelquefois un peu jaloux.

Les Bolonais qui, sous les papes même, conservoient une espece d'indépendance, ont en général plus de fierté et d'énergie que la plupart des petits peuples de l'Italie. Mais il ne faut pas que cette fierté et cette énergie aillent trop loin, et sur-tout soient mal adressées. Je tiens de plusieurs de nos militaires que quelques Bolonais se soumettent parfois assez impatiemment aux égards que leur prescrivent pour les Français des convenances de toute espece. C'est mal sentir, et plus mal calculer.

LA TOSCANE.

A peine a-t-on quitté Bologne qu'on s'enfonce dans les Apennins, où l'on fait environ vingt-quatre lieues. Ces solitudes silencieuses ont d'abord quelque chose qui en impose ; mais elles ne tardent pas à avoir quelque chose qui ennuie. Les montagnes ont aussi leur monotonie ; et voilà ce que ne veulent pas sentir les adversaires des plaines. De hauteurs en hauteurs, de descentes en descentes, on arrive enfin près de Florence, qu'on apperçoit dans une charmante situation. Les Toscans ont eu de l'esprit de mettre leur plus belle ville dans leur plus belle vallée.

Impatient de voir Rome et Naples, les deux géants de l'Italie, je me suis peu arrêté en Toscane et à Florence. Ainsi je dirai fort peu de chose de cette derniere ville, qui a perdu pour les voyageurs la moitié de son mérite en perdant cette Vénus de Médicis, que nous avons possédée trois mois, et que nous avions eu la folie de laisser échapper : mais le gouvernement, qui a réparé tant de chose, a, dit-on, réussi à rentrer en possession de cet inestimable chef-d'œuvre; et il paroît certain que la Vénus de Médicis arrive enfin à Paris pour s'y marier avec l'Apollon du belvéder : il y a peu d'union plus convenable.

Florence renferme de très beaux palais; mais en général l'antiquité est empreinte dans beaucoup de ses édifices; c'est une immense médaille.

Nous avons été voir la cathédrale, très beau monument, qui n'a guere d'autre défaut que d'être trop près de Saint-Pierre de Rome, le baptistere dont les belles portes, disoit Michel-Ange, devroient ouvrir les portes du ciel, la galerie, naguere si chere aux sculpteurs, mais qui alors étoit à-peu-près vuide. Nous avons vu le palais Pitti, dont j'ai admiré la masse, et peu goûté la simplicité ; et enfin cette magnifique chapelle, ornée de si beaux marbres, où étoient enterrés les grands ducs. Quoiqu'elle ne soit guere finie qu'aux deux tiers, elle fait penser que ces princes étoient encore mieux logés après leur mort que pendant leur vie.

J'en suis fâché pour la Toscane si vantée; mais je l'ai traversée d'un bout à l'autre, et tout ce que j'en ai vu, hors la vallée de Florence, m'a paru d'une beauté assez médiocre. J'ai été même fort étonné d'en pouvoir comparer beaucoup d'endroits à la hideuse Maurienne. Presque par-tout des vallées maussades et des montagnes dépouillées. Si quelquefois par hasard un site plus heureux vient se présenter à la vue, il n'a pas le temps de la charmer; et il la consoloit à peine que l'on rentre dans un pays âpre et dans une tristesse sombre. Il faut être François pour résister à cette impression; et il y a de ce côté-là des pays qui ont dû être fort étonnés de nous voir rire devant eux.

La belle Toscane est, dit-on, du côté de la mer et de Livourne. La route de Rome a été moins favorisée. Nous avons en vain cherché sur les lieux le beau pays que nous avions trouvé dans les livres. Nous n'avons pas été plus heureux pour les belles femmes. Nous avions entendu assurer généralement que, du côté de Sienne sur-tout, les villageoises étoient charmantes, et supérieurement mises. Le hasard a voulu que nous soyions entrés dans cette ville un dimanche matin; le même hasard nous a fait rencontrer une foule de villageoises allant à la messe; j'atteste que nous avons cherché en vain une jolie figure, et même une tournure passable. Nous permettra-t-on, après un fait aussi positif, de douter des assertions des voyageurs et d'engager à en douter?

Pour moi, quand je vois de si visibles erreurs sur un pays et sur un sexe, venir d'hommes assez instruits pour bien juger l'un, et assez jeunes pour apprécier l'autre, je ne puis attribuer cette maniere de juger qu'à ce même sentiment qui, lorsqu'on est bien las d'un voyage, inspire quelquefois tant d'indulgence pour un mauvais lit, et même pour celle qui l'a fait.

Si je ne tombe pas d'accord de la beauté du pays et des femmes de la Toscane, la beauté du climat me paroît tout aussi douteuse; et ici, pour ne pas porter tout seul le poids de tant de paradoxes, je m'appuierai de ce passage de M. Jean Symonds, imprimé à la suite des voyages d'Arthur Young en Italie : « Le docteur « Targioni Tozetti de Florence, l'un des plus « habiles et des plus exacts naturalistes d'Italie, « m'assura qu'il étoit moralement sûr que la Tos- « cane auroit disette de grains une année sur « trois; circonstance qui force à regarder comme « suspectes les relations de quelques voyageurs « qui présentent la Toscane comme le pays le plus « fertile et le plus délicieux de l'Italie ». (Pages 353; et plus haut, page 243) : « Malgré sa ferti- « lité si vantée, la Toscane, dans les années pas- « sables, ne produit du grain que pour nourrir « les habitants pendant neuf à dix mois ». Arthur Young lui-même, dans une lettre datée de Florence (même voyage, page 150) enchérit encore sur ce qu'on vient de lire, et généralise peut-être un peu trop: « Nous avons, dit-il, un beau ciel, « un soleil brillant, mais un froid perçant et un « vent du nord-est insupportable qui nous fait sen- « tir toutes les neiges des Alpes, de la Hongrie,

« de la Pologne, de la Russie, et de la mer glaciale.
« Quand on marche un peu vîte le soleil fait suer
« et le vent fait pénétrer la neige et la glace jusque
« dans la moëlle des os ». Et voilà pourtant l'Italie, que tant d'écrivains irréfléchis ont célébrée pour son climat délicieux.

Je suis peu resté en Toscane; j'y ai vu, comme en Savoie, de fréquents indices de la culture la plus laborieuse et la plus louable, mais j'en ai apperçu peu d'une très grande fécondité. J'ai constamment, sous ce *beau climat*, éprouvé un temps fort mauvais et fort variable; cela ne prouveroit rien, si plusieurs habitants du pays, que je consultai, ne m'eussent assuré que ce qui faisoit mon ennui de quelques jours étoit souvent leur chagrin de plusieurs mois.

A Sienne, ville antique et assez laide, le pays devient un peu plus beau : mais on trouva le secret de nous l'enlaidir, en nous apprenant qu'assez près de là le courier de France et celui d'Italie venoient d'être assassinés. Une escorte, et surtout de bonnes armes nous rassuroient contre les brigands; mais c'est un pays peu hospitalier que celui où de telles précautions sont nécessaires.

Nos escortes avoient si mauvaise mine, que nous avons été souvent tentés de demander une escorte contre l'escorte.

Nous avons bu du vin de Montepulciano dans

sa patrie. J'ai trouvé que, comme beaucoup de gens, il y avoit perdu presque tout son mérite. Il m'a semblé lourd et médiocrement agréable: mais je m'y connois bien mal, et un homme qui ne boit du vin qu'en voyage, n'est digne de parler du vin d'aucun pays.

Plus on s'éloigne de Sienne, plus le pays devient sauvage et effroyable. Le chemin ne vaut guere mieux que le pays. Toute cette contrée porte des marques nombreuses d'anciens et terribles volcans. Les volcans n'y sont plus, mais les hommes y sont encore, et les assassins répandus sur ces routes ajoutent encore à l'horreur de ce pays désolé, qui fait pourtant une partie considérable de la riante Toscane. C'est entre Radicofani et Ponte-Centino, dans un site lugubre, au milieu d'un torrent qu'il faut traverser cinq fois, que se divisent l'état toscan et l'état ecclésiastique. Les deux puissances n'ont pas dû avoir de grands débats pour de pareilles frontieres. Il seroit plaisant qu'elles en eussent eu.

L'ÉTAT ECCLÉSIASTIQUE.

Aqua Pendente est la premiere ville qu'on rencontre dans cet état, qu'elle annonce d'une maniere peu brillante et malheureusement trop juste;

elle tire son nom d'une cascade assez curieuse qui tombe de très haut. Aqua Pendente elle-même est suspendue sur un précipice; l'eau tombe, et la ville va tomber.

On ne tarde pas à arriver à Saint-Laurent-les-Grottes; on y voit un château en ruines, auquel devoient ressembler beaucoup le château d'Udolphe et autres châteaux de cette espece: mais on revient bien vîte à des idées moins romanesques, lorsqu'on apprend la triste vérité. L'air, mal-sain sur presque toute cette côte, est devenu si meurtrier dans ce vallon, qu'en moins de vingt ans toute la génération qui occupoit le château et le village a disparu. On a abandonné et même ruiné le château; et quant au village qu'il falloit abandonner aussi, le pape en a fait bâtir un autre fort joli sur une hauteur voisine et aussi saine que le pays le permet. Il y a près du château, des grottes dont S.-Laurent tire son surnom. Elles servent de cave aux habitants, qui sans doute ne sont pas assez riches pour en creuser de mieux situées.

A Bolsene est un lac dont les eaux claires et limpides sont quelquefois agitées comme les vagues de la mer. On s'étonne qu'auprès d'un lac aussi vivant, aussi battu, l'air ne cesse pas d'être dangereux: on n'a pas encore bien réussi à l'expliquer.

L'air devient un peu meilleur à Montefiascone, ville connue par son vin muscat, qui, comme tous les premiers vins d'Italie, est si loin de la légèreté et du goût de nos bons vins de France, où son plus grand mérite est de venir d'assez loin. L'évêque actuel de Montefiascone est le célèbre cardinal Maury : on m'a assuré qu'il y recevoit fort bien les Français. Le temps seul nous a manqué pour aller saluer ce prélat qui fait honneur à son pays, et dont le talent a toujours été admiré par ceux même qui partageoient le moins ses opinions.

Viterbe est assez bien bâti et n'a d'ailleurs rien de remarquable, si ce n'est des eaux minérales situées dans un fonds très mal sain, d'où il semble que la santé ne peut jamais venir.

A Ronciglione j'ai rencontré une femme de ma connoissance; elle est jeune et belle : nous ne nous étions jamais vus, mais nous nous sommes reconnus : nous nous sommes souri; il me semble que nous avions beaucoup de choses à nous dire; mais la voiture rouloit, et il a fallu nous séparer, vraisemblablement pour ne jamais nous revoir.

Que dire du reste de l'état ecclésiastique jusqu'à Rome! peu de culture, peu d'hommes, des femmes qui font tort à ce doux nom, une terre noire et féconde qui semble presque par-tout accuser le gouvernement qui l'a laissée se couvrir de bruyeres, déja quelques ruines éparses, de vastes pensées qui viennent s'emparer de votre ame, le fantôme de l'ancienne Rome qui se présente à l'imagination, et bientôt le dôme de S.-Pierre qui vous montre de loin ce que la nouvelle a produit de plus imposant. Enfin on approche; on côtoie quelques masures; on est à Rome. On passe une vilaine petite riviere jaunâtre: c'est le Tibre.

Quel génie et quels exploits il a fallu aux Romains pour faire la réputation du Tibre!

ROME.

Nous arrivions à Rome en vrais Français, c'està-dire en hommes qui au fond tout aussi philosophes que les autres, ont une philosophie beaucoup plus gaie, et dont l'humeur quelquefois un peu frondeuse se plaît à dissiper devant elle les admirations des sots ou des enthousiastes. Mais, je l'avoue, l'antique image de Rome nous en imposa. Aux premiers regards que nous pûmes jeter sur cette ex-capitale du monde, nous nous avouâmes que nous éprouvions un saisissement involontaire, une espece de trouble inconnu. Qui peut voir en effet sans un sentiment de respect cette cité qui a eu de si hautes destinées, qui a produit tant de grands hommes, qui a fait tant de choses; cette ville dont l'histoire fut long-temps celle de l'univers; qui l'a à la vérité attristé par tant de crimes, mais qui l'a consolé aussi par tant de vertus ! nous voyions de toutes parts des ruines plus ou moins conservées, plus ou moins intéressantes. Les bornes même des maisons nous offroient quelquefois des débris de colonnes. Notre imagination se sentoit étonnée par tous ces objets, et plioit sous de si grands souvenirs ; il a fallu entrer dans Rome pour nous guérir de Rome. Avant d'y arriver c'étoit des ruines : hélas ! au-dedans ce sont encore des ruines. Nous pensions avec respect que nous marchions sur les cendres des grands hommes ; mais à Rome tous les grands hommes sont en cendres, des nains ont remplacé les géants. La tête montée presque malgré moi, il me sembloit que j'allois rencontrer Julius César, Tullius Cicero, Divus Trajanus, Belisarius; j'ai rencontré il signor L., il signor B., etc. etc. Tous les rêves de mon imagination se sont dissipés ; je suis tombé de deux cents pieds de haut, et je me suis trouvé à Rome telle qu'elle est.

Quoique ce soit au moment dont je parle que j'aie vu Rome pour la premiere fois, comme j'en partis presque immédiatement pour Naples, et de là pour Palerme; et comme je revins dans ces deux dernieres villes y passer plus de temps, et y vérifier l'idée que le premier coup-d'œil m'en avoit donné, je demande la permission de ne détailler mon opinion à cet égard qu'après mon retour de

Sicile, parceque ce n'est en effet qu'alors que j'en eus une.

Mais je ne puis pas attendre ce retour pour être l'interprete de la sensibilité de tous les Français qui dans ces derniers temps ont passé à Rome, et qui ont reçu de M. Cacault, ministre de France, un accueil qu'ils ne peuvent oublier. On peut recevoir très bien, et recevoir beaucoup moins bien que lui ; on ne rencontre pas toujours deux fois dans sa vie une bienveillance aussi franche, une bonté aussi unie, des attentions moins gênantes. Ce ministre semble persuadé qu'une de ses fonctions en Italie est de rendre ce pays agréable aux Français qui le traversent, et en cela, comme en tout, il va au-delà de ce qu'on pourroit attendre.

M. Cacault est parfaitement secondé à tous égards par le secrétaire de légation, M. Artaud. On ne pouvoit faire un meilleur choix pour donner ou pour rendre à Rome une idée de l'esprit et de l'amabilité française : aussi a-t-il réussi dans cette ville auprès de tout le monde, et particulièrement auprès de sa Sainteté. Après un tel suffrage, il en est peu qui ne fussent au moins inutiles, et je me bornerai à dire que c'est un des hommes qu'on voit et qu'on reverroit avec plus de plaisir. Il sera un peu étonné s'il lit ce voyage ; et avec sa vivacité aimable, il se récriera vraisemblablement sur plusieurs de mes opinions. Il apprécie l'Italie plus que moi; mais je l'y apprécie lui, autant que personne (1).

Nous arrivâmes à Rome peu d'heures après les cendres du malheureux Pie VI, et le lendemain nous vîmes du palais Borghese toute la pompe de leur translation à S.-Pierre. Je suis obligé d'avouer que j'ai apperçu dans le peuple romain qui y étoit accouru en foule, trop peu des symptômes

---

(1) Rappelé un moment en France avec l'assurance d'être nommé à une autre place diplomatique, M. Artaud a été bientôt envoyé de nouveau à Rome, et dans le moment où je revois ce voyage, il y est *chargé d'affaires* pour la France en l'absence de S. E. le cardinal Fesch. Par-tout où il sera employé il méritera l'approbation du gouvernement français, et l'estime de tous les autres.

Quant au respectable M. Cacault, il a trouvé une récompense de ses longs services dans la satisfaction de S. M. I., et dans une place au sénat-conservateur. Il s'occupe, selon une vieille habitude, à faire tout le bien qui dépend de lui, et emploie le reste de ses loisirs à faire placer et mettre en ordre une magnifique collection de tableaux, fruit des recherches et des économies de toute sa vie.

P. S. La mort vient de l'enlever à sa famille, à ses collegues, et à ses amis, qui ne l'oublieront jamais. Il a péri au moment où commençoit la guerre contre l'Autriche et la Russie; et ceux qui l'ont aimé, c'est-à-dire ceux qui l'ont connu, s'affligent encore plus en pensant que cet homme, qui étoit si vivement attaché à l'Empereur, a manqué de si peu de jours le bonheur de connoître les résultats de la plus belle campagne dont l'histoire, dont toute l'histoire nous ait gardé le souvenir. Paris, 16 décembre 1805.

d'intérêt, et même de respect, qu'une telle cérémonie devoit naturellement lui inspirer.

Pie VI mêloit à d'assez grandes qualités quelques défauts. Honoré d'ailleurs par des actes utiles, il alloit à la postérité avec de légers reproches que ses malheurs ont presque effacés. Ce pontife étoit estimé. Des hommes aussi violents que maladroits l'ont canonisé; cela prouve qu'il ne faut pas être des saints pour en faire.

C'est au reste une idée très heureuse du gouvernement réparateur d'élever à Pie VI un monument dans la même ville où ses jours se sont éteints dans l'amertume, et il n'y a pas une ame noble qui n'y applaudisse.

NAPLES.

La route de Rome à Naples est beaucoup meilleure que celle qui conduit de Florence à Rome; je dis meilleure, car jusqu'à Terracine elle est loin d'être plus agréable, et sur-tout plus saine. On traverse ces fameux marais Pontins que, depuis Appius Claudius jusqu'à nos jours, on a tant de fois voulu dessécher : je n'aime pas à m'y arrêter, même sur le papier; ainsi je n'en parlerai qu'à mon retour, et je me hâte de franchir Terracine, où on remarque un rocher qui a souvent été peint par les artistes, et un château qui a été ébauché par Pie VI. Entre Terracine et Fondi commence le royaume de Naples. On y trouve des soldats pour garder les frontieres, et des tours pour garder les soldats. Fondi prend pour le voyageur un aspect très riant par les orangers qu'on y cultive, et que pour la premiere fois il y voit en pleine terre, en certaine quantité. A quelques lieues de là il trouve la mer, qui embellit Gaëte, et Gaëte, qui embellit la mer. Il passe le Garigliano dans un bac construit par quelque charron pour briser toutes les voitures; il traverse Capoue dont il ne reconnoît guere les délices qu'à la mollesse des postillons, et par un pays qui devient charmant il arrive à cette capitale célebre dont les habitants disent : *Voir Naples, et puis mourir*. Dupati a changé ainsi ce proverbe : *Voir Naples, et puis vivre;* j'oserai proposer cette nouvelle variante : *Voir Naples, et puis partir*.

C'est ce que je fis presque immédiatement, sauf le retour : mais j'eus le temps d'examiner d'une part la magnificence du site, et de l'autre la beauté très médiocre de la ville.

Il est certain qu'il est impossible de n'être pas frappé de la situation de Naples. Autour d'elle deux côtes enchantées ; d'un côté un magnifique golfe terminé par l'isle pittoresque de Caprée ; de l'autre le Vésuve antique, dont la menace même a quelque chose de voluptueux, et dont le silence a l'air de vous dire, Hâtez-vous de jouir de ce que vous voyez; tout enfin sur ce rivage fortuné invite au bonheur, fait regretter que les hommes s'y soient plus négligés que la nature, et qu'à un si beau pays il manque une meilleure ville, et sur-tout un meilleur peuple.

Cette Naples si vantée n'a guere de beau que ce qui n'est pas elle. Son port n'est ni assez vaste ni assez sûr; l'architecture de ses palais et de ses églises est en général du plus mauvais style; le palais même du roi n'est qu'à peine ce qu'il doit être. Les quais, tous irréguliers, sont trop larges ou trop étroits. Sur celui de la Chiaia, est *la seule promenade* qu'il y ait à Naples. Elle consiste en trois allées de très petits arbres en berceaux, et on est bien étonné quand on va la voir, après avoir lu dans M. de Lalande que *c'est une des plus belles promenades de l'univers.* Heureusement que la surprise est déja un peu usée par les occasions fréquentes qu'on a eues de l'exercer en Italie. Pour en revenir à Naples, la seule rue qui y mérite le nom de belle est celle de Tolede, à qui il ne manque guere qu'un commencement et une fin; d'ailleurs pour les édifices, la largeur, et même la population qui y afflue, elle est fort au-dessous des exagérations qu'on en a débitées. Les autres rues sont en général très laides, très étroites, ou très montueuses, et souvent tout cela à la fois. Un trait de ressemblance qui leur est commun à toutes, ainsi qu'à tous les quais, c'est que sur les boutiques innombrables qu'on y voit, les neuf dixiemes sont remplies *de choses à manger;* c'est un pari que je me suis amusé à faire dans la rue de Tolede, et qui s'est trouvé bon dans tout ce que j'en ai parcouru. Ne peut-on pas par les marchands juger des acheteurs?

Voilà un coup-d'œil sur Naples qui ressemble peu à tous ceux qu'on en a donnés. J'ai fait là, comme ailleurs, tout ce que j'ai pu pour voir mieux ou du moins autrement, et j'ose croire que ce n'est pas tout-à-fait ma faute si en Italie j'ai vu presque par-tout le contraire de ce que j'avois lu sur ce pays.

Si j'aime beaucoup les gens utiles dans les sciences ou agréables dans les arts, je ne hais pas les gourmands, et je voudrois n'avoir pas d'autres reproches à faire au peuple napolitain; mais on lui en a fait beaucoup, et à cet égard du moins je ne commencerai pas. Sans doute, à Naples, parmi une population de quatre cent mille ames, il y a beaucoup d'hommes de bien et de mérite; mais il semble que le soleil ait tout relâché sous ce climat : il est douloureux que ce ne soit guere que pour la férocité que dans ces dernieres époques on y ait retrouvé de l'énergie. Les Napolitains, ou plutôt sans doute la canaille napolitaine, qui à la vérité est la lie de toutes les canailles, a pendant une révolution de quinze jours réussi à s'élever fort au-dessus de toutes les horreurs qui ont souillé notre révolution de dix ans. Je ne citerai qu'un fait, et on trouvera peut-être que c'est beaucoup trop ; il est constant qu'après la reprise de Naples sur les Français on y a, *pendant trois jours*, vendu dans les marchés de la chair humaine !

Partons pour la Sicile.

TRAVERSÉE.

On nous avoit promis un bon navire et le meilleur capitaine pratique de Naples ; cependant, par une précaution fort heureuse, M. Alquier, ministre de France, dont tous les Français n'ont qu'à se louer, avoit engagé deux officiers d'une frégate française en radoub dans cette ville à faire avec nous le voyage de Palerme. Nous nous trouvâmes très bien de leur société à tous égards, et on verra que si elle nous fut très agréable, elle nous fut encore plus utile.

Arrivés dans le port à deux heures, nous vîmes qu'on nous avoit préparé une polaque nommée la *Madone de S.-Antoine*, mauvaise barque dont au premier coup-d'œil les officiers Français jugerent la marche très mauvaise, et ils jugerent trop bien. Après avoir attendu trois heures, nous vîmes arriver le soi-disant capitaine, mais dans la réalité le *patron*, grand niais, qui nous fit tant de protestations de zele, que nous comptâmes fort peu sur son zele. Sur vingt hommes d'équipage qui lui étoient nécessaires, il n'en avoit que huit ou neuf; il devoit aller prendre le reste à dix-huit milles de Naples, à l'extrémité du golfe. Cette réunion, le temps qu'il perdit à terre, et celui qu'il voulut absolument employer à saluer une madone avec deux mauvais canons chargés de mauvaise poudre, tout cela nous coûta sept heures du temps le plus favorable, et par suite pensa nous coûter beaucoup plus cher.

Partis de Naples sur les cinq heures et demie du soir, nous avions encore eu le temps d'admirer la magnifique vue que présente à la mer cette cité immense et tout ce qui l'environne. Cette perspective est assurément une des plus belles où l'auteur de l'univers puisse se complaire dans son ouvrage; mais il ne faut pas qu'il y regarde de trop près. Nous passâmes à côté de l'isle de Caprée, qui rappelle le nom de Tibere, et qui est bien assez laide sans cela. Nous eûmes une très belle nuit, et au point du jour nous nous trouvâmes en pleine mer sous le ciel le plus pur, et avec le vent le plus propice. Je l'avoue, la perfide mer me parut alors charmante; elle me fit même grace du maussade tribut qu'elle fait payer à presque tous ceux qui la parcourent pour la premiere fois. Nous passâmes une journée fort agréable que nous ne vîmes finir qu'à regret, et nous ne doutions pas que le lendemain nous ne nous réveillassions à la vue de Palerme.

Le ciel en avoit décidé autrement et la mer aussi. Pendant la nuit le vaisseau fut très agité : nous dormîmes mal, et mieux encore que les officiers de marine, qui se levoient très souvent pour monter sur le pont; nous y montâmes nous-mêmes dès qu'il fit jour. Le spectacle étoit bien changé : nous vîmes la mer horriblement agitée, le ciel chargé de nuages obscurs, et l'horizon, qui la veille étoit de vingt-cinq lieues, étoit alors à peine de cent toises. Le capitaine étoit jaune de frayeur; les matelots avoient placé sur le pont leur madone pour conjurer l'orage; et pour se préserver du vent et de la pluie ils avoient tous mis des especes de capuces que je leur voyois pour la premiere fois. Dans un moment plus gai j'aurois cru que l'ordre des capucins avoit envoyé pendant la nuit prendre possession du navire : mais alors je ne pensai qu'au mauvais temps. L'ignorant patron, sourd aux conseils des officiers de marine, s'étoit par sa mauvaise manœuvre laissé tomber sous le vent de Palerme, et un temps trop contraire et un trop mauvais vaisseau qui dérivoit sans cesse, nous ôtoient l'espérance d'y parvenir. Nous n'étions pourtant plus qu'à quinze lieues de ce port, et il étoit d'autant plus piquant de le manquer que si on ne nous eût pas fait perdre plusieurs heures nous y eussions été arrivés depuis longtemps. Dans ces circonstances nos compagnons de voyage nous conseillerent de céder à la nécessité, et d'aller chercher un asile dans le port sicilien de Milazzo, qui est à trente lieues de là : nous prîmes avec regret cette direction, et poussés par le vent arriere nous fîmes un chemin extrêmement rapide. Nous passâmes assez près des isles de Lipari. C'est là qu'Eole, dit-on, enfermoit les vents ; ce jour-là, la prison étoit mal gardée. Nous ne vîmes pas l'isle de Stromboli qui brûle toujours, mais nous vîmes celle de Volcanello qui fume sans cesse. Notre capitaine, le meilleur de Naples à ce qu'on disoit, étoit si ignorant qu'il ne savoit pas seulement sa route ; et sans les deux officiers de marine, il nous menoit, non à Milazzo, mais à Stromboli, et sur les côtes de la Calabre, où nous n'aurions trouvé ni un port ni un mouillage pour notre navire. Il n'y avoit à bord ni quart de cercle, ni aucun instrument, mais seulement une mauvaise carte, à laquelle on ne put réussir à lui faire comprendre quelque chose. Cependant nous avancions, et le ciel s'éclaircissoit, du moins en partie ; enfin nous eûmes un beau soleil, et une mer presque tranquille. Nous avions toujours le vent en pouppe : les vagues radoucies nous portoient rapidement vers Milazzo, et déja nous appercevions le cap derriere lequel cette ville est située. Il s'appelle le cap Blanc, à cause de la couleur des eaux qui l'environnent. Nous nous flattions d'arriver avant le coucher du soleil : nous jouissions de la rapidité de notre marche, et à la pointe du vaisseau nous nous amusions à regarder l'écume de neige qui jaillissoit sur l'azur de la mer, et couroit quelquefois devant nous à plus de quarante pieds. Ce spectacle charmant nous avoit fait oublier l'orage; mais l'orage ne nous avoit pas oubliés. A peine avions-nous doublé le cap, qu'un vent impétueux et mêlé de pluie vint nous assaillir; c'est ce que les marins appellent un *grain*, et cela n'est dangereux que pour ceux qui ne savent pas leur métier : mais c'est justement ce que ne savoit pas notre patron. Plusieurs fois prévenu, il disoit qu'il connoissoit son bâtiment, et s'étoit obstiné à laisser sa grande voile déployée. Il ne sentit sa faute que quand il n'étoit presque plus temps. Le vaisseau horriblement penché étoit presque *engagé*, et cependant marchoit avec une rapidité prodigieuse vers la côte hérissée de rochers prêts à nous briser, et dont nous n'étions plus qu'à cent toises. Le timonier épouvanté avoit quitté le gouvernail; tout l'équipage, à la maniere napolitaine, poussoit des cris tumultueux, se disputoit sur ce qu'il falloit faire, et étoit incapable d'entendre les ordres du capitaine plus incapable encore d'en donner. A peine eûmes-nous le temps de voir tout cela : mais nous vîmes tout-à-coup l'inquiétude et l'indignation se peindre sur la figure jusqu'alors gaie et ouverte de nos officiers de marine. Ils courent au capitaine qui tremble, aux matelots qui crient. Voyant qu'on ne veut pas exécuter leurs conseils, ils donnent des ordres qu'ils exécutent eux-mêmes en partie. Un moment restoit encore pour le salut : ils le saisissent. L'un court au gouvernail, et lui donne une direction favorable; l'autre s'élance vers la corde qui retenoit la grande voile, et malgré les clameurs des ignorants qui ne sentoient pas même la cause de leur danger, il rend, en coupant cette corde, l'à-plomb au bâtiment, et l'espérance aux passagers. Tout cela ne dura que trois minutes, mais bien longues. Depuis ce moment ils ne quitterent plus le commandement du vaisseau qu'on avoit conduit si mal. Ce qu'il y a d'incroyable, c'est que le capitaine, malgré un ciel très orageux et un second grain qui menaçoit, vouloit encore faire déployer cette voile meurtriere qui avoit pensé nous perdre. Nous connûmes alors trop tard que c'étoit un de ces mauvais patrons qui vont de Palerme à Naples dans les beaux jours de la Méditerranée, et ne connoissent ni d'autres parages, ni une autre saison. En attendant le jour où il doit incontestablement se noyer, nous le priâmes de rester tranquille jusqu'à ce que nous fussions hors de chez lui. Nous entrâmes presque sans voiles dans le port trop vaste et trop peu sûr de Milazzo, et en y arrivant nous fûmes assaillis par un nouveau grain plus fort encore que le premier, et auquel, malgré les précautions que nous avions prises, nous eûmes bien de la peine à résister. Nous ne pûmes jeter l'ancre qu'à une lieue de la terre ; la mer étoit si grosse, même dans ce port, qu'il n'y eut pas moyen de descendre. Les deux officiers de marine craignoient que dans un asile si agité les ancres ne tinssent pas, et firent préparer à tout évènement la derniere ancre, très justement nommée l'ancre de miséricorde. Heureusement le mouillage se trouva bon. Nos Napolitains rassurés se mirent à chanter à Dieu leurs actions de grace, et pour plus de sûreté ils tournerent vers le côté du vent la figure de leur saint Antoine. J'entendis l'un d'eux qui disoit dans son patois : « Voilà ce que c'est ; nous avons pensé périr, parceque nous conduisions de ces impies de Français ». Nous étions aussi pressés de nous débarrasser d'eux, qu'eux de nous. Nous sentions le danger et même la folie de confier encore une fois notre vie à ces navigateurs, et nous nous étonnions qu'on eût osé nous en donner de tels. Aussi le lendemain, dès que le vent fut un peu moins fort, nous nous jetâmes dans la chaloupe avec tous nos effets, et nous allâmes descendre à Milazzo, où nous touchâmes doucement et avec plaisir cette terre où la veille nous courions nous briser avec violence.

NOS COMPAGNONS DE VOYAGE.

Ceux qui ont bien voulu lire ce qui précede ne peuvent pas douter que nous n'ayions dû la vie aux deux officiers de marine qui nous accompagnoient. Ceux là aussi ne trouveront pas mauvais que je consacre un court chapitre à des hommes sans qui il ne m'auroit été permis d'en écrire aucun.

Tous deux, jeunes encore, étoient lieutenants de frégate, tous deux se sont trouvés être aussi aimables qu'instruits. L'un s'appelle Doriac, et l'autre Croiset. Quoique tous deux soient également recommandables, je ne parlerai que du second, parceque ce que j'ai à en dire est plus curieux, et aussi parceque c'est mon cher compatriote. Il est Parisien comme moi, et on sait qu'il y a peu de marins qui soient Parisiens. Il est un de ceux qui démentent le plus cette réputation de *badauds*, qu'on donne aux habitants de Paris; réputation aussi fondée que celle des gascons qui, en dépit des plaisanteries, ont fourni des bataillons aussi braves qu'aucune autre partie de la France. De leur côté, les Parisiens, qu'on accuse de n'avoir rien vu, se trouvent par-tout. Un des frères de M. Croiset né aussi à Paris, est un de nos meilleurs capitaines de frégate. Lui-même a déja une longue pratique dans son métier. Pendant la révolution, étant à l'Isle-de-France, plutôt que de végéter dans le port, il s'associa à quelques autres marins, et, avec une audace dont il y a peu d'exemples, il alla, sur une barque non pontée, croiser dans les mers du Bengale, et jusques dans celles de la Chine. Après avoir fait plusieurs prises, il fut pris lui-même; les Anglais, entre les mains de qui il tomba, ainsi que ses camarades, ne pouvoient croire que, sur une telle embarcation, ils vinssent de l'Isle-de-France, et disoient qu'il falloit être Français ou *Anglais* pour l'avoir osé. Cette expédition, déja assez hardie pour être citée, donna lieu à un fait qui mérite encore plus de l'être. Après quelques traitements assez mauvais, Croiset devint le prisonnier d'un noble Anglais qui le laissa retourner à l'Isle-de-France, sans vouloir recevoir sa rançon. « Allez, lui dit cet étranger, je puis bien être pris aussi à mon tour, et je serois fort aise de trouver un Français qui me rendît le même service». Ce qu'il y a d'heureux, c'est que ce Français se trouva être Croiset lui-même, qui, à quelques mois de là, se promenant sur le port, à l'Isle-de-France, vit arriver parmi des prisonniers, son généreux libérateur. Il l'embrassa, l'emmena chez lui, le racheta, et eut le bonheur de s'acquitter envers lui du bienfait qu'il en avoit reçu. La fortune a souvent de plates idées; mais il faut avouer qu'elle en a quelquefois de charmantes.

M. Croiset nous racontoit aussi que dans la course aventureuse dont je viens de parler, ses camarades et lui avoient rencontré et pris avec eux une jeune femme malabare, qui s'étoit associée à leurs excursions, et les avoit tous associés pour ses complaisances. Ils en recevoient d'ailleurs, dans toutes les occasions, les soins les plus affectueux et les plus désintéressés. Voyant enfin les dangers augmenter autour d'eux, ils résolurent de les épargner à cette femme, et, sans l'en avoir prévenue, la laisserent dans un des ports de son pays, en lui faisant un présent considérable; mais y étant revenus peu après, ils apprirent avec un vif regret que rien n'avoit consolé cette pauvre créature, et qu'elle étoit morte de la douleur d'être séparée d'eux. On a vu des femmes périr du chagrin d'avoir été abandonnées par un amant, mais ce n'est que dans l'Inde qu'une femme meurt pour tant d'amants à la fois; on dit qu'en Europe les femmes qui ont beaucoup d'amants ont peu d'amour, et sur-tout n'en meurent jamais.

Je reviens à nos deux compagnons de voyage. J'ignore quel chemin pourront faire dans le service ces deux braves officiers; mais je sens que, dans toutes les occasions de ma vie, je les retrouverois avec joie; et j'aime à consigner ici le service qu'ils m'ont rendu et le souvenir que j'en conserve. La reconnoissance n'est au fond qu'un doux plaisir, et les ingrats sont des dupes.

NOUVEAU PLAN.

Il en est apparemment des sermens des voyageurs, comme de ceux des buveurs. En mettant le pied à terre, à huit heures du matin, nous étions fort loin de penser que nous nous rembarquerions à cinq heures du soir. A la vérité, ce ne fut pas sur la maudite polaque, qui doit aller au diable un de ces jours retrouver son capitaine que nous y avions envoyé, et qui, indépendamment de son mauvais équipage, et de la mal-propreté italienne que nous y avons trouvée *dans tout son éclat*, ne pouvoit absolument sortir par le vent contraire ; mais voyant le ciel si pur, le vent si foible, et la mer si calme, nous décommandâmes des mulets que nous avions déja retenus. Plutôt que de faire cent cinquante milles d'Italie sur ces rudes montures, par des chemins qu'on avoit la franchise de nous annoncer pour très mauvais, nous nous jettâmes dans un speronar, espece de bateau renforcé qui, dans tous ces parages, va avec six rameurs le long de la côte, et s'y sauve à la premiere apparence de mauvais temps. Une vague suffit pour l'engloutir, mais il faut toujours se fier un peu à la Providence. Nous nous livrâmes donc à cette mer qui, la veille à la même heure, avoit pensé nous rendre un si mauvais service. Nous passâmes avec respect auprès de ces roches, et sur ces abymes que nous avions eu le droit de redouter; mais il étoit décidé que le Cap-Blanc nous seroit toujours funeste. A peine eûmes-nous commencé à le doubler, que la mer, assez tranquille à Milazzo, devint très houleuse, et nous fit étrangement sauter. Nous roulions continuellement dans des profondeurs, où heureusement nous ne restions pas; mais le pire est que nous n'avancions point. Nos rameurs, dans ces agitations, battoient l'air au lieu de battre la mer, et pour deux pas que nous faisions en avant, nous en faisions trois de côté ou en arriere. Enfin, nous luttâmes plus d'une heure contre ce maudit Cap-Blanc, sans jamais pouvoir le doubler. Pour nous achever, ayant demandé au patron où il comptoit descendre pendant la nuit en cas d'orage, cet homme nous répondit qu'il n'en savoit rien. On nous l'avoit pourtant donné pour très bien connoître la côte; mais nous vimes qu'il en étoit de lui comme du patron de la polaque, et qu'apparemment dans ce pays-là les hommes qui étoient le plus vantés étoient ceux qui méritoient le moins de l'être. Heureusement cela n'arrive jamais qu'en Italie et en Sicile. Quoi qu'il en soit, nous n'hésitâmes plus, et réfléchissant qu'avec ce vent et ce bâtiment nous n'arriverions pas à Palerme en quinze jours, nous nous dévouâmes aux mulets, et fîmes reprendre le chemin de Milazzo. J'avois oublié de dire qu'à notre arrivée on avoit bien voulu déloger pour nous des négociants anglais qui, faute d'auberge, avoient été placés dans la maison communale. Nous l'avions partagée avec eux. Nous fûmes obligés de déranger ces messieurs une seconde fois, et ce qui diminua nos regrets, c'est l'accueil plus que réservé qu'ils avoient le matin fait à nos prévenances. J'aurai plus loin occasion de parler de la roideur qu'il y a dans le caractere et dans la tournure des Anglais; mais ce qui frappe en eux peut-être encore avant cela, c'est la tristesse presque toujours peinte sur leurs figures. Un Anglais qui n'est que sérieux est bien gai pour un Anglais. Ils semblent presque tous être plus ou moins parents de leur compatriote Young. Ils n'en sont pas moins estimables à bien des égards, et s'ils ont des institutions que nous aurions fort bien fait de leur laisser, ils en ont d'autres beaucoup moins vantées et beaucoup meilleures, que nous pourrions leur emprunter. Nous n'en serions pas pour cela moins gais, et peut-être ils en seroient encore plus tristes.

Après une mauvaise nuit passée sur de mauvais matelas, nous partîmes enfin tout-à-fait de Milazzo, qui est loin d'avoir rien de remarquable.

Nous doublâmes le Cap-Blanc *par terre*. Nous avions l'air d'une véritable caravanne. Nous étions huit, sans compter les dix paysans siciliens qui suivoient à pied les mulets qu'ils nous avoient loués. Nous étions fort aises de nous trouver un peu en force dans un pays qui, après la Calabre, est le moins hospitalier de l'Europe, et où, assez récemment, quatre-vingt-treize Français arrivant d'Egypte, la plupart aveugles, furent lâchement et indignement massacrés. Il est vrai qu'on étoit alors en guerre; mais est-ce que des aveugles et des blessés y sont jamais avec personne? Il est vrai également que cet évènement horrible se passa à Augusta, à l'autre extrémité de la Sicile. A l'époque où nous la traversions, les circonstances étoient toutes différentes. D'ailleurs, nous sommes portés à croire que le caractere des habitants de cette côte est meilleur que celui des autres. Ce qui nous aide à le penser, c'est que dans un voyage de cent cinquante milles, et de quatre jours, nous n'entendîmes pas parler de ces fameux bandits de la Sicile, qui, selon tous les voyageurs, infestent particulièrement les environs de l'Etna et la vallée nommée, à cause d'eux, *la Vallée des Démons*. Si notre petit voyage sur cette côte ne fut pas agréable, du moins il ne fut pas inquiété un moment.

C'étoit avec quelques regrets qu'en partant de Milazzo nous nous éloignions de Messine, dont nous n'étions qu'à peu de milles. Nous avons depuis entendu un voyageur qui en arrivoit, assurer que presque toutes les traces de la catastrophe de 1783 y étoient effacées. Ce n'est plus qu'une belle ville ; j'en félicite les habitants, mais non pas les voyageurs.

Nous aurions bien aussi voulu voir l'Etna ; mais il étoit beaucoup plus loin encore, et nous étions pressés d'arriver à Palerme. Au reste, je suis peut-être bien moins malheureux que je ne croyois l'être dans mes regrets sur l'Etna, et on m'a assuré que je le voyais.

En lisant depuis mon retour en France, le voyage de Brydone en Sicile, j'ai trouvé que quand nous y aurions été exprès pour y voir ce qu'il avait négligé, nous n'aurions pas pu mieux réussir. En effet, débarqué à Messine, il suivit toutes les côtes méridionales de l'isle, et remonta jusqu'à Palerme ; et nous, débarqués aussi fort près de Messine, nous suivîmes toute la côte septentrionale jusqu'à ce même Palerme. Mais il faut être juste, la partie qu'il a vue a plus d'étendue et plus d'intérêt. Il décrit successivement Syracuse, Catane, l'Etna, Taormino (Malte), Agrigente, et plusieurs ruines illustres et remarquables. Pour nous, nous n'eûmes rien de pareil à admirer. Seulement, après une marche d'environ cinquante lieues, faites en grande partie à pied ou sur des mulets, pendant quatre éternels jours, nous avons à-peu-près le droit d'avoir une opinion sur la physionomie du pays, et sur celle de ses habitants.

L'humeur que nous causoit le retard que nous éprouvions étoit un peu adoucie par le plaisir que nous nous faisions de voir une grande partie de la Sicile, dont la fertilité et la beauté sont vantées depuis tant de siecles, et qui, comme on le sait, nourrissoit Rome, dans le temps où Rome étoit à elle seule une nation. Dans la premiere journée de notre voyage, nous n'apperçûmes rien qui justifiât cette réputation. Mais comme toutes les parties du plus beau pays ne sont pas également belles, nous nous flattâmes d'être dédommagés les jours suivants, et après avoir traversé cinq ou six bras de je ne sais plus quelle riviere, nous arrivâmes à Patti, vilaine petite ville, où il n'y a pas plus d'auberges que dans le reste de la Sicile, et où, faute de mieux, on nous logea dans un couvent de capucins.

UN COUVENT DE CAPUCINS.

Quand on entend vanter l'hospitalité des temps antiques, on est heureux de ne pas se rappeler que dans ces temps là les auberges étoient une chose à-peu près inconnue. Il falloit bien que les voyageurs allassent loger quelque part, comme il le faut bien encore en Sicile. Si l'on s'obstine à louer la générosité des petits rois qui, mourant d'ennui dans leurs petites cours, étoient trop heureux de donner de temps en temps à souper ou à coucher à des aventuriers qui leur faisoient des histoires ou des contes, que dirai-je donc des capucins de Patti, qui, plus pauvres encore que les nobles rois de la Grece, nous reçurent de leur mieux, à une heure presque indue, et nous prodiguerent toutes les attentions qui étoient en leur pouvoir ! Il seroit aisé de comparer avec avantage frere Pacome au grand Ménélas, et frere Hilarion au divin Alcinoüs, malgré les quatre arpens de jardin de celui-ci. Je plains cependant Ulysse, s'il ne fut pas mieux traité que nous; mais il n'y eut pas de la faute de nos hôtes. Ces bons peres nous offrirent tout ce qu'ils avoient. Malheureusement ils n'avoient rien. Mais notre souper nous donna une nouvelle occasion de nous convaincre combien les mœurs d'un pays different de celles d'un autre. On nous avoit été chercher, je crois, hors du couvent, du vin qui se trouva aussi plat que tous ceux de la Sicile. Un des capucins officieux qui nous regardoient voulut s'assurer s'il étoit bon, et ne trouva pour cela rien de mieux que de porter à sa bouche le vase qui le contenoit. Nous n'eûmes pas le temps de l'empêcher de faire cette expérience, et nous l'étonnâmes beaucoup, en lui disant que ce n'étoit pas l'usage dans notre pays. Mais quelque chose de mieux nous attendoit. On nous avoit servi des noix; comme nous nous apprétions à en ouvrir, voilà qu'un des hommes du couvent en prend une, la casse avec ses dents, et nous la présente toute ouverte. Cette attention nous parut si plaisante que nous voulûmes tirer parti de ce casse-noisette de nouvelle espece, et nous priâmes l'homme de continuer. Lui d'obéir avec le plus grand zele. C'étoit un spectacle amusant que de le voir s'empresser autant de nous ouvrir nos noix à sa maniere, que nous nous empressions de les jetter sous la table, à mesure qu'il les avoit ouvertes; et il étoit si occupé, qu'il ne s'apperçut pas un moment de notre manege. Il est clair que rien ne paroît plus naturel, et même plus honnête dans le pays qu'une attention de cette espece. Il y a pourtant des convenances qui devroient être de la loi universelle et dont plusieurs sont inconnues en Italie. Par exemple, ce soir-là même, comme après m'être couché, je tirois mon rideau, tout-à-coup je sentis ma main saisie et baisée par un des Siciliens qui nous servoient. Les maîtres qui souffrent de pareils hommages sont presque aussi répréhensibles que les domestiques qui s'y soumettent.

Je ne puis m'empêcher d'avouer qu'en entrant dans la chambre où nous devions coucher, nous surprîmes trois freres capucins qui s'étoient emparés d'une des cruches de notre vin, et qui la vuidoient entièrement. Ils furent un peu honteux à notre aspect, et sortirent. Mais leurs influences resterent, et nous furent insupportables jusqu'au lendemain matin; et alors, pour jouir enfin d'un air pur, nous fîmes dresser notre table de déjeûner en plein air. Nous nous y assîmes, après avoir lu, sur les murs d'un des corridors du couvent, un sonnet où l'on assure que l'ordre des freres mineurs a produit sept papes, soixante-dix cardinaux, plus de quarante saints, et, ce qu'il y a de plus curieux, nombre de rois et de reines.

Nous quittâmes ce taudis, non sans que le couvent eût été bien dédommagé de tout ce que nous avions pu lui causer d'embarras et de dépense; et après quelques heures d'une marche pendant laquelle nous fûmes encore moins contents de la Sicile que la veille, nous arrivâmes à Saint-Stéphano, village où nous fûmes un peu mieux logés que chez les capucins; cette fois on ne nous mit que dans un grenier.

COUP-D'OEIL SUR LA SICILE.

Il y a si long-temps qu'on vante la fertilité de la Sicile, que cela est devenu une habitude. Cette isle a dû en effet être très fertile, et tout ce que j'y ai vu en culture m'a prouvé qu'elle ne demandoit pas mieux que de l'être encore. Mais par le fait il est difficile de l'être moins ; et je me vois réduit à comparer la féconde Sicile, au moins pour la partie que j'en ai vue, aux landes de la Bretagne, qui offrent aussi des fragments très productifs. Je regrette d'être si opposé aux idées reçues; mais j'ose dire que ce sont les idées reçues qui sont singulieres, et non pas les miennes.

L'espece répond au pays. On n'y voit guere qu'une population hâve sur une terre inculte. Cette population ne s'éleve pas en totalité à treize cent mille ames, au lieu de sept ou huit millions que la Sicile contenoit, dit-on, autrefois. Tout aujourd'hui dans cette isle annonce la misere ; nulle part je n'ai vu des haillons aussi hideux. Les hommes et les enfants étalent dans la campagne une nudité qui appelle le dégoût beaucoup avant la pitié. La mendicité, cette vermine qu'en dévore une autre, est plus commune encore en

Sicile qu'en Italie, où elle l'est tant. En moins d'une demi-heure, les villages entiers s'attachoient à nous. Les femmes seules ne demandoient rien; mais elles n'inspiroient aucune envie de leur rien demander.

L'Europe finit à Naples, et même elle y finit assez mal. La Calabre, la Sicile, tout le reste est de l'Afrique. Dans la Sicile, par exemple, on ne trouve presque aucune des aisances de la vie, presque aucune trace de civilisation. Malgré de très nombreuses rivieres, il n'y a des ponts que comme échantillon, et leur rareté égale la facilité qu'il y auroit eu à en faire davantage. Quant aux chemins, c'est en cela sur-tout que triomphe la barbarie de l'Afrique Hors les environs de Palerme, il ne faut guere songer à aller en voiture dans la Sicile. Il n'y a de chemins que pour les mulets; et quels chemins! Combien de siecles de mauvais gouvernement il a fallu pour détruire les communications dans une contrée naguere si florissante. Où est Dion, où est Timoléon, où est le bon roi Hiéron? comme il seroit affligé s'il voyageoit dans l'isle qu'il rendit si heureuse! On y voit encore des traces d'anciennes routes, qui ont dû être fort bonnes; mais elles sont tellement défoncées qu'on les évite le plus qu'on peut. En général il est souvent très important en Sicile de savoir où est le chemin.... pour passer ailleurs. Souvent aussi il faut le deviner parmi des ravins multipliés. On marche presque continuellement, ou sur des tas de cailloux anguleux, ou dans des amas d'une boue épaisse. On est trop heureux, quand on peut suivre le sable sur l'extrême rivage de la mer, et voir par un temps calme les dernieres vagues venir mouiller les pieds des chevaux ou des hommes; mais beaucoup plus souvent on est obligé de gravir le long des roches qui bordent la côte, ou de s'enfoncer dans les terres; et c'est alors qu'on est quelquefois tenté de se demander si on est bien en Sicile, ou dans un pays découvert depuis vingt ans. Le chemin, qui souvent penche immédiatement sur la mer à une grande élévation, est toujours très étroit, et l'est tant quelquefois que, dans plusieurs passages, il ne présente absolument que la place des pieds d'un mulet. Ces animaux, qui bronchent souvent sur le sable le plus uni, ont heureusement le bon esprit de ne broncher jamais quand la route devient mauvaise : or on a vu qu'elle l'est presque toujours en Sicile. Dieu m'avoit sans doute conduit dans ce pays-là pour me punir d'avoir murmuré quelquefois contre les routes de France.

Ajoutez à l'agrément de tels chemins celui de traverser à gué une foule de petites rivieres toujours rapides, et qui au moindre orage deviennent assez profondes. Leurs eaux ne sont pas plus pures que leurs rivages ne sont verds. Je ne me rappelle pas le nom d'une seule, mais j'ai vraisemblablement vu la nymphe Aréthuse, ou du moins quelqu'une de ses sœurs. Je l'ai trouvée fort sale, et un peu bruyante, comme toutes les naïades de son pays; et quoiqu'on la prenne au lit, on n'a pas la plus petite envie d'y rester avec elle.

On sait que tous les poëmes possibles sont tapissés de myrtes et de lauriers, et qu'il n'y a rien de si joli en vers. La Sicile en est également tapissée, et, à ma grande surprise, n'en est pas plus belle pour cela. J'ai traversé des forêts entieres de myrtes et de lauriers, et, j'en demande pardon à Vénus et à Apollon, nos moindres buissons, nos taillis les moins poétiques, sont beaucoup plus agréables que ces deux arbustes, qui n'ont pas même le mérite d'une belle verdure. A la vérité leurs feuilles n'ont pas d'hiver; mais les verdures éternelles en Italie sont, comme les gens éternels en tout pays, tristes et ennuyeuses. Il y a trop en Italie et en Sicile de ces sortes de verdure; et, jointes à celle de l'olivier, qui n'est pas non plus très riante, elles ne forment que trop souvent le fonds du paysage.

Graces au ciel je n'ai jamais partagé la manie, si commune en France, de louer tout ce qui n'est pas de la France. Je n'ai pas eu besoin de parcourir les autres pays pour apprécier le mien, et tout ce que j'ai vu à cet égard n'a fait que confirmer ce que j'avois deviné. Mais les Français, qu'on dit si vains, sont à beaucoup d'égards trop modestes ; et j'ose dire que si dans l'étranger on les trouve si dénigrants, c'est qu'accoutumés chez eux, au contraire des autres nations, à accueillir et à louer de préférence ce qui n'est pas français, dès qu'ils sortent de leur pays, ils sont si évidemment frappés de la différence qui se trouve entre ce qu'ils imaginoient et ce qu'ils voient, qu'ils marquent peut-être trop franchement leur surprise, et font un peu trop haut à leur patrie la réparation qu'elle mérite. En parcourant la Sicile, je me livrois à des réflexions que l'Italie m'avoit déja plus d'une fois inspirées. Je voudrois bien, me disois-je, tenir ici seulement huit jours un de nos jolis Français qui, au milieu des délices du plus agréable pays de l'univers, ne trouvent bien que ce qui n'en est pas : oui, je ne desirerois pour eux qu'une semaine de séjour dans cette fameuse Sicile, dans un pays sans chemins, sans ponts, sans agriculture, sans commerce, sans auberges, sans aucune des commodités de la vie, ni des délicatesses de la société, et je suis bien persuadé qu'avant le huitieme jour il s'écrieroit : Retournons en France ; on peut être bien ailleurs, mais jamais aussi bien. Ainsi ont pensé, ainsi ont agi tant de Français, qui n'ont même pas eu besoin pour cela d'aller jusqu'en Sicile.

SUITE DU VOYAGE.

Excédés d'une maniere de voyager au moyen de laquelle en nous fatiguant beaucoup nous faisions dix lieues par jour, nous suivions assez tristement la côte, et nous jouissions fort peu de la perspective de la mer qui se présentoit à nous par mille échappées. D'ailleurs nous gardions encore rancune à cet élément, et en pensant à l'incertitude où l'on y est toujours d'arriver, et aux dangers qu'il présente quelquefois, nous nous disions en riant : Le vrai point de vue de la mer, c'est la terre. Cependant arrivés assez tard à un petit village, nous fûmes fort heureux d'y trouver à louer un petit bateau et six rameurs, qui par une mer très calme nous menerent à huit lieues de là, à Cefalu. Ce petit voyage nous fut fort agréable : après une marche pénible il est bien doux d'avancer sans se donner de peine, et voilà le beau côté de la navigation. Le ciel étoit aussi calme que la mer, et nous nous amusions à suivre les étincelles qui dans la nuit sembloient sortir des rames phosphoriques de nos matelots. Nous avions d'autres manieres d'abréger le temps, et sur ces côtes lointaines nous nous rapprochions en quelque sorte de notre pays en chantant quelques uns des airs qui y sont nés. Nous choisissions les plus simples, qui sont presque toujours les plus mélodieux. Nous chantâmes, *O ma tendre musette*, *Vivre loin de ses amours*, *Quand le bien-aimé reviendra*, et d'autres romances, qui ne parurent pas déplaire aux échos de la Sicile. Les rameurs battoient la mesure. Je ne puis dire quel plaisir mélancolique nous inspiroient ces airs de la patrie à plus de quatre cents lieues d'elle. La conversation vint à son tour remplacer le chant. Les officiers de marine nous racontèrent différents détails de leurs voyages. L'un avoit été long-temps prisonnier en Angleterre, et ne se louoit pas des traitements qu'il avoit éprouvés. Tous deux arrivoient de Tarente, où ils avoient séjourné quelques mois avec la garnison française qui y étoit encore. Ils nous donnèrent des détails sur cette ville et sur celles qui l'environnent. J'en suis fâché pour Fénélon; mais les leçons du sage Mentor n'ont prospéré ni à Tarente ni à Salente qui en étoit voisine. tout ce pays est un des moins civilisés de l'Europe; et c'est plus que jamais le cas de dire:

Je consens de grand cœur
D'être fessé dans les murs de Salente,
Si je vais là pour chercher le bonheur.

Il n'y a de ce côté, dit-on, ni bon pays, ni bonnes choses, ni bonnes gens, ni, ce qui peut consoler de tout, de jolies femmes. Le port de Tarente, un des mieux situés de l'Europe, ne demande, pour être un des plus beaux, qu'un assez foible travail qui élargiroit son entrée ; mais cet effort est bien au-dessus de l'énergie napolitaine. D'ailleurs il est assez inutile de préparer des magasins quand on n'a rien à y mettre. L'intérieur du pays est infesté de brigands, dont l'impunité, presque toujours convenue, contribue pour beaucoup à un résultat bien triste. Une personne parfaitement à portée d'être instruite, m'a attesté qu'il y a dans les deux royaumes, année courante, quatre mille assassinats. Un fait pareil juge à la fois les hommes et les magistrats. Au reste nos deux officiers de marine nous en racontoient un autre qui n'est pas moins curieux, et montre que quand on le voudra bien ce peuple sera, sinon meilleur, au moins plus sage. Quand les Français vinrent à Tarente, les habitants, trompés par les contes qu'on leur avoit fait croire aisément dans un pays *où il n'y a pas de gazette*, étoient désespérés de l'arrivée de leurs nouveaux hôtes. Cependant la ville et le port étoient d'une saleté à laquelle on ne croyoit pas qu'il fût même possible de remédier. Les Français donnerent des ordres, condamnerent à des amendes, et en peu de jours firent disparoître un abus de tant d'années. Mais c'étoit peu ; de temps immémorial les routes au-dessous de Naples sont infestées de brigands et d'assassins, et sur-tout celles du côté de Tarente. Les Français firent saisir tous les assassins qu'on put joindre, les fusillerent sans miséricorde; et par quelques exemples de cette sorte inspirerent une terreur si salutaire, qu'à dix lieues autour d'eux on voyageoit de jour et de nuit dans la plus grande sécurité, tandis que plus loin on étoit pillé et assassiné comme de coutume sous la police napolitaine. Ce fait et d'autres prouvent qu'il y a des clémences bien cruelles.

En parlant de bandits, M. Croiset nous raconta qu'en traversant l'Italie il avoit bien pensé n'en jamais sortir. Il voyageoit de nuit avec le courier et un commis de négociant, quand, à Cisterno, dans les Marais Pontins, il fut éveillé par plusieurs coups de fusils. La voiture fût de suite assaillie par plusieurs bandits, et les trois voyageurs eurent ordre de descendre. On se mit à fouiller leurs effets, tandis qu'on les tenoit tous les trois sous les stilets. Le commis voyageur en reçut un coup à la gorge qui lui a placé la tête de côté pour toute la vie. Croiset ne fut pas blessé, mais il pensa être tué vingt fois. Il nous parloit avec horreur d'un vieux brigand qui s'avança plusieurs fois sur lui pour le frapper, et qui fut toujours retenu par un plus jeune, à qui apparemment il restoit encore quelque humanité. Il espéroit pourtant qu'il en seroit quitte pour la perte de tous ses effets et qu'on le laisseroit aller, quand au fond de sa malle un autre brigand trouva son uniforme : Ah ! ah! lui cria-t-on, tu es un scélérat d'officier français! nous allons te fusiller. On le lioit en effet déja contre la voiture et on alloit le coucher en joue, quand le bruit du procaccio se fit entendre. Le procaccio est une espece de caravanne de trente ou quarante voitures, qui, à cause des bandits, vont toujours ensemble et sont presque toujours escortées. A ce bruit les bandits, aussi lâches que féroces, jeterent Croiset sous les roues de la voiture, et se sauverent précipitamment. Il avoit été si maltraité qu'il fallut le transporter à Rome, d'où il ne put continuer sa route que plusieurs jours après. Il est impossible d'être plus proche de la mort. En outre il avoit perdu soixante-treize louis, perte considérable pour un officier qui a plus de courage et de talent que de fortune. Aussi, en vrai marin, préféroit-il plus que jamais les dangers de la mer à ceux de la terre, et tous les corsaires du monde aux bandits des Marais-Pontins.

C'est en causant ainsi que nous arrivâmes à Cefalu, mauvaise ville, mais bon évêché, d'où il nous fallut partir le lendemain, encore sur de maudites mules. Enfin nous gagnâmes Termini, où commence la route des voitures, et nous en louâmes deux, qui nous menerent assez vîte. Le chemin et le pays que nous trouvâmes offrent quelque chose de ce prestige qui entoure plus ou moins toutes les capitales que j'ai vues, Rome exceptée. Enfin nous arrivâmes assez tard à Palerme, et nous allâmes coucher dans la seule auberge qu'il y ait dans une ville de cent cinquante mille ames.

PALERME.

Ce n'est pas, comme on l'a dit, une magnifique ville, mais c'est une belle ville que Palerme. Elle est coupée en quatre par deux grandes rues qui se croisent, et qui se réunissent à une place assez médiocre. Les édifices d'ailleurs sont fort ordinaires. Le palais du roi est remarquable par sa laideur; une fontaine très vantée m'a paru de très mauvais goût. Il est flatteur pour des Français que ce soit un de leurs compatriotes qui ait fait à Palerme la seule chose recommandable en architecture; c'est une école de botanique, bâtiment qui, sans être d'une grande étendue, frappe d'abord par une élégance grandiose qui manque trop souvent à d'immenses constructions : c'est le style grec embelli par le bon goût français. Le jardin qui accompagne le bâtiment en est digne ; il est aussi agréable comme promenade qu'utile comme instruction. On y voit une collection immense des productions végétales de tous les pays : celles du nord y manquent quelquefois; mais on y trouve déja toutes celles du midi. C'est là que pour la première et pour la seule fois j'ai vu cultivée en pleine terre la canne à sucre, ce roseau qui produit une si bonne chose, mais qui a été arrosé de tant de sang! Une idée très ingénieuse est d'avoir construit des bassins à compartiments divers, où toutes les plantes marines trouvent de l'eau à la hauteur qui leur est nécessaire. En tout, cet établissement ne seroit déplacé dans aucune capitale. L'architecte du bâtiment et le dessinateur du jardin est M. Dufourny, membre de l'institut, qui mérite d'en être. Peu d'architectes français ont observé autant de ruines antiques et ont autant d'idées sur la grande architecture. Nous l'avons beaucoup vu à Naples, où il s'occupoit avec autant de zele que de succès à nous envoyer à Paris le reste des chefs-d'œuvre des arts que les traités nous assuroient. Il est très aimable, et nous a paru meilleur encore à voir que ses ouvrages.

Je ne vis point à Palerme la Reine de Naples. Cette princesse, dont le caractere est connu, étoit alors réfugiée à Vienne, et l'on ne savoit pas encore s'il lui seroit permis de retourner dans ses états. Le roi seul étoit à Palerme. Ce prince a une physionomie peu expressive. L'éducation qu'il a reçue a été il y a long-temps censurée par Duclos; il paroit qu'elle a été mauvaise, même pour Naples. Il en est resté à ce prince une foiblesse peu excusable, et des habitudes peu royales. Me trouvant avec un des officiers de sa maison : Monsieur, dis-je à celui-ci, S. M. a-t-elle gardé le goût qu'elle avoit pour pêcher, et pour débiter elle-même sa pêche à son peuple? — Non, monsieur, me répondit très sérieusement cet officier, S. M. est trop occupée en ce moment; elle fait du beurre.

Nous nous trouvâmes à Palerme le mardi-gras, et nous y fûmes témoins d'un divertissement fort singulier que les Napolitains connoissent aussi. Toute la ville à pied, en voiture, et même dans les maisons, se munit de beaucoup de dragées communes, et on prend un plaisir extrême à se les jeter à la tête. Le roi lui-même dans sa jeunesse ne manquoit jamais d'être de ces parties, et même il prenoit souvent dans son carrosse deux ou trois lazaronis qui faisoient un *feu supérieur* à celui de toutes les autres voitures. Au moment où nous étions à Palerme, le malheur des temps avoit fait remplacer les dragées de sucre par des dragées de plâtre. Il n'y a que les yeux qui courent des risques dans ces combats, et encore la Providence se charge-t-elle de les protéger : c'est la véritable patrone du royaume de Naples.

Une chose qui frappe l'étranger à Palerme, c'est la multitude des voitures. Là, plus qu'en Italie encore, une voiture est une chose indispensable à un homme de bien. C'est une véritable honte d'aller à pied dans les rues de Palerme ; et M. Brydone, d'ailleurs peu heureux dans ses plaisanteries, peint assez bien l'embarras où ses compagnons de voyage et lui mirent leur valet de place pour avoir voulu aller une fois à l'*assemblée* sans voiture, et le talent que celui-ci déploya pour empêcher qu'on ne s'apperçût qu'ils étoient à pied. Une telle opinion est par-tout bien ridicule, mais elle devient odieuse à Palerme, quand on sait que les cochers, qui la partagent, méprisent les piétons au point de ne pas leur crier gare. Nous en fûmes souvent témoins, soit étant en voiture, soit étant à pied, ce qui ne nous arriva que deux fois, et suffit sans doute pour qu'on nous trouvât des inclinations bien populaires. Les voitures sont d'autant plus dangereuses à Palerme avec cette disposition, qu'elles vont extrêmement vîte : c'est le seul mérite des chevaux siciliens, qui sont d'ailleurs d'une taille et d'une beauté fort médiocres.

Je le dirai ici en passant : le mépris des premières classes pour le peuple, et même pour ce qui ne croit pas l'être, est frappant d'un bout de l'Italie à l'autre. J'en citerai un exemple bien singulier. Un de mes amis, officier distingué, et en qui je crois autant qu'en moi-même, m'a dit, et a bien voulu me répéter, qu'il vit au spectacle de Venise, il y a une vingtaine d'années, plusieurs personnes des loges jeter des débris d'oranges et même cracher sur le parterre, sans que ceux qui souffroient ce procédé en parussent plus étonnés que ceux qui se le permettoient. Il paroît qu'alors c'étoit reçu. J'en suis d'autant plus étonné que l'ancien gouvernement de Venise avoit des attentions même recherchées pour le peuple de cette ville. Les gondoliers apparemment alloient seuls au parterre, et ne regardoient pas à ces choses là. Quoi qu'il en soit j'imagine qu'un usage si choquant est passé de mode à Venise ainsi que beaucoup d'autres choses : je n'en ai point vu de trace dans aucune ville de l'Italie ; mais j'en ai vu beaucoup du peu d'intérêt qu'on met au bien-être, et souvent à la vie du petit peuple.

La promenade du meilleur ton à Palerme s'appelle *la Marina;* c'est purement et simplement le port, sur lequel on se promene, sur-tout pendant la nuit, qui, vu la chaleur, est à beaucoup d'égards le jour de la Sicile : c'est à cette promenade que se donnent les rendez-vous de tous les genres.

On a été faux dans le mal comme dans le bien qu'on a dit des Italiens. Leur jalousie tant citée est une chimere : il y a des jaloux comme par-tout ; et si on y cite des actes furieux de jalousie, c'est que toutes les passions ont chez ce peuple méridional un caractere de fureur; mais la jalousie n'y est pas plus commune qu'ailleurs. Il n'en est pas de même de la Sicile, où on trouve encore quelquefois des mœurs africaines. Les maris y sont assez jaloux, ce qui ne leur réussit pas plus qu'ailleurs. Je tiens même d'hommes qui ont résidé dans le pays, qu'il n'est pas rare que tandis qu'un Sicilien fait à un étranger les offres les plus affectueuses, un geste convenu avec sa femme prévient celle-ci de n'en rien croire, et lui défend de rien répondre. Ce fait n'est pas étonnant dans une contrée renommée pour la dissimulation. On sait que Palerme est le pays des vêpres siciliennes, et avec quel prodigieux secret elles furent préparées.

Les femmes ne sont pas très jolies à Palerme; mais du moins elles ont en général un des attraits les plus séduisants de leur sexe, et l'on y voit reparoître ces jolis pieds qu'on avoit presque oubliés en Italie.

Que dire des mœurs de la Sicile?... Le climat y concourt pour beaucoup : le soleil a ses droits en ce pays, et il paroît qu'il en use. En général les mœurs du midi de l'Italie expliquent l'esclavage des femmes au midi et à l'orient de l'Italie; je suis bien loin de dire qu'il le justifie.

La salle de spectacle à Palerme est médiocre, et valoit encore mieux que le spectacle. Nous y avons vu deux bals masqués, qui offroient cette singularité, à nos yeux du moins, qu'on n'entroit au parterre que masqué. Au reste les masques m'ont paru imiter parfaitement la figure humaine : il faut même de l'attention pour ne pas s'y tromper d'abord. Palerme est à tous égards la ville de l'Europe où on se masque le mieux.

Voilà bien peu de détails sur Palerme, qui n'en mérite pas beaucoup plus. D'ailleurs je ne veux ni répéter mes devanciers, ni ruiner mes successeurs.

ÉTUDE SUR LES MOEURS.

Avant de quitter Palerme je veux citer ici une observation qui y avoit été faite par un de mes compatriotes. Ce jeune homme, *très grand philosophe*, après avoir étudié Palerme sous ses principaux rapports, voulut l'étudier en tout, et se laissa aborder et conduire, avec d'autres hommes de son âge, par ces négociants, connus en Italie sous le nom de *rufians*. Il ne m'a donné aucun détail sur sa visite; mais, après un an, il étoit encore frappé de la figure que faisoit le négociant avec qui il avoit voulu rester, tandis que les autres jeunes gens étoient occupés ailleurs. Le magistrat le plus sévere, me disoit-il, n'a pas un air plus imposant, une gravité plus naturelle : le contraste entre la figure et les fonctions de cet homme étoit tel, qu'après avoir commencé par en rire beaucoup il falloit bien finir par s'en attrister un peu.

En effet que penser des mœurs d'un pays où le métier le plus vil s'exerce avec le même maintien et la même confiance que la fonction la plus respectable.

PARIS.

On sera sans doute surpris de trouver dans un voyage en Italie, un article intitulé Paris; mais on cessera de l'être, si l'on sait, ou si l'on veut bien apprendre que Paris joue un très grand rôle dans tous les pays étrangers. J'ai traversé l'Italie et la Sicile, d'un bout à l'autre; par-tout j'ai vu un sentiment de curiosité, quand on me disoit, Vous venez de Paris, et par-tout un sentiment de regret, quand on me disoit, Vous allez à Paris? Je n'ai pas trouvé un Italien un peu riche, qui ne se félicitât d'y avoir été, ou qui ne se promît d'y aller un jour. Les femmes, sur-tout, en parlent avec un vif intérêt. Paris est la capitale de toutes les femmes, et, à quelques égards, de tous les hommes. Cela doit être, puisque c'est le chef-lieu de la civilisation. Le Français le sent vivement, quand il voit d'autres contrées; et voilà pourquoi, dans les positions les plus heureuses, beaucoup sont atteints du mal du pays. J'en ai même vu mourir du chagrin de ne pas revoir le leur. Moi-même, qui ai passé quelques mois dans une des belles villes d'Italie, au sein d'une famille française très aimable, qui me combloit de bontés que je ne puis oublier, ce mal commençoit à me prendre, quand des circonstances imprévues me ramenerent en France. Lorsqu'on a connu ce pays, on ne peut plus en aimer un autre. Les Italiens conviennent les premiers de tous ses avantages. J'en ai entendu plusieurs à qui l'on vantoit l'amabilité de l'un d'entre eux, répondre pour l'expliquer : il est fils d'une Française.

O femmes de mon pays, c'est aussi dans l'étranger qu'un Français sent le mieux votre mérite, et se reproche de ne vous avoir pas assez rendu hommage! Trop souvent dans les sociétés, dans les promenades, je vous avois vues avec la froideur de l'habitude : je m'imaginois que toutes les femmes vous ressembloient, car il n'y a point de peuple comme le Français pour bien présumer de ce qu'il ne connoît pas. Rapidement transporté en Italie et jusqu'à Palerme, c'est alors que ce que je voyois, m'a fait apprécier ce que j'avois perdu; et c'est à mon retour aussi, que mes yeux vous ont rendu toute justice. Il n'y a qu'un étranger, ou un Français long-temps éloigné de la France, qui puisse sentir tout ce qu'a souvent d'enchanteur, à Paris, une réunion un peu brillante, ou une promenade fréquentée. Ce n'est pas que la nature ait tout fait pour les Françaises. S'il y a beaucoup de femmes moins bien, il peut y en avoir de plus belles. Mais quel avantage n'ont pas des femmes qui savent éminemment faire valoir tous les leurs. Il y a beaucoup de

8

jolies femmes à Paris, mais beaucoup plus qui paroissent telles, parceque presque toutes ont, au plus haut degré, ce qui embellit même la beauté, et ce qui fait quelquefois aimer la laideur, les graces. Si l'on ajoute à ce mérite si précieux, plus d'esprit, et un esprit plus piquant que celui des autres femmes, si l'on réfléchit que tandis que beaucoup d'étrangères résistent trop peu ou trop mal, une Française résiste encore, même quand elle a cédé, qu'elle donne plus de charme à ses bontés, qu'elle sait même en donner à ses refus, et que comme elle a une foiblesse plus séduisante, elle a aussi une vertu plus aimable; si l'on a pu se convaincre enfin, que peu de femmes sont plus avancées dans les connoissances utiles, et qu'aucunes ne le sont autant dans les arts agréables; en réfléchissant, dis-je, à tout cela, on ne s'étonne pas de l'influence des Françaises, et de la préférence que les hommes de tous les pays leur accordent sur les autres femmes. Si l'Etre suprême vouloit donner un exemple de tout ce qu'il y a d'attraits dans ce sexe qu'il a créé pour le bonheur du nôtre, il choisiroit certainement une Française, et, je crois, une Parisienne.

Si les femmes, le bon goût, la sociabilité, la littérature, attirent depuis si long-temps sur Paris le regard des étrangers, cette ville a encore acquis à leurs yeux un intérêt de plus, depuis les prodigieux succès qui ont honoré la France, et depuis les grands évènements dont elle a été le centre. Honneur à nos immortels guerriers! par eux, il est devenu plus glorieux encore d'être Français. Honneur à un gouvernement réparateur! par lui, la plus juste considération est venue remplacer la crainte que nous inspirions aux étrangers; et c'est ainsi qu'il fait le bonheur des Français dans leur pays et dans celui des autres.

RETOUR A NAPLES.

La mer voulut se réconcilier avec nous, et notre retour fut aussi tranquille que notre premiere traversée avoit été orageuse. Cette fois, nous étions dans une fort jolie corvette, qui fait assez régulièrement le voyage de Palerme à Naples et de Naples à Palerme; le bâtiment étoit bien tenu, bien armé, et muni d'un équipage assez fort. La précaution n'est pas inutile dans ces mers, où les barbaresques exercent leurs ravages, avec une audace que la foiblesse napolitaine augmente encore. Cette foiblesse est telle, qu'une frégate de cette nation fut, il y a quelque temps, enlevée à l'abordage, par deux chebecks algériens. On conçoit ce fait quand, indépendamment des autres causes, on sait l'incroyable désordre qui regne sur les vaisseaux napolitains, où tout le monde sait crier, mais où presque personne ne sait commander ni obéir. D'ailleurs, les équipages sont si mauvais, et la terreur qu'inspirent les barbaresques est telle, que lorsqu'un bâtiment (marchand à la vérité) apperçoit dans le lointain la plus petite barque africaine, il n'est pas rare que tout l'équipage ne lance la chaloupe à la mer, et ne gagne la côte à force de rames, en abandonnant le bâtiment aux pirates. On sent comme une telle conduite doit animer ceux-ci. Aussi dans les belles saisons sont-ils communs sur toutes ces côtes, où souvent même ils descendent. Il y a quelque temps qu'ils prirent dans une traversée le prince Saint-Paterno, le plus riche de la Sicile, et qui alors en étoit le vice-roi. Ils le relâchèrent sur parole, et l'on assure qu'il ne jugea pas à propos de payer sa rançon à ces bandits, entre les mains de qui il fera bien de ne pas retomber. Quoi qu'il en soit, les barbaresques causent dans toute l'Italie inférieure d'incalculables dégâts. On ne se lasse pas de s'étonner de la patience des puissances méridionales, dont une seule, avec un peu d'énergie, suffiroit pour anéantir ces éternels repaires de pirates, dont l'existence est le scandale de l'Europe. Les puissances du nord, et sur-tout les puissances influentes, ont du moins su faire respecter leur pavillon. Mais on ne peut que déplorer la foiblesse de celles que je viens d'indiquer, et l'on ne conçoit pas que l'excès des maux et des affronts n'ait pas épuisé l'excès de la patience.

Nous avions pour compagnons de passage plusieurs étrangers, et entr'autres quelques Anglais, que nous reconnûmes d'abord à la roideur de leur maintien, et bientôt après, à celle de leurs manieres. Je ne sais comment Sterne, qui, il est vrai, n'a guere écrit sur la France que des sottises que nous avons eu celle d'accueillir, a pu s'aviser de dire que les Français n'étoient que *des monnoies effacées*. Pour moi, qui ai vu et fréquenté des hommes de tous les pays, j'ai vu que mes compatriotes ont une physionomie à eux, autant qu'aucun peuple de l'Europe; et la preuve, c'est qu'ils sont reconnus et se reconnoissent par-tout. S'ils ont d'ailleurs, et plus qu'aucune autre nation, une variété de talents, une flexibilité de génie universellement avouée, comment feroit-on croire, même à ceux qui ne les auroient jamais vus, qu'ils sont des monnoies effacées. A la vérité, ils ont un trait de ressemblance qui leur est général, et dont ils s'honorent; c'est la politesse. Mais ce n'est qu'aux yeux des sots, qu'un voile si transparent pourroit effacer les innombrables nuances des caracteres français. Je ne dirai point que les Anglais sont des monnoies effacées; mais ce sont des monnoies grossièrement et uniformément frappées. Certes, ils ont une physionomie; mais ils n'en ont qu'une, et c'est sur-tout de ces hommes qu'on peut dire: Qui en a vu quelques uns, les a vus tous. Combien n'y a-t-il pas en France, d'hommes sérieux et même mélancoliques! Combien y a-t-il d'hommes gais en Angleterre? Pour moi, je n'en ai pas rencontré un seul. J'ai vu bien peu de gaieté dans leurs livres, et je n'ai pu trouver de plaisant dans leur théâtre que les extravagances de leurs tragédies.

Soyons justes cependant, il y a des Anglais très aimables; mais ceux-là ont pris toute l'amabilité de leur nation, et lui en ont trop peu laissé.

EXCURSION.

Puisque j'ai parlé de Sterne, et en attendant que j'arrive à Naples, c'est le moment de dire ce que j'ai sur le cœur contre cet écrivain, et en général contre tous les voyageurs de son pays qui ont parlé du mien. Dans un volume que je consacre à peindre l'Italie, on me pardonnera bien quelques pages pour défendre la France. Au reste, cette excursion fût-elle encore plus hors de place, je sens que je ne pourrois pas m'en dispenser: la vie est trop incertaine; et je ne me consolerois pas de mourir sans m'être expliqué au moins sur les impertinences de Sterne, que personne encore n'a relevées.

Je commencerai par être plus juste envers cet écrivain, qu'il ne l'a été envers nous. Il mérite en grande partie la réputation dont il jouit, et à laquelle nous n'avons pas peu contribué ; car nous faisons quelquefois celle des auteurs étrangers : témoin, Young et Gessner, que nous seuls avons mis à leurs places ; mais il n'y a de vraies réputations que celles qui sont confirmées par nous, témoin Klopstock et Wieland, que depuis trente ans l'Allemagne s'efforce en vain de nous faire admirer. Nous avons été plus indulgents envers Sterne ; nous lui avons pardonné ses digressions bien plus longues que celle-ci, ses bizarreries par trop fréquentes, ses dissertations par trop obscures, qui rendent une bonne partie de Tristram Shandy si ennuyeuse : et pourvu que l'on ne compare pas des esquisses piquantes, des apperçus ingénieux, aux grands tableaux que nous avons dans notre langue, nous convenons tous que Sterne a une originalité extrêmement piquante qui lui a mérité des enthousiastes, et qu'il joint à une sensibilité douce et rare, une gaieté vraie, fort commune en France, mais dont il a presque seul donné l'exemple en Angleterre.

Au reste, la vérité oblige d'observer que s'il a, en quelque sorte, un genre à lui, il y a été devancé pendant sa vie, et égalé après sa mort, et toujours en France. Ces deux opinions paroîtront fort singulieres ; mais j'invite ceux qui douteront de la premiere, à vouloir bien lire ou relire la Mariamne de Marivaux, de cet écrivain qui est au nombre des trois ou quatre écrivains français envers qui on a été si injuste; soit parcequ'ils manquent de goût, comme Marivaux; soit parcequ'ils ont trop contrarié celui de leurs lecteurs, comme Lamothe. Quoi qu'il en soit, on trouvera tout entier dans Mariamne ce systême piquant de peindre avec plus de vérité la vie humaine, en analysant avec finesse ses moindres détails. Les autres romans de Marivaux, et plusieurs de ses scenes, offrent au plus haut degré ce genre de mérite. Aussi Voltaire a dit que cet écrivain connoissoit tous les petits sentiers du cœur humain, mais qu'il en ignoroit la grande route. L'arrêt est un peu sévere; mais c'est aussi là le talent et le défaut de Sterne. Cet auteur qui a des apperçus très fins, n'en a guere de bien vastes. Il a une vue excellente, mais de près : je le compare à un microscope admirable, si l'on veut bien se souvenir qu'un microscope ne montre que de petits objets, ou une petite partie des grands. Comme observateur, Marivaux a une maniere bien plus large. Mais si Sterne lui cede sur ce point, et l'égale au plus pour la finesse, il lui est supérieur pour la sensibilité et la gaieté, et sur-tout pour la réunion de tout cela. Il n'a pas plus de goût; mais ce tort, qui n'en est pas un pour les Anglais, et qui est impardonnable en France, a été, suivant l'usage, adouci et presque entièrement effacé dans les agréables traductions qu'on nous a données de ses ouvrages, tandis qu'il reste, et paroît tout entier dans les productions de Marivaux. Mariamne jouit cependant d'une assez grande réputation, même dans l'étranger, et l'auteur du meilleur roman anglais, Fielding, a parlé avec la plus haute estime d'un auteur qu'il étoit si digne d'apprécier. Mais on ne sait pas assez que Marivaux est le véritable créateur du genre de Sterne, auquel celui-ci, il faut en convenir, a imprimé beaucoup plus d'originalité.

Cette originalité est telle, que c'est une vraie folie de penser à y atteindre, outre que rien ne seroit plus insipide que beaucoup d'ouvrages, même très bons, en ce genre. Des nouveaux imitateurs de Sterne, à peine un ou deux en avoient rappelé quelques teintes, et il sembloit impossible, même avec un talent plus grand que celui de Sterne, de parvenir à l'égaler sur son terrain. Un Français a pourtant fait ce tour de force. C'est l'auteur charmant et anonyme du *Voyage autour de ma Chambre*, ouvrage trop peu connu, qui, plus court que le Voyage sentimental, peut, à mon avis, lutter avec lui d'originalité, de sensibilité, de grace, et offre peut-être encore plus de finesse et d'esprit. Au moins je ne vois rien, dans le Voyage sentimental, qui puisse être préféré à tout ce que l'auteur du Voyage autour de ma chambre, dit sur *l'une et l'autre*.

Mais le Voyage sentimental a un désavantage bien plus grand, aux yeux des esprits justes. C'est celui d'être plein de calomnies contre une nation et des personnes, dont Sterne, de son aveu, n'avoit qu'à se louer; et si ce n'étoit pas un fait reconnu par toute l'Angleterre, que le Voyageur *sentimental* n'étoit ni bon pere, ni bon mari, ni bon ami, ni bon homme, la basse ingratitude qui perce dans son ouvrage feroit aisément deviner tout cela.

Je me bornerai à deux ou trois exemples, qui suffiront pour prouver par quelles absurdes assertions Sterne s'est moqué de ses lecteurs et de la vérité; et il convient d'autant plus de les relever, qu'elles se trouvent dans un ouvrage qui, par le talent qui y regne, est destiné à vivre.

Je ne m'arrêterai pas sur la quantité de nains que Sterne dit avoir vus à Paris. Un meilleur système d'éducation physique y a, depuis son voyage, visiblement embelli l'espece: mais dès-lors, on voyoit sans doute à Paris de très petits et de très grands hommes, comme il y en a à Londres, comme il y en a dans toutes les villes possibles. Les bataillons de la garde nationale de Paris en 1790, étoient d'une beauté dont on se souvient encore.

Sterne, un Anglais, causant sur les Français, dit et écrit qu'il ne leur trouve qu'un défaut : d'être *trop sérieux*, et rien n'annonce qu'il ne dit pas cela sérieusement : mais du moins ce n'est pas sérieusement qu'on peut répondre à une telle assertion.

Ailleurs, parlant de l'habillement de hasard que son domestique Lafleur avoit acheté à la fripperie, Sterne, au lieu de convenir qu'il ne lui avoit pas donné assez d'argent pour en avoir un neuf, ajoute cette impertinente réflexion : *Ces sortes de délicatesses ne blessent pas beaucoup à Paris.* Ne diroit-on pas, d'après cela, que la moitié des Parisiens ne s'habille qu'à la fripperie ! en conscience, est-ce là peindre les mœurs ? Est-ce là respecter la vérité la plus commune ? Quoi ! un mauvais ministre Anglais vient au milieu de nous, et parceque son domestique, envers lequel il s'est montré trop avare, est obligé d'acheter un habit qui n'est pas tout-à-fait neuf, il établit un axiôme choquant pour toute la nation ! Mais voici quelque chose de bien plus fort, et ici il faut citer.

« Madame de Rambouillet, dit Sterne, après six semaines de connoissance, me fit l'honneur de me mener avec elle à deux lieues de Paris, dans sa voiture. On ne peut être *plus polie, plus vertueuse, plus modeste* qu'elle dans ses expressions. En revenant, elle me pria de tirer le cordon. Avez vous besoin de quelque chose? lui dis-je. Rien que de p...er, dit-elle. »

Or, je demande ici, non pas seulement à tous les Français, mais à tous les étrangers qui ont vécu en France, de déclarer s'ils ont entendu une femme, qui ne fût pas du dernier ordre, se servir d'une pareille expression. Si, comme on peut le croire, ce n'est pas quelque coureuse qui s'est moquée de Sterne, c'est Sterne qui s'est moqué de ses lecteurs et de la vérité, avec l'impudence la plus rare, mais aussi la plus mal-adroite. Il savoit très bien que les Françaises, de l'aveu de toute l'Europe, les premieres femmes du monde pour le bon ton comme pour les graces, sont aussi loin de l'expression cynique qu'il prétend avoir entendue, que de la risible pruderie des Anglaises, qui, sans être au fond plus séveres que beaucoup d'autres, font quelquefois pitié par la gaucherie de leur délicatesse, appellent dans certains cantons une culotte *un inexpressible*, n'ont jamais mal *qu'au talon*, et permettent tout au plus à un homme d'avoir *un genou*. Que sera-ce donc si, comme la voix générale les en accuse, un sentiment de pudeur très déplacé les éloigne presque toutes d'un soin très indispensable; et observez que ces femmes, si délicates, si modestes, accordent en public à la parenté, à l'indifférence, le baiser sur la bouche, qui, en France et ailleurs, est avec raison réservé à l'amour et au tête-à-tête.

On l'a dit dans d'autres circonstances, mais jamais plus à propos : quand on a une maison de verre, il ne faut pas jetter de pierres dans celle de son voisin. J'ajouterai que du moins il ne faut pas viser si mal.

C'est ainsi que Sterne juge et peint les femmes de Paris, dont, de son aveu pourtant, il étoit très bien reçu. Il prétend, il est vrai, que c'est parcequ'il les flattoit, ainsi que tous les hommes riches ou puissants. Aveu précieux, mais fort indiscret; car lorsqu'on a eu la foiblesse d'être vil, il faut avoir l'esprit de n'en pas convenir, et c'est même une bassesse de plus de le dire sans y être forcé. Mais en cela encore Sterne se trompe. Ce n'est point la flatterie qui le fit accueillir dans les bonnes maisons de Paris. Je conviens que si l'on eût pu prévoir ce qu'il écriroit, on se seroit dispensé de le recevoir: mais la bonne compagnie de Paris, cette élite de la société de l'univers, est le pays où la flatterie est le moins nécessaire; ce qu'il y faut, c'est de l'esprit que Sterne avoit avec profusion, c'est de la sociabilité, du bon ton et des graces, qu'il n'avoit pas à beaucoup près au même degré. Mais alors, sous le regne énervé de Louis XV, l'Anglais, beaucoup trop ménagé au dedans comme au dehors, étoit regardé comme un être curieux et assez intéressant pour qu'on lui passât beaucoup de choses. Nous sommes devenus depuis moins complaisants, et j'entends dire que les nombreux Anglais venus en France depuis la paix d'Amiens nous trouvent beaucoup moins aimables, beaucoup moins prévenants qu'autrefois, et ont même la simplicité de s'en plaindre. Mais les bons esprits, qui sont en grand nombre même parmi eux, devroient sentir que nous ne faisons aujourd'hui que ce que nous aurions dû faire toujours, et qu'indépendamment d'une longue guerre, qui a laissé d'amers souvenirs, il étoit trop ridicule de permettre tout, de prodiguer les prévenances et les agréments de toute espece, à des hommes qui, malgré les procédés les plus nobles, n'ont presque jamais su ou voulu nous accueillir chez eux, et qui l'ont si bien et si froidement prouvé à beaucoup de malheureux émigrés; et observez que je ne parle pas de l'accueil du gouvernement Anglais, dont les bienfaits ont été si cruellement acquittés à Toulon et à Quiberon; je ne parle que de l'accueil des particuliers, *dont on ne dit rien dans les gazettes*, et qui, lorsqu'il n'a pas été hautain, a presque généralement été roide et glacé. Au reste cela ne date pas d'aujourd'hui, et l'on m'a cité un particulier très âgé, de Calais, qui n'a jamais été à Londres, uniquement pour en avoir vu revenir, très mécontents de l'accueil qu'ils y avoient reçu, les Français qui avoient plus de droits à en attendre un agréable. Est-il étonnant que d'après cette raison, et tant d'autres, les Français tout en continuant à être polis avec les Anglais, soient devenus avec eux froids et réservés!

Pour en revenir à Sterne, après avoir si maltraité les femmes de Paris en général, il n'est pas plus généreux envers son bienfaiteur particulier, le comte de Bissy, à qui il avoue être redevable de n'avoir pas été à la Bastille pour être venu en France sans passe-port pendant la guerre, et qu'il n'en dénonce pas moins à l'Europe comme le plus grand des imbécilles. Heureusement son récit en cette occasion est encore plus absurde que les autres. Il prétend qu'interrogé sur son nom par le comte de Bissy, grand anglomane, il lui montra sur son bureau l'endroit de Shakespeare où il est question d'Yorick, et lui dit : Yorick, c'est moi. La plaisanterie en elle-même étoit fort plate; mais ce qui l'est bien plus encore, c'est que Sterne se soit flatté de faire croire que le comte de Bissy, homme très instruit, qui du moins étoit dans son bon sens, et qui avoit et lisoit Shaskespeare, se soit obstiné à voir dans Yorick-Sterne devant lui présent, l'Yorick bouffon du roi de Danemarck, dont il est parlé dans Hamlet, et qui étoit censé mort huit siecles auparavant. Quel est l'habitant de Bicêtre ou de Bedlam qui seroit capable d'un tel quiproquo, et à qui fera-t-on penser qu'un homme instruit, et qu'un homme quelconque ait pu porter la stupidité à cet excès.

Plus j'y pense moi-même, ainsi qu'à plusieurs autres assertions, plus je m'apperçois que je me suis mépris. Je croyois répondre à un observateur, et je me trouve en face d'un bouffon. Continue, Yorick, fais-nous rire.

~~~~~~~~~~~~~~~~~~~~~~~~

ENCORE DEUX MOTS.

Les auteurs anglais les plus sérieux sont aussi fous que Sterne lorsqu'il s'agit de juger la France, et surtout de la comparer avec l'Angleterre. On sent que se donner l'avantage sur nous est leur pensée favorite et éternelle. Que la canaille anglaise continue à vomir les injures les plus grossieres, et à se repaître des plus absurdes illusions; que le *majestueux* peuple anglais, ivre de punch et de biere forte, crie *goddem* en voyant dans toutes les pieces anglaises, au moins un Français présenté comme ridicule, et même, ce qui acheve de faire pitié, comme poltron; les parterres français ne s'en vengent qu'en ne souffrant pas les moindres représailles contre leurs ennemis *absents*, et même en applaudissant aux rôles nobles que, suivant l'usage trop généreux du siecle qui vient de finir, nos auteurs se plaisoient à réserver aux Anglais. La conduite des deux nations n'étonne pas celui qui les a un peu observées : mais ce qui étonne, c'est qu'il y ait si peu d'Anglais, même parmi les mieux nés, qui ne deviennent peuple quand il s'agit de la France. Sans doute il est juste d'aimer son pays; il est même permis de l'aimer trop : les Anglais méritent à cet égard de justes éloges que nous ne méritons pas toujours. On trouve chez eux moins d'éternels préconiseurs de ce qui se fait de l'autre côté de la mer, et il n'y a pas un de leurs poëtes qui se soit avisé de faire l'éloge d'un monument créé pour éterniser le souvenir d'une de leurs défaites. Mais de cette disposition si louable à protéger l'honneur de leur pays est née chez eux une propension trop forte à déprécier les autres. La foi du plus fanatique musulman est loin de celle que gardent les Anglais à tout ce qui peut être au désavantage de la France. Aussi, il n'y a pas d'erreurs qu'ils n'adoptent, pas d'exagération où ils ne tombent, d'autant plus qu'il n'est pas, je crois, de plus mauvais observateurs. Ces hommes qui voyagent tant, parcequ'ils s'ennuient tant, portent par-tout un si mauvais esprit, un regard si dédaigneux, qu'ils voient mal, ou ne voient point les trois quarts de ce qu'ils regardent. On a souvent cité le trait de cet Anglais qui, ayant vu en passant à Blois une femme qui étoit rousse, et qui mangeoit du raisin, écrivit sur son journal, A Blois toutes les femmes sont rousses, et mangent du raisin. Beaucoup de jugements anglais sont de cette force. Mylord Chesterfield, lui-même, si favorable aux Français à tant d'égards, a peint quelquefois la bonne compagnie de France en homme qui ne l'auroit jamais vue; ce qui a été fort bien relevé par madame de Genlis, l'écrivain qui l'a, sans comparaison, le mieux connue et le mieux peinte. Arthur Young, dans ses voyages en France et en Italie, est plein d'assertions ridicules contre la France. Entre autres, dans le dernier, à propos d'un usage indécent qu'il observe dans une salle d'Italie, il feint de confondre les mœurs de l'Italie et de la France, qui pourtant sont entièrement opposées, et s'écrie: « L'anecdote de madame de Rambouillet, par Sterne, n'étoit point une exagération ». Il est vrai que cet écrivain, qui ne rêve qu'aux turneps et aux froments, tombe au dessous du rien dès qu'il ne parle pas d'agriculture; et sur l'agriculture même, j'ai vu plusieurs personnes soupçonner de charlatanisme un homme qui avec tant de méthodes, en apparence si sûres et si productives, a long-temps exercé l'agriculture sans y faire sa fortune, et, de son aveu, vivoit de ses livres, avant qu'il eût obtenu une place. Mon projet, au reste, n'est pas d'analyser ses voyages, ni ceux de tant d'écrivains anglais; pas même celui de milady Craven, envers qui je veux être aussi poli, que cette dame l'a peu été envers la France. Mais je ne puis m'empêcher de dire un mot sur Brydone, non pas parcequ'il a très mal observé Malte, comme on le lui a reproché; non pas parcequ'il a beaucoup trop flatté Palerme, comme je m'en suis assuré par moi-même; mais parcequ'il offre un des traits les plus curieux de cette prétention secrette qui poursuit par-tout les Anglais, et qui les porte à indiquer ce qu'ils n'osent dire. C'est à propos des accouchements faciles des Siciliennes. Il admire le bonheur de ces dames; il dit assez lourdement que beaucoup d'autres pays sont sujets à la malédiction portée contre notre mere Eve, et ajoute avec affectation: *Il est un peu dur que cet anathême se fasse sentir davantage en Suisse et en Angleterre, où les femmes sont les plus chastes de l'Europe.* Il me semble entendre une petite maîtresse s'écrier : « Ah ! mon dieu, que je suis malheureuse ; la moindre promenade me fatigue, j'ai le pied trop petit ; c'est tout-à-fait désagréable. » Je ne crois pas qu'il soit possible de plus mal déguiser une prétention plus risible. En effet, depuis quand a-t-on prétendu que les femmes de l'Angleterre ou de la Suisse, accouchent plus difficilement que celles du reste de l'Europe? Quelle nouvelle raison a M. Brydone pour le prétendre? Comment le sait-il? On peut lui dire ce que madame de Lassay disoit à son mari qui vantoit hautement la vertu d'une femme : « Mais, monsieur, comment faites-vous pour être si sûr de ces choses-là? »

Tous les voyageurs anglais ne sont cependant pas aussi déraisonnables. Je viens de parler de lord

Chesterfield; il est un autre Anglais, plus sage encore, mais qui aussi, presque seul de sa nation, a écrit en français et comme un Français; il lui reste bien encore des idées de son pays. Il préfère, par exemple, Shakespear à tous les auteurs tragiques et comiques, et prétend que c'eût été l'avis de Longin, d'Horace, et (ce qui est le plus drôle) de Boileau. Mais d'ailleurs, il est juste envers les Français, et sait faire des aveux qui leur sont honorables. Je veux, pour la rareté du fait, en citer deux qui iront à la décharge de ses confreres.

« J'ai vu en France, dit M. Sherlock, des « hommes lâches, méchants, faux, comme chez « moi, et comme par-tout ailleurs. J'y ai vu des « fats et des impertinents, comme je n'en ai vu ni « chez moi ni dans aucun autre pays; mais des « individus ne font rien au caractere d'une na- « tion; car je me rappelle d'avoir connu un Hol- « landois aimable. La nation française, prise col- « lectivement, m'a paru supérieurement brave, « essentiellement bonne, et sans comparaison, la » plus aimable nation de l'Europe. »

Ailleurs, il dit: « J'ai trouvé les Françaises plus « aimables et plus intéressantes que les femmes « d'aucun autre pays que j'aie vu »; et plus loin : « Rien n'est si rare en France, qu'une belle femme, « mais les jolies y sont sans nombre ». Sans être tout-à-fait de l'avis de M. Sherlock sur l'extrême rareté des belles femmes, et sans examiner si les jolies ne valent pas mieux, je ne puis qu'applaudir à sa franchise, et le remercier de sa politesse. Il n'y a presque point d'écrivain français qui n'ait dit sur l'Angleterre des choses plus flatteuses qu'il n'en dit ici sur la France : mais si ses compatriotes avoient approché de sa sincérité, nous n'aurions pas à nous repentir de nos exagérations.

Les personnes qui liront ce chapitre et le précédent, verront sans peine que je n'aime point les Anglais, mais elles se tromperoient beaucoup si elles croyoient que je ne les estime pas à beaucoup d'égards : je leur rends d'autant plus volontiers justice, que je ne leur envie rien. Je crois même que leurs meilleures institutions ne réussiroient pas toujours chez nous, précisément parcequ'elles réussissent chez eux ; quelques expériences l'ont déja prouvé, et les caracteres opposés des deux nations prouvent encore mieux, que les mêmes institutions pourront rarement convenir à toutes les deux. Je n'ai pas prétendu faire la satire des Anglais ; mais après un siecle où nous ne nous sommes pas lassés de dire du bien d'eux, et eux du mal de nous, il est plus que temps de reprendre notre place et de les remettre à la leur. Nos armées ont commencé et presque fini l'ouvrage ; c'est à nos écrivains à le compléter, à réparer les folies de leurs imprudents prédécesseurs, et à dédommager par la vérité, de tout ce qui pourra leur manquer pour le talent.

QUELQUES DÉTAILS SUR NAPLES.

Nous arrivâmes à Naples par un temps aussi beau que le site de cette ville, et nous eûmes tout le temps d'admirer ce coup-d'œil magnifique, qu'égayoit encore une foule immense. D'ailleurs, Naples en détail, ne me parut pas plus beau que la première fois; mais l'innombrable populace des lazzaronis me parut encore plus affreuse.

Une chose assez curieuse pour un Français, accoutumé à la tournure souvent élégante, mais toujours martiale, des militaires de sa nation, c'est la tenue des troupes napolitaines. On y reconnoît d'abord des hommes qui feroient peut-être aussi bien la guerre que d'autres, mais qui ont un peu oublié de la faire. L'œil se fait difficilement à voir dans les rues de Naples, des officiers en chapeau rond et en redingotte bourgeoise, avec l'épaulette sur cette redingotte. Il y avoit alors à Naples des grenadiers russes, qui n'avoient pas besoin de leurs uniformes verds et de leurs bonnets à la chinoise, pour être distingués. Ces hommes, que la prévention appela un moment les géants du Nord, et qui se sont trouvés être assez petits, m'ont paru tels; ce qui ne les empêche pas d'être en général de bons soldats, et en les voyant on le devineroit, si on ne le savoit pas.

Les Russes faisoient la police à Naples, qui leur avoit de très grandes obligations; car sans les trois mille hommes qui y entretenoient la paix et la sûreté, des désordres particuliers et même généraux auroient pu avoir lieu dans cette immense capitale, privée alors de son gouvernement, et remplie des ressentiments qu'y avoient laissés deux ou trois révolutions consécutives et cruelles, la derniere sur-tout. La rentrée des troupes du roi des deux Siciles avoit, par les effroyables vengeances auxquelles on s'étoit livré, laissé une impression si vive dans les esprits, que ce prince, naguere aimé du peuple de Naples, avoit été long-temps sans penser à y reparoître, et tenoit sa cour à Palerme. Une fois seulement, il avoit paru à la vue de Naples sur une frégate; mais il n'avoit pas jugé à propos d'y descendre alors. Il venoit enfin de se déterminer à y revenir, et l'on parloit déja à Naples de l'arc de triomphe qu'on alloit lui élever pour cette occasion.

Mais il faut autant que possible laisser à l'histoire les détails de ces féroces réactions de Naples, et de ce déplorable gouvernement. Je reviens à des détails sans doute moins intéressants, mais aussi moins pénibles.

Quand on est dans cette Naples si vantée, on est étonné de chercher long-temps ce qu'il peut y avoir d'intéressant. Il est difficile, pour peu qu'on ait vu Rome, de ne pas être frappé de la dégradation qu'ont déjà éprouvée à soixante lieues de-là, et dans une ville telle que Naples, l'architecture et tous les arts du dessin. Ce n'est pas qu'un connoisseur n'y découvre encore d'assez belles choses; mais l'effet général est très défavorable à la ville de Naples.

Nous allâmes, faute de mieux, voir la cathédrale, église consacrée au fameux saint Janvier. La chapelle de ce saint est remarquable, et le seroit plus encore, si l'on y eût conservé la coupole du Dominiquin, qui coûta à ce grand peintre trois ans de travail, la vie, et par conséquent aux arts, beaucoup de chefs-d'œuvre.

C'est là qu'on garde ce sang de saint-Janvier, dont la liquéfaction étoit tous les ans un miracle périodique, sur lequel il n'y a plus rien à dire. Dans la derniere guerre, les Napolitains peu satisfaits de l'assistance de saint Janvier, qui en effet perdoit son temps contre les généraux Championnet, Macdonald et Duhesme, le destituerent, et élurent pour patron de la ville un autre saint, je crois un saint Antoine. Lorsque je fus à Naples, saint Janvier étoit encore un peu dans la disgrace. Cependant on m'assure que depuis, il est entièrement rentré en faveur.

Qu'y a-t-il encore à voir à Naples? Rien. Du moins après un intervalle assez court, rien n'en reste plus dans ma mémoire. Il y a des villes où l'on trouve toujours quelque chose à étudier; mais quand on a regardé Naples, on l'a vu.

On sent bien que je ne comprends pas, dans ce qui n'est pas curieux à Naples, les statues, les tableaux; je vais même en parler tout-à-l'heure; mais ces objets ne sont pas inhérents à Naples: ils y ont été assez récemment transportés, et ce qui y est encore peut ne pas y rester toujours.

Si je disois tout ce que j'ai recueilli dans le pays sur l'administration de la justice, sur les mœurs publiques et particulieres, sur presque tout, on croiroit que je fais une satire, et j'aime beaucoup mieux croire que l'on m'a fait des mensonges.

La société, quand j'allai à Naples, y étoit encore comprimée par des persécutions récentes, et l'on y osoit parler très peu, sur-tout aux Français. Aussi seroit-il injuste de la juger par ce que j'en ai vu. Mais, ce qui est très indépendant des circonstances, c'est la fureur des Italiens pour le jeu, et, malgré leur loquacité naturelle, leur éloignement pour tout ce qui constitue la conversation et tous les agréments de la société; cet éloignement m'a paru plus frappant à Naples qu'ailleurs. En général, plus on s'éloigne de Paris, plus on s'éloigne de la civilisation.

Point de commerce à Naples, malgré la position la plus heureuse. Ce peuple paroît destiné à avoir tout, et à ne profiter de rien.

La rade de Naples est fort belle et n'est que trop ouverte ; le port, au contraire, est beaucoup trop petit ; à peine peut-il contenir quelques vaisseaux de guerre. Qui croiroit que dans une ville qui de tout temps fut si importante, le port est le résultat d'une entreprise particulière, dont le gouvernement a fini par profiter.

Il pleut beaucoup à Naples, et, ce qui étonnera, plus qu'à Paris ; année commune il ne tombe que dix-sept pouces d'eau dans cette derniere ville. M. Ferrao, savant distingué napolitain, a calculé qu'il en tomboit vingt-cinq à Naples. C'est encore une nouvelle preuve à ajouter à celles qui constatent la beauté du climat et du ciel de l'Italie.

MUSIQUE.

Voilà le beau côté des Italiens ; voilà le talent qu'on ne peut pas leur contester ; voilà l'art dont ils garderont le sceptre tant qu'ils ne le déposeront pas eux-mêmes. La nation italienne est née musicienne, et ce qui, parmi nous, n'est que le fruit d'une éducation cultivée, est chez elle l'apanage du plus petit peuple. Dans une ville d'Italie et en Lombardie, qui n'est pas le pays des grands musiciens, un régiment français faisoit jouer tous les soirs, sur la promenade, toutes sortes d'airs militaires. J'ai entendu dix fois des gens du peuple s'amuser à faire des seconds dessus charmants sur ces airs, qu'ils entendoient pour la premiere fois. J'ai entendu plus souvent encore dans les rues des villes d'Italie, de malheureux ouvriers qui revenoient de leur travail, chanter ensemble, en faisant chacun leur partie, et changer souvent un air assez commun en un quatuor ravissant. Tous les Italiens n'ont pas une belle voix: mais presque tous l'ont juste, et sont nés avec le sentiment exquis de la musique. Quel dommage que la plupart en profitent si peu, et que quand la nature a fait presque tout, ils craignent de faire le reste. D'après la réputation des Italiens pour la musique, et même d'après ce qu'un frondeur tel que moi vient d'en dire, on est porté à croire qu'il n'y a pas une petite ville qui ne renferme une foule d'excellents musiciens. La vérité est que dans les plus grandes villes d'Italie, à Rome, à Naples même, rien de si rare que les personnes très savantes en musique. A Rome, entre autres, j'ai entendu dans un concert les deux meilleures cantatrices qui fussent alors dans cette ville, et j'ai vu des Italiens remarquer avec une sorte de dépit que l'une étoit une Allemande et l'autre une Française. L'Allemande, par parenthese, avoit été comédienne, ce qui ne l'empêchoit pas d'avoir épousé un Italien titré, et d'être reçue sans la moindre difficulté dans la meilleure compagnie. A cette observation sur les mœurs faite à propos d'un concert, j'en joindrai une autre de la même espece. J'ai assisté, dans une des plus grandes villes d'Italie, à un autre concert, où tout ce qu'il y avoit de mieux étoit invité ; au moment où la maîtresse de la maison chantoit, presque tout le monde s'en alla. A la vérité, elle chantoit horriblement mal, et ce concert n'auroit point passé pour bon, même en Angleterre ; mais eût-elle chanté plus mal encore, personne en France ne se fût permis une pareille impolitesse. Ceci dit en passant, je reviens au goût naturel qu'ont les Italiens pour la musique, et particulièrement pour la musique vocale. Autant il est rare de voir chez les hommes, et même chez les femmes, ces talents sur le violon, la harpe, et le forté-piano, si multipliés à Paris, sur-tout pour le dernier instrument, autant il est commun de voir en Italie des hommes qui, connoissant à peine la musique, exécutent des morceaux d'ensemble avec un goût et une précision singuliere. C'est le fruit du pays. L'Italie porte des olives et des chanteurs. L'amour qu'on y a pour le chant y fait, comme on sait, oublier la nature et l'humanité. Il est faux que, comme on l'a dit, dans les établissements consacrés à la musique, on mutile les enfants; mais il est très vrai qu'on y accueille, qu'on y recherche même les enfants mutilés par des parents avides, qui, pour leur assurer l'aisance de leur vie, en suppriment l'attribut le plus précieux. Sur vingt de ces malheureuses victimes, deux à peine réussissent et ont une voix un peu brillante. Les autres languissent toute leur vie dans la misere, privés même du sentiment qui la console. Au reste, j'ai entendu plusieurs de ces débris d'hommes, et j'ai trouvé que leurs voix les plus heureuses n'étoient pas plus douces que celles de beaucoup de femmes du nord de l'Europe. Mais il est vrai que beaucoup d'Italiennes ayant quelque chose de mâle dans la voix, on a pu trouver plus piquant là qu'ailleurs d'entendre des hommes qui ont dans la voix quelque chose de féminin.

C'est à Naples, et dans ses conservatoires, que l'on forme ces chanteurs, et, ce qui est un peu plus important, ces compositeurs charmants qui font les délices de l'Europe. C'est de Naples que sont sortis Leo, Duranté, Pergolèze, Sacchini, Piccini, Paésiello, Cimarosa, et plusieurs autres maîtres du premier ordre; c'est à Naples aussi qu'on fait et qu'on entend le plus de bonne musique. Mais on en a trop entendu peut-être, et l'on est blasé à Naples sur les beautés musicales, comme on l'est à Paris sur les choses d'esprit. J'ai vu à Naples, dans cette immense et belle salle de Saint-Charles, la seconde représentation d'un oratorio magnifique, écouté déja avec la froideur de l'habitude. C'est bien pis aux représentations suivantes, où personne ne se donne plus la peine d'écouter. Je reviendrai sur ceci au chapitre des spectacles.

La musique des Italiens, même des meilleurs maîtres, n'est pas toujours bonne, et il s'en faut; mais elle est toujours pure et chantante. Elle a un avantage que n'ont pas beaucoup de musiques allemandes et même françaises, elle est toujours de la musique. Elle n'est pas encore infestée de cette recherche d'harmonie, à laquelle se livrent des compositeurs qui ont désespéré de trouver du chant, et il est même remarquable qu'aujourd'hui que Cimarosa n'est plus, et que Paésiello a quitté l'Italie, la musique commence à y dégénérer et à y prendre un peu cette physionomie allemande et bizarre qu'on ne trouve ni dans les symphonies d'Hayden, ni dans les opéra de Mozart.

Au reste, en abandonnant ici les grands compositeurs, et en ne considérant que le goût général de la nation, on peut dire que les chanteurs italiens, qui excellent à peindre les sentiments passionnés, la tendresse, l'amour, la douleur, la jalousie même, sont moins heureux pour les sentiments très nobles et très énergiques; ils y mêlent toujours je ne sais quoi d'efféminé. Ils n'ont ni marseillaise, ni chant du départ. Il y a plus, j'ai vu des Italiens admirer ces deux compositions célèbres, les exécuter même : mais jamais je ne les ai vus parvenir à les chanter sans des broderies et des ornements, dont ils ne sentoient pas même le ridicule. J'ai entendu quelques airs militaires italiens : aucuns n'approchent ni des airs que je viens de citer, ni du *God, save the king*, de l'Allemand Handel.

Que les Italiens se consolent! Ils ont de quoi se dédommager d'ailleurs; leur musique, en tant que musique, est encore fort supérieure à celle des autres nations. Je dis en tant que musique, parceque pour la musique dramatique par exemple, c'est de nous qu'ils ont appris qu'un air, qu'une scene, quelque belle qu'elle fût, acquéroit un prix quadruple, si le chant y étoit dans un rapport bien juste avec le sens des paroles et avec la marche de la situation. C'est en France que Piccini a appris à faire Didon, et Sacchini à faire mieux encore, OEdipe. Leurs faiseurs d'opéra bouffons n'ont rien appris de nous; aussi excepté Nina et le Barbier de Séville, que Paésiello a imités du français, on sait qu'il n'y a rien d'insipide comme tous ces ouvrages, et que pour deux ou trois que l'excellence de la musique soutient, tous les autres périssent par l'ennui.

Au reste, si quelque chose engageoit à être sévere pour la musique italienne, ce seroit sans doute l'injustice ridicule avec laquelle les Italiens parlent de la nôtre. On peindroit difficilement le mépris (c'est le mot), que la plupart ont pour la musique française. Les Italiens, en général fort ignorants, croient presque tous que notre musique actuelle est encore comme au temps de Rameau, et l'écoutent presque toujours avec une prévention pitoyable. Il y en a fort peu qui se doutent que nos chansons et nos romances sont beaucoup plus jolies que les leurs, et qu'en général notre musique d'opéra comique est plus variée que celle de leurs *opéra-buffa*. J'ai vu cependant à Rome, dans une assemblée très brillante, deux morceaux triompher de la prévention. Le premier, déja ancien, est la romance : *Te bien aimer, ô ma chere Zélie!* le deuxieme, qui eut un succès extrême, est le duo des deux prisonniers : *Quoi! jamais d'amour;* et il est vrai qu'il joint toute la mélodie italienne à toute la grace française.

Les compositeurs italiens, obligés de satisfaire un public très dégoûté, sont extrêmement féconds, et leurs opéra se comptent par centaines. On s'en étonne moins, quand on voit combien la plupart sont négligés, et quand on sait qu'il en est fort peu où le compositeur ait mis de l'importance à plus de deux ou trois morceaux. Rien de plus difficile et de plus varié, en apparence, que ces finales italiennes, où sept ou huit acteurs chantent à la fois. Dans la vérité, rien de plus facile et de plus monotone. Un duo ou un trio bien fait, vaut dix finales, et sur cela, je m'en rapporterois aux maîtres Italiens eux-mêmes. Au reste, leurs ouvrages faits très vite, s'oublient plus vite encore, et quelques succès qu'ils aient dans l'origine, il est rare qu'on les rejoue après le carnaval où ils ont brillé.

C'est un peu par-tout le sort de la musique de passer comme une mode. Son effet est si vif, si populaire, que si elle n'avoit pas ce désavantage, elle laisseroit trop loin derriere elle tous les arts. Au reste, les musiques passent, mais la musique reste pour être à jamais le charme et le plaisir de ceux qui la possedent, et le charme et le regret de ceux qui l'ignorent.

STATUES ET TABLEAUX DE NAPLES.

Naples possede de très beaux morceaux de sculpture. Je commencerai par le Taureau Farnese, placé au milieu de la promenade de la Chiaia. Il est, heureusement pour lui, de marbre de Paros, marbre bien plus dur que celui de Carrare dont on fait toutes les statues modernes; aussi ce dernier se déterriore-t-il assez promptement à l'air extérieur, comme ne le prouvent que trop plusieurs morceaux précieux, qu'a livrés à ce danger la magnificence de Louis XIV.

Je n'ai rien à dire de ce taureau, si ce n'est

qu'il est fort beau pour un taureau. Les anciens aimoient assez ces sortes de représentations, pour lesquelles nous avons, avec raison, moins de goût. En effet, si dans tout objet d'art le choix du sujet est le premier mérite, il faut convenir qu'il y a des sujets plus heureux.

Celui de l'Hercule, par exemple, valoit beaucoup mieux; mais j'en demande pardon aux voyageurs qui parlent avec la plus haute estime de l'Hercule Farnese; j'ai trouvé dans cette statue l'exagération la plus ampoulée des formes humaines, et je n'ai pu y reconnoître que la tête d'un satyre sur le corps d'un crocheteur. Non: jamais ce ne fut là le fils du noble Jupiter et de la belle Alcmene. Non: ce n'est point là un dieu, et sur la seule inspection, on l'auroit d'abord exclu de l'Olympe. Il n'offre point l'expression, mais la caricature de la force. Cet individu peut être Antée, mais jamais il n'a été Hercule. Au reste, je connois plusieurs admirateurs zélés de l'antiquité qui croient moins en l'Hercule Farnese, qu'en plusieurs autres morceaux de sculpture antique; et, en vérité, c'est une des vieilles réputations qui m'étonnent le plus.

Il s'en est fallu de très peu que ce soi-disant Hercule ne soit venu se faire juger à Paris. Quand je l'ai vu, il avoit encore les jambes engagées dans le plâtre où l'on alloit l'envelopper tout entier, pour l'envoyer en France. Il restera à Naples, et nous pouvions faire de plus grandes pertes.

Combien j'ai regretté davantage un magnifique Antinoüs, plus beau encore, s'il est possible, que l'Antinoüs du Muséum : je ne me suis pas trouvé mal d'admiration devant lui, comme Winkelmann et autres fous n'auroient pas cru pouvoir s'en dispenser; mais j'avoue qu'après l'Apollon du Muséum, rien ne m'a paru plus admirable. Ce favori d'Adrien a une singulière destinée ; un métier pour lequel il devoit se cacher, est précisément cause qu'il se montre par-tout.

Un morceau moins vanté, quoique célebre, m'a fait presqu'autant de plaisir : c'est la Vénus Callipyge. Le premier sculpteur qui a imaginé ou imité cette attitude, a eu une charmante idée. En effet, aucune pose ne peut développer aussi avantageusement les formes d'une belle femme. Celle de la Vénus pudique a un autre mérite, plus grand peut-être, mais qui ne peut rendre insensible à celui de la Callipyge. Je ne me lassois pas de l'admirer, et pourquoi le nierois-je, je négligeois pour elle des morceaux plus remarquables : en effet, si la beauté des formes est ce qui constitue en grande partie le mérite de la sculpture, les sens sont en grande partie ce qui les juge. On n'imiteroit pas, mais on conçoit la folie de cet Anglais, qui vouloit faire violence à la Vénus de Médicis. Voilà pourquoi les statues drapées, quelque mérite et quelques difficultés qu'elles offrent, n'auront jamais le succès des statues qui ne le sont pas. Voilà pourquoi la sculpture, en dépit de la vraisemblance et des convenances les plus nécessaires, cherchera toujours à représenter des académies. Voilà encore pourquoi, le prodige du Laocoon excepté, les plus beaux grouppes d'expression ne parviendront jamais à la renommée et à l'effet d'une simple Vénus, d'un Apollon. Rendre la beauté des formes humaines, voilà le vrai domaine de la sculpture. La peinture ne peut approcher d'elle à cet égard; comme privée du coloris et des ombres, la sculpture pour l'expression reste bien loin de la peinture.

Ce peu de goût que j'ai pour les statues drapées ne m'empêche pas d'apprécier l'inestimable mérite en ce genre de la Pallas de Velletri. Cette statue colossale, trouvée à Velletri pendant que nous étions les maîtres de Rome, fut achetée et payée pour le compte du gouvernement Français; mais avant qu'elle pût être transportée en France Rome fut évacuée, et les Napolitains, qui s'en emparerent, transporterent la Pallas à Naples. Au moment où j'étois dans cette ville, ils en disputoient, autant qu'ils le pouvoient, la propriété à la France, en supposant une vente antérieure. Mais nos intérêts, à cet égard, étoient parfaitement remis entre les mains de M. Dufourny, qui, secondé par M. Chaptal, le fils du ministre, faisoit valoir avec énergie les droits les plus légitimes que la France eût jamais eus à une statue en Italie. Leurs efforts, joints à ceux de M. Alquier, notre ambassadeur, et sur-tout la volonté toute-puissante du Premier Consul, ont fait enfin tomber tous les obstacles. Au moment où j'écris, la Pallas de Velletri nous est assurée, et même aussi, dit-on, la Vénus de Médicis, que M. Dufourny désespéroit de ravoir, quand je le vis à Naples. Il étoit instruit qu'elle étoit cachée à Palerme; moi-même, dans cette derniere ville, j'avois demandé des nouvelles de cette statue, et l'on s'étoit défendu d'en savoir, de maniere à me prouver qu'on la possédoit. Honneur à tous ceux qui ont concouru à assurer à la France ce chef-d'œuvre des arts.

J'ai dit que M. Dufourny est l'auteur du seul monument qui, à Palerme, honore l'architecture moderne. J'ai joui avec un grand charme de la conversation de cet homme distingué, et de son double amour pour les arts et pour sa patrie. Ayant en porte-feuille un voyage en Sicile plein de tout ce qu'elle a de beau en architecture et en ruines, nourri plus qu'aucun autre artiste français de la connoissance des anciens modeles, et, ce qui n'est pas moins important, ayant assez d'esprit pour ne pas vouloir les suivre toujours, il semble que c'est l'homme qui conviendroit le plus au gouvernement, s'il se décidoit à embellir Paris de quelques uns de ces édifices qu'on y desire lorsqu'on a vu Rome, une magnifique fontaine, ou même un de ces géants de l'architecture, un de ces monuments qui s'appuient sur les siecles, un colysée.

Après l'Antinoüs, la Pallas, et la Vénus, il n'y a guere moyen de parler d'autres statues. Comment toutefois ne pas dire un mot d'un centaure qui porte un Amour, et qui le regarde avec une expression, à laquelle je n'aurois pas cru que la sculpture pût atteindre!

J'allois oublier la Flore, et je ne sais comment; car c'est une statue colossale de neuf pieds de haut. C'est une belle tête sur un beau corps qui est bien drapé. Mais, je l'avoue, les statues colossales, surtout celles de femmes, perdent d'autant plus de leur prix à mes yeux qu'elles s'éloignent des proportions ordinaires. Les Grecs ingénieux, qui ont inventé la mythologie, savoient très bien que son plus grand mérite, ou du moins son plus grand charme, étoit de rapprocher les dieux de l'humanité. Les sculpteurs le savoient aussi, du moins ceux qui ont fait la Vénus de Médicis, la Vénus Callipyge, et tant d'autres Vénus : rien n'empêche en effet que cette déesse ne soit une femme, et l'imagination sourit à son image. Les autres déesses ont toutes aussi été peintes dans des proportions raisonnables : les dieux même ont été faits un peu hommes, et l'Apollon du belvedere, ce chef-d'œuvre de la beauté, est d'une taille sans doute un peu exagerée, mais possible ; et après tout il est raisonnable que les dieux (les dieux grecs, les dieux des arts) soient représentés comme des êtres d'une nature perfectionnée, mais non pas comme des êtres d'une autre espece, ce qui seroit un véritable contre-sens. Je sais très bien que ces statues colossales sont faites pour un piédestal et pour un temple, mais alors mettez-les sur un piédestal et sur un autel, ou ne vous étonnez pas que dans un muséum elles perdent les trois quarts de leur prix. Même en admettant cette raison, il n'en restera pas moins une grande différence de mérite entre la Vénus, ou telle autre statue d'une hauteur ordinaire, pour qui mon illusion augmente à mesure que je m'en approche, et ces statues pour qui il ne peut y avoir d'illusion qu'en s'en éloignant.

Le roi de Naples est beaucoup moins riche en tableaux qu'en statues. J'ai cependant vu chez lui quelques tableaux excellents, entre autres une charmante vierge de Raphaël. Le premier mouvement, en voyant les vierges du peintre d'Urbino, est toujours de les admirer ; ce n'est qu'après cela qu'on pense qu'il en a fait un peu trop. Si l'on dit tous les jours sans que personne le trouve mauvais, « J'ai tant vu le soleil », pourquoi ne seroit-il pas permis de dire, en pensant à l'œuvre de Raphaël, J'ai tant vu de vierges !

On voit, dans la collection du roi de Naples, quelques tableaux d'un maître distingué qui en a fait fort peu, le Schidone. Il est de l'école du Correge, et l'on s'en apperçoit à la grace de ses productions et de ses figures; mais plusieurs de ses idées sont peu heureuses et sur-tout bien peu nobles. Je ne revins pas de mon étonnement, en voyant admirer, dans un de ses tableaux, un enfant qui se cherchoit, faut-il le dire?.... de la vermine. A la vérité, l'enfant étoit joli, et l'attitude vraie et en quelque sorte naïve; mais, je le demande à tous les gens de goût, un tel sujet ne ruine-t-il pas d'avance l'exécution la plus heureuse? Certes j'aime, et trop peut être, la variété et la hardiesse dans les arts; mais tous ont deux bornes qu'ils ne doivent jamais dépasser, l'horreur et le dégoût. C'est pour cela que, quelle que soit la réputation des auteurs, je me détourne également devant un martyr à qui l'on arrache les entrailles, et devant un enfant qui se cherche de la vermine, ou même devant une fille qui consulte un médecin d'urine. J'aurois beaucoup de choses à dire pour confirmer cette opinion: mais c'est sur-tout à Rome qu'il est naturel de discuter sur la peinture.

PAUSILIPPE.

La côte de Pausilippe est certainement le plus bel ornement de Naples. Ce long amphithéâtre de verdure, couvert de fabriques et de ruines, s'embellit également de ce qu'il possede et de ce qu'il n'a plus, et mérite à beaucoup d'égards, sa réputation.

Autrefois pour aller à Baies et à Pouzzoles, on gravissoit péniblement cette côte assez escarpée. Mais en creusant des carrieres dans la montagne, on a commencé un chemin qui, terminé et élargi, a produit enfin cette célebre grotte de Pausilippe, qui n'approche ni pour la difficulté du travail, ni pour la beauté et le large de l'exécution, de la grotte des Echelles, en Savoie, mais qui est cependant curieuse et remarquable. Elle a environ soixante pieds d'élévation, trois mille de longueur, et seulement dix-huit de largeur. Deux ouvertures ont été pratiquées dans la voûte pour donner un peu de jour, et remplissent très mal leur institution. Joignez au désagrément de l'obscurité, une poussiere en certain temps insupportable, et vous sentirez que la singularité de cette route suffit tout au plus pour en compenser l'incommodité. En sortant de ce long cachot, on se trouve dans une campagne verte et pittoresque qui n'a pas besoin de ce contraste, mais qui y gagne beaucoup ; et c'est ainsi que cette contrée, qui est belle et même charmante, est célébrée comme incomparable. C'est ainsi que le Piémont est flatté par le voisinage de la Savoie, et que la belle et riante vallée de Florence acquiert encore du prix par la rudesse des Apennins. On voit là, plus peut-être qu'ailleurs, de ces vignes suspendues en festons aux arbres, et qui vont si bien au paysage. Mais on ne peut les regarder long-temps, car de ce côté les objets curieux se pressent, le lac Averne, le Solfatare, les bains de Néron, etc., etc.

Le lac Averne, que l'on ne tarde pas à découvrir, ressemble assez à la description qu'en a donnée Virgile, qui ne paroît pas avoir trouvé les environs de Naples aussi riants qu'on le fait communément, puisque c'est sur eux qu'il a, dit-on, dessiné l'avenue de ses enfers. Le lac Averne, en lui-même, offre d'assez belles eaux, et une forme ovale fort heureuse : mais il est dans un fond, et immédiatement entouré de collines très boisées, ce qui doit le rendre extrêmement lugubre pour ceux qui descendent jusques sur ses bords. Mais d'en haut et de la grande route, il offre un aspect agréable, et en voyant ses eaux si limpides et ses bords si verds, on a besoin de l'assurance réitérée des gens du pays, pour croire que ses bords sont habituellement malsains, et presque inhabitables dans l'automne. Ce n'est pas la seule surprise de ce genre qu'on ait sur cette côte.

Au fond de la vallée de l'Averne est une caverne qui est, dit-on, l'entrée des enfers de Virgile, et qui paroît n'être que l'entrée d'un chemin souterrain, dont l'issue se voit encore à Cumes. C'est à Cumes aussi qu'est l'antre de la Sybille ; mais il y en a un autre près du lac Averne, et à peu de distance de l'issue dont je viens de parler. On y entre en se courbant, et l'on parvient enfin à une petite chambre quarrée dont on est très empressé de sortir. Près de-là, sont deux autres chambres ; et il faut se faire porter dans l'eau croupie, pour arriver à voir, à la lueur des flambeaux, un peu d'eau tiede.

Pour finir ici ce que j'ai à dire sur l'antre, ou plutôt sur les antres de la Sybille, je veux parler tout de suite de celui de Cumes, qui paroît être celui que Virgile a eu en vue. Nous y arrivâmes par une campagne assez riante, et au moins ce dernier ressemble davantage à un antre ; mais nous remarquâmes, avec regret, qu'il ressembloit encore plus à une cave, et, pour compléter la ressemblance, on y raccommodoit des tonneaux. Le *Cicérone* abbé qui nous guidoit fit alors allumer des torches, et nous engagea à nous en armer, pour pénétrer par une issue montante qui est à gauche. Nous fîmes ce qu'il nous disoit; mais voyant qu'il ne nous suivoit pas, nous nous doutâmes de ce qui alloit nous arriver; et, en effet, après avoir monté un trentaine de marches, nous nous trouvâmes devant un passage comblé. Nous prîmes très bien la plaisanterie; nous vîmes à quel point on abusoit, dans ce pays, de la crédulité des voyageurs, et nous allâmes en riant tout haut, retrouver l'abbé qui rioit tout bas.

En général, le charlatanisme le plus hardi et quelquefois le plus grossier, préside à tout ce qu'on dit en ce pays aux étrangers; et pour ne parler ici que de l'antre de la Sybille, je ne sais rien au monde qui mérite moins la peine d'y aller; et s'il y a des gens qui après l'avoir vu, osent encore le louer, on peut sans doute les comparer à ces hommes d'esprit qui, attrapés à une des curiosités de la foire, prennent un plaisir malin à ne l'être pas seuls, et sortent en disant : C'est superbe. Il seroit peut-être trop rigoureux d'étendre cette application, et de supposer ce calcul aux voyageurs qui ont tant vanté l'Italie.

Près du lac Averne est *Monte Nuovo*, mont très nouveau en effet, puisqu'il se forma en une nuit dans le tremblement de terre de 1538. Sa forme est d'un jet très heureux. On diroit qu'on a pris pour le former, tout ce qu'on a retiré à son voisin le lac Averne. Il est absolument en convexe ce que celui-ci est en concave. Au reste, ce n'est pas aux dépens de l'Averne qu'il a été formé, mais aux dépens et sur le sol même d'un autre lac nommé encore aujourd'hui le lac Lucrin, et qui, avant d'avoir été comblé en partie par cette éruption, communiquoit à la mer, et formoit le fonds de ce *Portus Julius*, ouvrage magnifique, construit autrefois par Agrippa, et aujourd'hui anéanti par le temps et par les volcans. La riante croupe de Monte Nuovo, est depuis long-temps couverte des plus riches productions du pays. Mais quand on monte sur son sommet, on reconnoît sa premiere origine, et l'on voit un cratere aussi profond que lui, d'où il sort presque continuellement une vapeur chaude et humide, qui, au reste, transpire ici de toutes parts.

C'est sur-tout aux bains de Néron, situés à un quart de lieue de-là, que cette vapeur est remarquable. Ces bains, qui touchent à Baies, ne sont en effet qu'un reste et une partie de ces bains de Baies si célebres. Il paroît seulement que Néron avoit là, ou près de-là, une maison de campagne. Mais je ne conçois pas que, sans y être obligé, on puisse donner à quelque chose le nom de ce monstre. On marche long-temps dans des souterrains tiedes sous lesquels il y en a d'autres, qui, si je puis m'exprimer ainsi, sont bouillants. Des voyageurs descendent quelquefois dans ceux-ci ; mais ils y voient toujours descendre des paysans qui, préalablement, ont quitté leurs habits, et qui, au bout de quelques minutes, reparoissent dégoutants de sueur et véritablement effrayants. Ces hommes apportent une eau bouillante où ils font, en une ou deux minutes, cuire des œufs que les voyageurs trouvent excellents, en les goûtant dans ces sombres souterrains, et appuyés sur quelqu'une des croisées escarpées d'où ils découvrent à leurs pieds une campagne riante.

On a pratiqué dans le roc une chambre et même des lits pour les malades qui s'y font transporter dans la belle saison; car ces eaux sont fort en usage dans la médecine napolitaine. Elles doivent faire beaucoup de mal, quand elles ne font pas beaucoup de bien.

Ces souterrains immenses, qu'une épaisse fumée remplit en plusieurs endroits, ces longues allées sombres, où le jour, comme l'espérance, ne paroît que comme un point éloigné, seroient extrêmement propres à devenir le théâtre de ces romans que l'on aimoit tant il y a quelques années; et les écrivains qui leur ont préféré les ruines de Portici (où il n'y a presque pas de ruines) n'avoient pas vu le pays. J'indique ce nouveau site aux romanciers à venir, et je puis les assurer que leurs ouvrages se trouveroient très bien de ce refrain : *souviens-toi des bains de Néron.*

La Solfatare est plus curieuse encore. Elle achève de convaincre que Naples et les environs de Naples, ne sont qu'un volcan qui a été, ou un volcan à venir. C'est un espece de champ assez vaste, et entouré de petites collines, excepté sur le point de son entrée. C'est véritablement une terre de soufre, et l'on en extrait continuellement. Ce qu'il y a de singulier, c'est que le soufre, cet élément de destruction, s'extrait au bénéfice d'un couvent voisin, et de l'évêque de Pouzzoles.

Le terrain de la Solfatare est brûlant dans quelques endroits, et l'est par-tout où l'on y creuse quelques pouces. Il suffit de jetter de l'eau sur le terrain ainsi ouvert, pour qu'il en jaillisse une fumée très épaisse. Il y a un point d'où elle sort naturellement et avec abondance. Elle contribue à répandre sur toute cette plaine une odeur très fétide. Mais ce qui est véritablement remarquable, ce qui fait penser et quelquefois frémir l'observateur, c'est que toute cette terre soufrée paroît n'être qu'une croûte très peu épaisse qui renferme un abyme, et vraisemblablement tous les germes d'un volcan. On ne peut gueres en douter, d'après l'expérience qu'on ne manque jamais de faire devant les étrangers. On prend une pierre d'une grosseur très ordinaire, et en la laissant tomber on sent un ébranlement souterrain. Il y a plus, et je l'ai éprouvé moi-même, il suffit de frapper du pied un peu fortement sur cette terre, on la sent trembler sous ses pas. Ce qui dure depuis si long-temps peut sans doute durer long-temps encore; mais ce terrain, et en général tout celui qui entoure et soutient Naples, paroît, comme je l'ai dit, destiné tôt ou tard à quelque catastrophe, et s'il n'y a pas de plus belle position, il y en a de plus rassurantes. Au reste, on n'y pense pas à Naples, et les étrangers seuls y font ces réflexions. Il n'y a rien de si brave que l'habitude.

Après ces grands effets de la nature, comment parler des petites ruines de Pouzzoles, Baies et Cumes. Ces ruines sont si peu de chose, et l'on est si étonné après les avoir admirées dans des gravures, de les voir dans la réalité! En général, la gravure qui, nécessairement flatte l'architecture, flatte encore plus les ruines; et c'est surtout celles de l'Italie sur qui elle en a étrangement imposé; c'est ce que sentent à tout moment les voyageurs qui regardent, chose à la vérité assez rare. Cumes, cette doyenne des villes de l'Italie, et peut-être de l'Europe, n'a plus qu'une porte. Pouzzoles, ville romaine si puissante, n'a presque plus que des maisonnettes. On tâche d'y admirer un temple à demi-noyé, dont il ne reste plus que quelques colonnes; près de là, est un colysée en ruines qui n'est rien, et n'a jamais rien été auprès de celui de Rome. Quant à Baies, la délicieuse Baies, où tous les voluptueux se pressoient, où toutes les femmes devenoient infideles, où les philosophes n'osoient dormir, c'est une côte marécageuse, déja à moitié dévorée par la mer, et dont les livides habitants échappent avec peine pendant l'été à la mort, et toute l'année à la misere. On y montre aussi quelques restes de temples, que des connoisseurs habiles, et entre autres notre abbé, donnent tout simplement pour des restes de bains; et en effet, en les examinant, tout confirme cette opinion. On pourroit s'y baigner encore; mais, ô ciel, dans quelle eau !

Quand on voit que cette côte, si rapprochée de Naples, est pestilentielle, on apprécie un peu moins le beau climat de Naples. Quand on sait que, depuis ce point jusqu'aux Marennes de Sienne, toute la côte de la Méditerranée est presque partout inhabitable, on admire beaucoup moins la belle Italie.

Pouzzoles du moins peut se consoler un peu de son mauvais air, par le débit de sa pouzzolane, espece de gravier volcanique qui se tire de son golfe, et qui, uni avec de la chaux, a la propriété de faire un ciment propre à bâtir dans l'eau. On en trouve ailleurs, mais nulle part d'aussi parfaite. C'est un des nombreux objets qui, avec un peuple plus industrieux et plus actif, feroient de Naples une des villes les plus commerçantes du midi.

Près de Pouzzoles est le fameux cap Misene, que nous n'avons vu qu'en perspective, et où l'on voit, dit-on, des tombeaux assez curieux; mais la mer étoit mauvaise, et le chemin par terre plus mauvais encore, ce qui est remarquable à si peu de distance de Naples.

De ce même côté, sont les débris du pont que Caligula fit construire sur la mer, pour se rendre triomphalement de Baies à Pouzzoles. Il paroît que ce pont étoit moitié en bateaux, moitié en pierres. Les pierres restent encore en partie, pour attester l'inepte projet de ce monstre, qui ne sut jamais se reposer de ses cruautés que par des sottises.

En revenant à Naples, nous allâmes voir le lac Agnano. Ce lac, dont on a fait des descriptions si poétiques et si séduisantes, se trouve avoir une eau toujours méphitisée; quelquefois bouillonnante, et être encore plus mal-sain que tout ce dont je viens de parler. En vérité, plus on voit, plus on se dégoûte des phrases et de ceux qui en font.

Quant à la fameuse grotte du Chien, ce n'est qu'une expérience barbare, et un prodige puéril.

Nous devions, en sortant de Naples, aller voir, sur la côte de Pausilippe, le tombeau de Virgile. Nous ne le pûmes, et nous nous promîmes de nous dédommager en revenant; mais alors il étoit trop tard. Une partie faite un autre jour, pour le même objet, manqua, et je suis parti de Naples sans avoir vu, autrement que de loin, le tombeau de Virgile. Il étoit dit que je n'approcherois jamais de cet homme-là (1).

Au reste, tout le monde convient que le tombeau de Virgile n'a d'intéressant que le nom de ce grand poëte, et il n'est rien moins qu'authentique que ses cendres y aient jamais reposé. On peut y aller; mais il vaut encore mieux lire l'Enéide.

LE VÉSUVE.

Je parlerai peu du Vésuve, non qu'il ne le mérite, mais je ne le mérite pas : ce n'est pas sa faute ; c'est la mienne. Ce noble sujet appartient aux minéralogistes ; c'est à eux qu'il est réservé d'étudier et de décrire ce grand atelier de la nature. Ne parler que de ce qu'on sait, est, comme la crainte de Dieu, le commencement de la sagesse.

Le Vésuve, qui semble être à la porte de Naples, en est à trois lieues, très heureusement pour cette ville. Ce mont si redouté n'est pas d'une hauteur très considérable, et il paroît qu'à tous égards ce ne seroit qu'un enfant auprès de l'Etna. Lorsque nous étions à Naples le volcan étoit extrêmement

(1) L'auteur de ce voyage a autrefois essayé d'imiter quelques morceaux de Virgile ; il est vrai qu'il a eu la prudence de ne pas les publier.

tranquille, et il n'en sortoit qu'une fumée assez peu épaisse, qui à peine sortie du cratere se rabattoit sur les flancs noirs de la montagne, et à une certaine distance se distinguoit à peine. On change trois fois de maniere de voyager en allant au Vésuve : on fait deux lieues en voiture, on monte ensuite de mauvais chevaux, et enfin on gravit péniblement, au milieu des cendres et des laves, jusqu'au sommet du cratere. Ce cratere, après chaque éruption, varie en profondeur et en forme : tantôt le fond ressemble à une fournaise ardente, tantôt c'est un lac. Vers le milieu du dix-huitieme siecle on y voyoit des arbres et de la verdure : en 1802, et depuis l'éruption de 1798, ce cratere avoit la forme d'un immense entonnoir, et le fond, composé de cendres fumantes et sulfureuses, n'offroit rien qui empêchât absolument d'y descendre, sur-tout depuis que quelques Français avoient donné l'exemple. Il étoit très hardi à eux de descendre les premiers dans un nouveau cratere, où une éruption récente laissoit la chance de beaucoup de dangers ; mais après leur tentative, et jusqu'à une nouvelle éruption, rien de plus facile que de pénétrer dans le Vésuve. Au point où l'on arrive au sommet du cratere, la pente est trop verticale pour pouvoir descendre sans danger. On marche quelque temps sur le bord un peu étroit de l'entonnoir, et enfin on arrive à un point où la pente devient très praticable. Seulement il est bon de faire rouler quelques pierres pour décider les éboulements qui pourroient se faire; après cette précaution on s'abandonne à la pente, et avec une rapidité extrême on arrive au fond de cet abyme. Là, il faut en convenir, de grandes pensées vous assaillent, et, malgré qu'on en ait, on tombe dans la rêverie quand on pense où l'on est, ce qui y a été, et ce qui y sera. Je connois pourtant des Français qui n'ont pas résisté à l'envie de faire retentir dans le Vésuve une chanson de leur pays: mais en général il est difficile que, dans cette bouche de destruction, l'ame ne se mette pas en harmonie avec tout ce dont elle est entourée.

On quitte enfin la cendre un peu chaude dans laquelle on est enfoncé jusqu'à mi-jambe, et l'on remonte sur la terre. Ce retour est assez pénible sur un terrain presque mouvant; mais on arrive enfin, et au sortir de ce gouffre sulfureux, c'est un spectacle ravissant que celui de cette verte et féconde campagne de Naples. Mais les couches de lave, plus ou moins anciennes, qui sillonnent et noircissent cette riche contrée, ramenent trop vite aux pensées que l'on vient de quitter, et convainquent que ce pays n'a payé que trop cher sa fécondité prodigieuse.

On voit à Naples beaucoup de tabatieres et autres petits meubles fabriqués avec cette lave, et il y a peu d'étrangers qui n'en emportent. On aime à jouer avec ce qui a été si redoutable; c'est un enfantillage naturel à l'homme.

La derniere éruption de Naples coïncida avec l'invasion glorieuse de ce royaume par les Français, et fit faire par les habitants du pays des rapprochements multipliés. Quel volcan qu'une révolution, disoient-ils, et quelle éruption qu'une armée! Mais ce qu'ils ne disoient pas, c'est que l'armée française, attaquée contre toute justice, et victorieuse contre toute vraisemblance, montra après la victoire toute la modération que les circonstances permettoient; modération qui n'a pas été imitée depuis, et qu'une conduite toute différente a fait encore mieux apprécier.

HERCULANUM.

Ce fut sans doute un grand jour pour les arts que celui où l'on découvrit cette cité ensevelie sous la cendre du Vésuve et sous Portici : mais il falloit qu'elle tombât en de meilleures mains. Il semble qu'on ait cherché la plus mauvaise maniere de tirer parti de cette découverte éternellement curieuse, et du moins on l'a rencontrée. Après les premiers travaux faits dans la premiere ferveur, on s'apperçut que, si l'on n'y prenoit garde, Portici à son tour s'enseveliroit dans Herculanum, et après avoir creusé trop avidement on recombla trop vite. Les fouilles sont depuis long-temps interrompues. Dans un pays plus industrieux on auroit pris des mesures bien précises, des précautions bien justes; on auroit soutenu tout ce qui devoit l'être, dégagé tout le reste, et, pour conserver Portici, on n'auroit pas perdu Herculanum. On n'auroit pas sur-tout, dans le peu qu'on avoit découvert, arraché, déplacé, emporté tout ce qui pouvoit intéresser les arts; on auroit senti que ces conquêtes faites sur le temps perdoient la moitié de leur prix en les sortant de leur place, et que les ruines d'Herculanum étoient le véritable cadre des choses remarquables trouvées dans Herculanum.

Au lieu de suivre un plan si raisonnable et si simple, on a transporté dans le muséum de Portici tout ce qu'Herculanum a fourni de curieux en tout genre, et Herculanum dépouillé et recomblé ne mérite plus la peine qu'on prend encore d'y descendre. Un guide marche devant les voyageurs, une torche à la main; il les promene dans de grandes caves élevées, dans des corridors humides, en criant, Voilà le magnifique temple, voilà le superbe théâtre d'Herculanum. Il fait remarquer à la lueur des torches quelque morceau de marbre ou quelque mauvais reste de peinture qu'on n'a pas jugé digne d'être enlevé : vous avez toutes les peines du monde à distinguer quelque chose parmi ces débris enfumés, qu'on enfume encore tous les jours. Vous faites deux ou trois tours de caves, et l'on vous a montré Herculanum. J'avoue que cette visite nous rappela tout-à-fait celle que nous avions faite dans l'antre de la Sybille.

Je retournerois vingt fois à Naples que je ne descendrois pas une fois dans Herculanum ; il est vrai que j'irois vingt fois à Pompeïa.

PORTICI.

Portici, quoiqu'à deux lieues du centre de Naples, n'est presque qu'un village de Naples. On y va presque continuellement entre des maisons et la mer ; il ne faut pas oublier les laves du Vésuve qui souvent bordent le chemin, et qui plus d'une fois l'ont traversé.

Portici est un assez beau village, où il y a un fort beau château. L'intérieur n'a rien de très remarquable : on y voit une chambre tout en porcelaine qui a dû coûter fort cher ; mais cette porcelaine est en général d'un goût déja un peu ancien, comme tout l'ameublement de ce palais. Il renferme des glaces de France et des glaces de Venise ; c'est la perfection de l'art à côté de son enfance.

Nous ne pûmes pas voir un des appartements

qui étoit fermé, parcequ'une princesse napolitaine y étoit récemment morte d'une maladie de poitrine. On est persuadé à Naples que ces maladies sont contagieuses; on l'est au point, que tous les meubles précieux, boiseries, et jusques aux cheminées que contenoit cet appartement, venoient d'être arrachés et détruits, comme s'il eût été celui d'un pestiféré.

Les jardins et le château de Portici tirent leur plus grand mérite de leur position, et sont d'ailleurs au-dessous de beaucoup de choses que nous avons en France. C'est devant le palais et dans les jardins de l'Italie que je me suis apperçu qu'il n'y avoit rien d'aussi beau que les Tuileries, Versailles, S.-Cloud, Trianon, etc., comme c'est à Rome et à Naples que j'ai apprécié Paris ce qu'il vaut.

Ce qui rendra Portici éternellement intéressant, c'est sa position sur Herculanum; ce qui y attirera constamment le voyageur, c'est son muséum.

Il faut espérer qu'on ne bâtira jamais sur Portici.

PORTICI-HERCULANUM.

Tout ce qu'il y avoit de curieux à Herculanum, a été transporté à Portici, qui est ainsi, à quelques égards, le véritable Herculanum. Je ne redirai pas ici combien ce déplacement est ridicule; mais il est difficile de ne pas en être frappé, quand on entre dans la cour du muséum de Portici. Je ne sais quel extravagant ordonnateur a imaginé de tapisser les murs des bâtimens qui entourent cette cour, de toutes les inscriptions de toute nature qu'on a trouvées à Herculanum. Cela produit l'effet le plus original qu'on puisse imaginer, sur-tout quand on veut lire quelques-unes de ces inscriptions. Je regrette bien de n'en avoir pas transcrit; on verroit à côté les unes des autres, des choses qui ne s'étoient pas encore rencontrées ensemble.

Au reste, le moment où nous vîmes Portici, étoit extrêmement défavorable. Quand les Français s'emparerent de Naples, un des premiers soins du gouvernement Napolitain fut d'emporter avec lui en Sicile tout ce qu'il y avoit de plus curieux à Portici, au moins parmi ce qui étoit transportable, et rien n'étoit encore revenu; cependant il restoit encore assez de choses dans tous les genres, pour donner au voyageur une idée de ce cabinet enrichi des dépouilles d'Herculanum et de Pompeïa, et certainement il n'y avoit que ces deux villes elles-mêmes qui pussent être plus curieuses; Herculanum est loin de l'être autant.

Là, se trouve réunie la plus riche collection, la seule même qui puisse donner des lumieres positives sur les usages des anciens. Là, existent les débris les plus minutieux d'une colonie grecque, devenue une cité romaine. Là, se retrouvent les arts, les mœurs, les goûts des deux nations; c'est en quelque sorte l'antiquité prise sur le fait. Hélas! ce fut le Vésuve qui la surprit. Mais quel immense, quel inépuisable recueil de statues, de meubles, de peintures, de tout ce qui peut contenter la curiosité la plus juste! La description du muséum de Portici, écrite par un homme d'esprit qui ne seroit pas trop ignorant, ou par un savant qui ne seroit pas trop lourd, seroit un ouvrage du plus grand intérêt. Je n'ai garde de penser seulement à esquisser ce travail. Je me bornerai à parler de quelques uns des objets qui m'ont le plus frappé.

Je l'ai été modérément des statues équestres des deux Balbus, un peu trop vantées ce me semble. Tant pis pour les Balbus, si ce sont là leurs portraits; quant aux chevaux, ils ne sont pas très vivants; il y a encore bien du marbre; ils ne sont pas non plus d'une très belle forme. En général, les sculpteurs anciens, qui n'ont guere rendu que le beau idéal de l'homme, ne sont presque jamais, pour les chevaux, arrivés même à leur beau réel.

Les sculpteurs anciens n'en sont pas moins les rois de la sculpture, et c'est dans cet art qu'on peut le moins contester à l'antiquité la supériorité qu'on lui accorde peut-être trop libéralement dans tous. Ici elle est évidente, et dans la donnée d'un peuple aussi ingénieux que les Grecs, il seroit étonnant que la sculpture ne fût pas l'art qu'ils eussent porté le plus loin. En effet, c'est le plus simple des arts : c'est celui qui se compose de moins d'éléments, et par conséquent, celui qui a dû être perfectionné le premier. Les artistes Grecs, dans les autres arts, avoient au moins autant de talent ; mais ayant beaucoup plus de chemin à faire, ils ont pu, sans honte, ne pas arriver jusqu'au terme. Voilà, ce me semble, pourquoi tandis que Phidias n'a point encore d'égal, Raphaël est vraisemblablement supérieur à Apelle, et Racine l'est certainement à Sophocle.

Cette prééminence de la sculpture grecque se fait continuellement sentir dans le muséum de Portici ; non qu'il y ait, en ce genre, aucun morceau du premier ordre : mais tout ce qu'il y a respire l'élégance, et la correction de l'art perfectionné ; c'est ce qui se remarque dans les objets de toutes les dimensions, comme dans ceux de tous les usages, les statues, les vases, les trépieds, les lampes. Il n'y a pas jusqu'aux phallus qui ne montrent en général de l'imagination, et presque du goût. Ces phallus, après dix-huit cents ans, sont encore d'une très belle conservation. Beaucoup sont sur des pieds de lion, et ce sont les phallus intrépides ; d'autres ont des ailes, et ce sont les phallus légers ; quelques-uns, pour compléter l'allégorie, ont des grelots, et ce sont les phallus indiscrets. Il paroît qu'on aimoit à les suspendre, comme le Mercure de Jean de Bologne, et le bruit qu'ils faisoient, à la moindre agitation, donnoit occasion de les regarder. Cette plaisanterie antique n'étonnera pas, quand on saura que les femmes portoient sur les reins, de petits phallus en miniature, dans l'espoir de devenir fécondes ; elles ne se bornoient pas sans doute à cette précaution. Elles faisoient mieux ; elles étoient persuadées que ces petits phallus, qui sont très nombreux à Portici, étoient des préservatifs contre les enchantements, et il paroît prouvé qu'elles en portoient au cou, comme nos Françaises y portent diverses parures. Je n'ose pas dire l'enchantement dont elles croyoient se préserver par ce bizarre ornement : elles calculoient apparemment sur la sympathie de l'exemple. Quoi qu'il en soit, il est peu d'objets et d'usages auxquels l'imagination déréglée des anciens n'ait appliqué ces sortes de représentations. Quelques unes au moins sont piquantes dans leur genre. On voit à Portici un arrosoir dont le manche est un phallus, et cette idée étoit assez convenable dans un instrument consacré au dieu des jardins. Un autre phallus sert d'aiguille à un cadran, qui marquoit ainsi sans cesse l'heure du berger, et qui apparemment s'arrêtoit quelquefois.

Il vaut mieux rire de ces extravagances, que trop s'appesantir sur ce qu'elles ont de révoltant, et sur l'idée qu'elles nous donnent des mœurs antiques. J'ai entendu un homme de beaucoup d'esprit dire que tout ce que la nature a fait ne pouvoit être honteux à montrer, et traiter de préjugé ridicule cette tendance que toutes les nations modernes ont à éloigner des yeux ce que les anciens leur offroient de toutes parts. Je crois que les modernes sont, à cet égard et à beaucoup d'autres, plus rapprochés de la nature que les anciens. Mais en supposant que cette opinion des modernes soit un préjugé, ce que je suis bien loin de penser, je ne puis que les féliciter d'avoir doublé leurs plaisirs en les couvrant d'un voile; et, préjugé ou non, cette différence d'opinion entre les anciens et les modernes est une des cent et une raisons qui me prouvent que ceux-ci ont plus d'esprit que leurs devanciers; et, c'est ici le cas de le dire, le bon sens entre pour beaucoup dans la composition de l'esprit, tel que je le conçois.

Tous les instruments de tous les arts mécaniques des anciens sont à Portici, et quelqu'intérêt qu'inspirent les statues, ils sont bien plus intéressants qu'elles. C'est là que l'observateur ne peut se lasser de regarder, d'étudier, de revoir encore, et que ses heures enchantées coulent comme des moments. Cette inappréciable collection prouve que les anciens étoient plus avancés qu'on ne le croiroit communément dans les arts qui rendent la vie commode et agréable. Ils avoient même des recherches que nous n'avons pas. Il est vrai que ces anciens-là étoient les Romains, enrichis de la conquête du monde.

Une observation générale, qui résulte de tous ces objets, c'est que la nature humaine, quoiqu'on le dise, n'est pas dégénérée. Tous ces instruments divers, ces couteaux, ces tasses, ces lampes, ces armes, tout enfin est évidemment fait pour des mains et pour des bras tels que les nôtres

Les armes, les cuirasses, les brassards, confirment la même opinion; mais aussi ce ne sont point là des armes de choix, de ces armes de géant, que leur grandeur même et leur singularité ont contribué à faire conserver dans les cabinets, et qu'on oppose, avec grand avantage, à la taille des hommes ordinaires de nos jours. Cela est aussi raisonnable que si, pour donner à la Nouvelle-Zélande une idée de la taille des hommes de notre Europe, on ne citoit pour exemple que celle de nos tambours majors, ou même de nos grenadiers de premiere ligne.

Ce qui n'intéresse pas moins, et ce qui étonne encore plus, c'est la conservation, après tant de siecles, d'un grain de blé, d'une coquille d'œuf; on voit de l'huile, du vin, une tourte, des petits pains, et jusqu'à la marque du boulanger.

C'est à Portici qu'il faudroit écrire la vie privée des Romains.

Si tous les débris antiques sont d'un intérêt aussi vif, aussi neuf dans le cabinet inanimé de Portici, combien ne feroient-ils pas plus d'effet si on les avoit laissés dans le lieu même où ils ont été trouvés, sous la lave d'Herculanum, parmi les cendres de Pompeïa. Quel est l'ami des arts qui voudroit mourir sans avoir vu ces deux antiques cités, riches de toutes leurs dépouilles, et combien elles laisseroient loin d'elles, pour l'intérêt, la superbe Thebes et ses ruines solitaires.

Voilà la pensée qui fatigue, qui poursuit à Herculanum, à Pompeïa, sur-tout à Portici.

Tout ce qui étoit utile, tout ce qui étoit commode, presque tout ce qui l'est encore, est dans ce museum.

Ce qu'il offre peut-être de plus curieux, mais non malheureusement de plus utile, c'est cette nombreuse collection de manuscrits en rouleaux qui doivent au malheur d'avoir été brûlés l'avantage d'exister encore. Le procédé qu'on a pris pour les dérouler et déchiffrer est ingénieux, et ne pouvoit être que lent ; mais les employés sont encore plus lents que le moyen. D'ailleurs, ceux-ci sont mal payés ; aussi, depuis nombre d'années, n'ont-ils exhumé que deux ou trois ouvrages qui, pour comble de malheur, se sont trouvés absolument indignes de cet honneur : c'est comme si une de nos villes françaises éprouvoit le malheur d'Herculanum, et qu'après dix-huit cents ans, on déchiffrât péniblement les œuvres de ***, de ***, de ***, ou les miennes; ce seroit un bon tour à jouer à nos neveux. Peut-être sera-t-on plus heureux dans de nouvelles recherches; mais il faut pour cela qu'on soit plus actif. Tout ce qu'il y a à faire à Naples, ou ne se fait pas, ou se fait mal. Au reste, ces recherches, qui peuvent produire de très bonnes choses, perdent beaucoup de leur prix, si, comme on l'a cru long-temps, on ne peut y trouver les œuvres de Tacite; mais on verra au chapitre de Pompeïa, qu'il ne seroit pas impossible, que dans les débris d'une de ces deux villes on trouvât des ouvrages d'une date bien plus moderne.

Le pavé des salles des cabinets de Portici, n'est pas ce qu'on y voit de moins curieux, il est entièrement composé de mosaïques, trouvées à Herculanum; plusieurs sont d'une élégance rare, et toutes sont composées avec goût, et exécutées avec précision. En général, pour tout ce qui est meubles et ornements, les anciens ont un talent qu'on ne peut contester, et des formes qu'on fait fort bien d'imiter, pourvu cependant qu'on n'augmente pas le nombre de leurs ornements et le massif de leurs meubles.

De là, on passe dans le cabinet des peintures, qui n'est qu'une suite de l'autre et qui ne le vaut pas. En effet, il n'y a pas de tableau si original, qui ne soit une copie; je veux dire l'imitation de quelque chose; au lieu que l'autre cabinet est plein de choses qui elles-mêmes sont des monuments, et, si j'ose m'exprimer ainsi, des originaux. Conformément au goût encore existant en Italie de couvrir les murs de peintures, ceux d'Herculanum en étoient couverts. Ce sont ces peintures qu'on a détachées avec parties du mur même, et qu'on a transportées à Portici, où plusieurs salles en sont remplies. Mais il étoit facile de prévoir que ces fresques, qui, après le premier effet, avoient été épargnées, protégées même dans le souterrain d'Herculanum, soutiendroient mal un air plus vif; leurs couleurs s'effacent tous les jours avec une rapidité affligeante. Ces fresques confirment parfaitement ce que j'osois penser sur la sculpture; elles offrent tout ce qui suffiroit pour cet art, un dessin correct, et même quelquefois de l'expression; mais le clair-obscur et la perspective, y paroissent entièrement ignorés. Il y regne même en général, une froideur d'exécution qu'on passe souvent à la sculpture, mais qui ne seroit plus tolérée dans la peinture moderne. Les gravures qu'on a faites de plusieurs de ces tableaux, quoiqu'étrangement flattées, n'ont pu déguiser entièrement ces défauts.

Mais où la flatterie est la plus forte, c'est dans la prétendue imitation qu'on fait à Rome des danseuses et des muses d'Herculanum. Etant dans cette dernière ville, j'allai voir un établissement fort ingénieux, où l'on imite sur papier différentes peintures antiques, ces danseuses, la noce Aldobrandine, et même quelques morceaux de peintres modernes, comme l'Aurore du Guide, etc. Ces dessins coloriés, qui sont loin de valoir une bonne gravure tout en coûtant beaucoup plus cher, ont cependant, par le fini de l'exécution, et par la richesse et la fraîcheur des couleurs, un charme particulier qui séduit les étrangers; fort peu passent à Rome sans emporter quelques uns de ces morceaux. Je fis comme les autres, et j'achetai les six plus jolies danseuses d'Herculanum, ne concevant pas que des peintures faites sur muraille pussent, après dix-huit cents ans, conserver, comme on me l'assuroit, tant de fraîcheur, et avoir jamais eu autant de fini. Mais quel fut mon étonnement dans le muséum de Portici ! Là, je vis, non pas les danseuses qu'on avoit emportées à Palerme, mais les muses, qui sont moins légeres, même un peu froides, et que j'avois également admirées à Rome. Je fus confondu en voyant dans les originaux, des peintures dont le seul mérite étoit un dessin correct. Le coloris charmant qu'on leur prête, est un rêve. Peut-être après si long-temps ne doit-il plus exister; mais enfin il n'existe plus. Quant au fini, je suis obligé d'avouer qu'il y en a quelquefois plus dans les arabesques que l'on voit sur nos papiers peints : je le dis pour l'avoir vu de mes yeux, et j'ai douté long-temps de leur témoignage. Ces muses qui, dans les dessins coloriés et prétendus fideles qu'on en débite à Rome, ont des figures si nobles et si régulieres, n'ont en effet à Portici, que des figures à peine tracées, dont on peut tout au plus distinguer quelques traits, et il est très aisé de voir qu'elles n'ont jamais été plus tracées ni plus finies. Un mensonge aussi grossier, dont j'avois la preuve devant les yeux, me rappela encore l'antre de la Sybille. Un de mes meilleurs amis, avec qui j'étois venu de Rome, avoit, dans cette derniere ville, et devant les dessins coloriés des danseuses d'Herculanum, cru confondre ma défiance sur l'antiquité, en me faisant admirer ce fini parfait et ces couleurs de dix-huit cents ans. Je ne pus me refuser à la petite vengeance de le mettre en regard avec ces admirables originaux, qui humilioient si prodigieusement les modernes. Il ne pouvoit pas décemment revenir entièrement à mon avis ; mais il convint qu'on les avoit un peu flattés.

On n'a jamais plus grossièrement flatté. C'est fort bien d'imiter les anciens ; c'est encore mieux de les embellir ; mais alors, il faut convenir qu'on les embellit. Pour comparer les grandes choses aux petites, Racine, dans ses imitations d'Euripide, et dans la maniere dont il en parle, me paroît quelquefois ressembler aux imitateurs des peintures d'Herculanum.

Il faut être juste, on en voit de beaucoup meilleures, et de plus importantes que ces danseuses et ces muses ; mais aucunes ne s'élevent à un certain ordre : toutes attestent la médiocrité de la peinture antique. Et qu'on ne dise pas qu'Herculanum n'étoit qu'une petite ville. Son théâtre seul prouve, par ses dimensions, que ce n'étoit pas une cité sans importance. D'ailleurs, puisque la Campanie étoit la maison de campagne des Romains, maîtres du monde, elle devoit être ornée de tout ce que les arts du temps produisoient, sinon de meilleur, au moins de bon. Paris n'a pas encore tout-à-fait joué le rôle de Rome, et cependant, il y a autour d'elle, dans un rayon de dix lieues, cent villages où l'on trouveroit des choses remarquables dans tous les arts ; on en a trouvé aussi à Herculanum. Or, s'il est sorti des entrailles de cette ville, des médailles précieuses, des pierres gravées, de bonnes statues, et pas un bon tableau, la peinture antique est jugée.

POMPEÏA.

J'ai vu à-peu-près tout ce que l'Italie offre de remarquable aux yeux d'un étranger ; j'ai vu le Panthéon, le Vésuve, le Colysée, Saint-Pierre ; j'ai vu Milan, Florence, Naples, Palerme, Rome : mais ce que je desirerois le plus revoir ce seroit Pompeïa.

Pompeïa étoit une médiocre ville de la Campanie; ce n'est qu'un très petit débris de l'antiquité, mais c'en est le débris le plus vrai, le plus curieux, le plus touchant. Ce n'est pas, comme Herculanum, une suite de caves où l'on ne voit que ce qu'on veut bien imaginer; ce n'est pas, comme Rome, une ville nouvelle qui a effacé une ville antique; c'est véritablement une antique cité, dont les habitants ont fui hier, et où ils se reconnoîtroient aujourd'hui. Que, dis-je, les infortunés ne purent fuir; ceux d'Herculanum plus heureux eurent presque tous le temps d'échapper à la lave qui les poursuivoit; mais la cendre plus rapide engloutit en peu d'instants tout Pompeïa, et toute sa population!

Comment cette ville put-elle être si long-temps oubliée? comment le fut-elle un seul jour? A peine la cendre s'éleva-t-elle de quelques pieds au-dessus du sommet très peu élevé de ses habitations. Quoi! ses malheureux habitants n'avoient donc dans les villes voisines aucun parent, aucun ami qui eût le courage de chercher à en retirer quelques uns du tombeau où ils étoient ensevelis vivants? On y auroit incontestablement réussi. Quoi! le gouvernement d'alors n'usa pas de ses moyens puissants pour cette noble opération? Ah! si dans les Alpes et autres montagnes oubliées de la nature, de malheureuses créatures, ensevelies avec leurs chaumières sous quarante pieds de neige, ont été après plus d'un mois dégagées et retrouvées vivantes, peut-on douter que sous cette cendre du Vésuve un grand nombre de victimes n'aient conservé long-temps la vie et même l'espérance? avec quelle horreur elles durent enfin abjurer l'une et l'autre! Laissons louer les gouvernements anciens; mais convenons que ce fait et beaucoup d'autres prouvent une indifférence pour le malheur et une incurie pour la vie des hommes, qui n'existe plus, du moins en Europe; convenons que dans un pareil évènement, le plus mauvais de nos gouvernements modernes déploieroit tous ses efforts, toutes ses ressources, et, avec les chances qu'on avoit pour Pompeïa, arracheroit beaucoup de victimes à la mort, et aux volcans encore en fureur. On se moque, et quelquefois avec raison, du système de la perfectibilité; celui de la *dégénérabilité* est beaucoup plus commun, et encore plus ridicule.

Au reste, il n'est pas du tout prouvé que ce soit à Titus qu'on doive reprocher la mort de tant de victimes ensevelies; et, ne fût-ce que pour justifier ce bon prince, c'est ici le cas de parler d'une dissertation très intéressante, où l'on cherche à prouver que l'éruption du Vésuve sous Titus ne fut point la première comme on l'a dit, et sur-tout que ce n'est point de cette éruption que date la destruction *entière* d'Herculanum et de Pompeïa. Cette opinion, extraite d'un savant ouvrage de M. Ignarra, a été publiée en français, et présentée avec une force nouvelle par M. de la Porte du Theil, un de nos savants les plus distingués et les plus aimables (1).

Je voudrois pouvoir transcrire ici cette dissertation; mais du moins j'en dirai ici le fonds en peu de mots.

Selon MM. Ignarra et du Theil, la statue équestre trouvée à Herculanum prouve que cette ville a existé après Titus. Les caracteres de l'inscription qu'on lit sur la base de cette statue se rapportent parfaitement au regne d'Adrien.

Dans la portion du roman de Pétrone, conservée dans le manuscrit de Traw, il est question de jardins existants, sinon à Pompeïa, du moins tout auprès de cette ville, et acquis depuis un an par Trimalcion. En supposant ce morceau authentique, toujours peut-on aujourd'hui regarder comme certain qu'il ne pourroit avoir été composé avant les regnes des Antonins; d'où l'on peut conjecturer que sous ces regnes Pompeïa figuroit encore parmi les villes de la Campanie.

(1) Il n'y a personne qui ne connoisse son excellente traduction d'Eschyle, et on ne pourra connoître trop tôt la traduction de Strabon, ouvrage immense, demandé par le gouvernement, et pour lequel M. du Theil et deux autres savants réunissent leurs connoissances et leurs travaux.

Voici quelque chose de plus positif: dans la *Table* ou *Carte* dite de *Peutinger*, Herculanum et Pompeïa sont marquées comme villes encore existantes; mais dans l'*Itinéraire d'Antonin* Herculanum et Pompeïa ne comparoissent plus. Ainsi, selon les plus fortes apparences, ces deux villes auront entièrement disparu de dessus la surface de la terre dans l'intervalle qui s'écoula entre l'époque où la Table de Peutinger fut construite, et celle où l'Itinéraire d'Antonin fut rédigé. Or la Table de Peutinger est certainement d'une date postérieure au regne de Constantin; ainsi Herculanum et Pompeïa existoient encore à l'époque où ce prince quitta l'Italie, c'est-à-dire en 330.

Mais quand ont péri ces deux villes? D'abord c'est avant le regne de Théodoric, mort en 526; car du temps de ce prince une éruption du Vésuve ayant ravagé la Campanie, Faustus, préfet du prétoire, eut ordre d'envoyer dans les territoires de Naples et de Nola une personne chargée d'évaluer les désastres des contribuables. Lorsqu'on observe que dans la lettre écrite à ce sujet le prince ne fait aucune mention d'Herculanum, de Pompeïa, et de leur territoire, on est porté et presque autorisé à penser qu'avant cet évènement ces deux villes avoient déja disparu. Si l'on desire une date plus précise de leur destruction, on peut avec quelque apparence s'arrêter à l'année 471. Le comte Marcellin rapporte que dans cette année une épouvantable éruption du Vésuve *couvrit de cendres la face de l'Europe;* ce sont ses termes. Il ajoute qu'à Constantinople on faisoit annuellement commémoration de cet évènement le 8 des ides de nov.

D'après les faits précédents, les deux savants établissent que la Table de Peutinger, où il est encore question de Pompeïa, n'a pu être faite qu'avant l'an 471, et que l'Itinéraire d'Antonin, où il n'en est plus question, n'a pu être rédigé qu'après cette même année 471. Je ne les suivrai pas dans les raisons très plausibles par lesquelles ils discutent cette opinion, et expliquent quelques irrégularités et quelques fautes de la Table de Peutinger ; mais je ne finirai pas sans transcrire leur conjecture très ingénieuse sur Herculanum et sur l'origine du nom de Portici.

« M. Ignarra, dit M. du Theil, tâche aussi de
« démontrer que les *portiques d'Hercules*, dont il
« est parlé dans le roman satirique, attribué à *Petronius Arbiter*, ne doivent point se chercher
« ailleurs que sur le site actuel de Portici. Il con-
« jecture ensuite que lors du désastre d'Hercula-
« num, sous le règne de Titus, si la ville elle-même,
« par un effet de la munificence de ce prince,
« fut bientôt restaurée, au moins en partie, le
« théâtre, qui, comme on n'en sauroit douter d'a-
« près le témoignage de Dion-Cassius, avoit prin-
« cipalement souffert, ne fut pas aussi prompte-
« ment réparé. Peut-être même ne le fut-il point

« du tout ; peut-être n'en resta-t-il debout que les
« faces extérieures, soit de la scene, soit de l'am-
« phithéâtre. Ces faces, selon les regles de l'archi-
« tecture, étoient garnies de portiques à plusieurs
« étages. Le théâtre restant inutile, les portiques
« seuls furent fréquentés, furent connus : bientôt
« il ne fut plus question du théâtre, et on ne parla
« que des portiques. De là les interlocuteurs dans
« le roman satirique ont pu parler des *portiques*
« *d'Hercules* sans faire mention du théâtre. Par la
« suite ces portiques eux-mêmes disparurent, ainsi
« que tout le reste de la cité. Mais le local où ils
« étoient situés, où on les avoit vus si long-temps
« debout, et auxquels ils avoient donné leur nom,
« garda cette dénomination ; et c'est d'après ce sou-
« venir que le lieu porte encore le nom de Portici.
« M. Ignarra va plus loin. Il soupçonne que même
« dans le quinzieme siecle une partie de ces por-
« tiques pouvoit encore subsister : il le conjecture
« d'après un passage de Sannazar. Ce poëte, dans
« une de ses églogues, introduit le pêcheur Thel-
« gon, assis sur le penchant de la colline appelée
« Mergellina, en face de la montagne du cratere,
« et s'exprimant ainsi :

> Rupe sub hac mecum sedit Galatea : videbam
> Et Capreas, et quæ Sirenum nomina servant
> Rura procul : *veteres* aliâ de parte *ruinas*
> *Herculis* ambustâ signabat ab arce Vesevus.

« Par ces mots *Veteres ruinas Herculis*, le poëte

« ne sauroit guere avoir voulu désigner que les
« ruines des portiques d'Herculanum, déja ren-
« versés de son temps, mais encore visibles. »

Portici et Pompeïa ayant la fraternité du malheur, j'ai pensé qu'on me pardonneroit cette citation particuliere sur Portici dans le chapitre de Pompeïa. Je reviens à cette derniere ville. La grande route qui y conduit paroît être presque au niveau de son sol. En approchant on voit à gauche une colline médiocrement élevée, et c'est Pompeïa, mais Pompeïa enseveli ; car une assez petite partie de la ville a été découverte jusqu'à ce jour. On y arrive bientôt, et il faut à peine descendre de quelques pieds pour se trouver dans la ville des Romains : le premier sentiment qu'on éprouve en entrant dans cette cité dévastée, est deviné par tout le monde, et ne peut être exprimé par personne. On parcourt ces rues solitaires, où on arrive après le Vésuve; on regarde tout avec avidité; on voudroit tout voir à la fois : voilà les maisons des Romains, voilà leurs rues, voilà leurs peintures, voilà leurs mœurs; il n'y a pas là un objet qui ne soit remarquable, pas un caillou qui ne soit intéressant. Le plus curieux des muséum c'est Pompeïa.

Ce qu'on voit d'abord, c'est le quartier des soldats qui ressemble beaucoup à nos cloîtres : on y retrouve encore, dans différentes chambres, des moulins qui leur ont servi : ils sont ingénieux, et gravés dans toutes les collections ; mais ce qu'on ne peut graver nulle part, c'est l'impression que font les ossements d'un soldat ; on voit encore les fers qui attachoient cet infortuné au moment de l'éruption ; les juges périrent avec l'accusé.

La rue qu'on a découverte est fort étroite ; elle est pavée de laves du Vésuve. On y distingue encore les traces des roues, traces qui prouvent que la voie des voitures étoit alors de quatre pieds. Il y a des trottoirs de trois pieds de chaque côté de la rue ; c'est, comme on le voit, un vieil usage, et on n'auroit pas dû le perdre.

Toutes les maisons se ressemblent ; les plus grandes et les plus petites ont une cour intérieure, au milieu de laquelle est une baignoire. Presque toutes sont fermées par un péristile à colonnes, et il est à remarquer que le même goût d'architecture agrandi, regne encore en Italie. En effet, dans ce pays une foule de maisons ont des cours à colonnades. L'Italie presque entiere est sur des colonnes. Pour en revenir aux maisons de Pompéïa, leur distribution est fort simple et fort uniforme ; toutes les chambres donnent sur la cour ou sur le péristile ; toutes sont très petites ; beaucoup sont sans croisées, et ne recevoient le jour que par la porte ou par une ouverture faite au-dessus. Si l'on ajoute à cela que ces chambres en général sont isolées et ne se communiquent pas, on aura une idée de la maniere de se loger des anciens, et on trouvera que beaucoup de nos pauvres ont plus leurs commodités, que leurs riches ne les avoient. Une chose assez digne d'observation, c'est que toutes les portes sont extrêmement basses ; et à moins que les anciens ne trouvassent très bon de se baisser toutes les fois qu'ils entroient dans une chambre, il est évident qu'ils n'étoient pas plus grands que nous. Nouveau fait à alléguer à ceux qui prétendent que l'homme physique dégénere sans cesse.

Le goût Italien pour la peinture à fresque se retrouve encore à Pompeïa. Il y a fort peu de chambres sur les murailles desquelles il n'y eût quelques peintures. On en a enlevé plusieurs, par l'effet de ce système dont je me suis déjà plaint ; mais il en reste, et il falloit que les couleurs en fussent bonnes, car aussitôt qu'on jette un peu d'eau dessus, elles reparaissent avec quelque vivacité. Toutes ces peintures sont en général fort médiocres ; mais beaucoup sont curieuses par les fabriques et costumes du temps, dont elles offrent la représentation et souvent la seule qui existe. C'est en quelque sorte l'antiquité dans l'antiquité. Beaucoup d'autres offrent des sujets mythologiques, et ne sont guere bonnes qu'à prouver combien dès-lors étoit universel le goût pour ces ingénieuses fictions, qui triomphent même de l'abus qu'on en a fait, et qui seront à jamais la religion des arts.

On distingue encore plusieurs boutiques, et même sur une d'elles, l'empreinte que les tasses avoient faites sur le marbre dont le *comptoir* est revêtu.

J'ai vu avec une surprise toujours nouvelle, au dessus de la porte d'une maison, un phallus très remarquable. On prétend que c'étoit une enseigne; j'espere que les modernes, qui nous crient sans cesse d'imiter les anciens *en tout*, n'exigeroient pas que nous allassions jusques-là.

Un fait qui prouve combien les anciens aimoient les spectacles, c'est qu'on a découvert dans la petite ville de Pompeïa deux théâtres. Le plus grand donne parfaitement des théâtres antiques l'idée qu'on cherche en vain à s'en faire dans les souterrains d'Herculanum. C'est un amphithéâtre demi-circulaire dont les gradins nombreux sont pratiqués dans le sol même. C'est sans contredit la forme la plus commode, pour que tout le monde puisse voir et être vu. Tel a été de tout temps le double but des spectacles. Au reste, dans ce mot de spectacles, il faut comprendre les lutteurs, les gladiateurs et jusqu'aux naumachies. Il faut observer de plus, que le théâtre étoit presque toujours le lieu d'assemblée du peuple, qui s'y occupoit de ses affaires autant que de ses plaisirs.

Les antiquaires admirent beaucoup à Pompeïa, un petit temple d'Isis; mais il y a des temples antiques ailleurs, et il n'y a que là des maisons et des rues romaines. Au reste, ce temple d'Isis est d'une parfaite conservation, on y retrouve jusqu'à l'ouverture faite sous la place, où étoit la statue d'Isis, et d'où probablement on la faisoit parler. On a d'ailleurs déshonoré ce temple comme tout ce qu'on a trouvé là ; on a enlevé et transporté dans l'insignifiant Portici des tables isiaques, des statues, des ustensiles nécessaires aux cérémonies, comme candélabres, lampes, pateres, etc.; enfin, on a enlevé tout ce qui pouvoit l'être. On n'a pas même respecté les ossements des malheureux prêtres surpris, au milieu de leurs fonctions, dans ce temple qui ne fut jamais destiné à être couvert, et où, par conséquent, ils eurent le bonheur de périr sur-le-champ.

Plus on se promene dans Pompéïa, et plus on regrette que cette inappréciable découverte ne soit pas tombée en de meilleures mains. Si cette ville déshonorée et mutilée telle qu'elle l'est, inspire encore un intérêt si vif, que ne seroit-elle pas si en l'exhumant on eût rétabli les toitures, effacé les dégradations de toute espece, et sur-tout conservé religieusement en place, tout ce qu'on auroit trouvé. Voilà ce que le gouvernement français n'eût pas manqué de faire. Je dis le gouvernement français, parcequ'il est reconnu qu'il a, depuis Louis XIV, les plus beaux, les plus nobles établissements publics de l'univers, et qu'il les embellit encore de nos jours. Je pense avec regret à ce qu'il auroit fait de Pompeïa et à ce qu'il en feroit encore ; car Pompeïa n'étant exhumé qu'en partie, on pourroit suivre ce plan pour le reste de la ville : et, supposé que le gouvernement napolitain voulût, comme fait celui de Londres pour des choses moins intéressantes, exiger une rétribution des curieux, je ne doute pas que le produit ne dédommageât, et au-delà, des frais d'excavation et des gardiens. Mais je desire, plus que je ne l'espere, l'exécution de cette idée, qui est celle de tous les amis des arts.

Les Français, qui, en 1798, ne furent qu'un moment les maîtres de Naples, ont laissé à Pompeïa des traces de leur activité, et on y va voir aujourd'hui la fouille des Français. Elle n'a produit aucune découverte bien importante, et dans les circonstances où elle a été faite, on a dû en enlever tout ce qu'on y a trouvé ; mais elle prouve du moins que si la même nation avoit plus long-temps conservé Naples, elle n'auroit pas laissé, comme on le fait, dormir la partie ignorée de Pompeïa, et il y a à parier qu'avec plus de temps elle auroit régularisé les excavations, et peut-être suivi le plan qui donneroit à cette découverte tout son éclat, et laisseroit à cette ville tout son intérêt.

Une des choses les plus intéressantes de Pompeïa, et celle par laquelle on finit ordinairement, c'est une maison de campagne qu'on a trouvée à une assez petite distance de la ville. On y arrive par le chemin le plus agréable, et cela ne rend que plus triste le tombeau où l'on descend. Oui le tombeau. Cette maison, quoique détruite par le haut, donne encore, et plus qu'aucune autre, par ses constructions intérieures, une idée des maisons antiques : le jardin même est découvert ; on en voit les bassins, les divisions. Ailleurs, à Pompeïa, on ne fait qu'habiter avec les Romains, ici on se promène avec eux. On rencontre encore des débris de l'antiquité ; on voit des amphores qui furent remplies d'un vin qui avoit sans doute beaucoup de consuls. On voit.... mais pour moi, je n'ai plus rien pu voir, après m'être promené dans un souterrain qui tourne en quarré autour du jardin, et dans lequel on a trouvé vingt-sept cadavres. C'est là que toute une malheureuse famille eut le temps de se réfugier ; c'est là qu'elle eut trop celui d'attendre des secours qui ne vinrent point, et de retenir un espoir qui s'échappoit ; c'est là que retentirent les clameurs de l'épouvante et les soupirs de l'agonie ; c'est là que la terreur, la faim, le désespoir, immolerent leurs victimes. La fiction d'Ugolin s'efface et s'évanouit devant cette effrayante réalité. Sur vingt-sept créatures humaines, sans doute toutes n'étoient pas également bonnes et regrettables ; mais sans doute aussi il y eut là un homme vertueux, des amis fideles, une mere tendre, des enfants innocents.

Là, tous les sentiments humains furent brisés; là au milieu d'une nuit profonde, et parmi les cris de l'angoisse, un vieillard, un chef de famille, fit entendre ses derniers adieux à son fils qui le cherchoit, à sa fille qui le soutenoit encore, à toute sa génération qui s'éteignoit avec lui.

Et quand je me livrois à ces pensées qui brisent le cœur, quand je contemplois en silence ce théâtre de destruction, les oiseaux chantoient au-dessus de ma tête, la nature étoit riante, le ciel pur, l'air serein, et même le Vésuve lointain laissoit à peine appercevoir la fumée qui se glissoit le long de ses flancs noircis et sur sa croupe tumultueuse.

PAESTUM.

Comme Naples n'offre rien de bien remarquable en architecture, et que même sous ce rapport elle semble être non pas à cinquante, mais à cinq cents lieues de Rome, les amateurs de cet art ont été fort heureux de trouver, à dix-huit lieues de là, trois temples qui sont à la fois ce qu'il y a de plus antique et de mieux conservé en Italie. On arrive à Pæstum par un chemin où les amis de la nature en retrouvent toutes les beautés. Rien de plus frais, de plus varié, de plus pittoresque, que les aspects qu'il présente, sur-tout jusqu'à Salerne; comme aussi rien de plus aride, rien de plus triste que Pæstum lui-même. Ce séjour, dont Virgile a célébré les roses, n'offre plus que des ronces. Il est même tellement sauvage, et les Napolitains sont si insouciants, que Pæstum, ou plutôt les temples qui en restent, furent, dans le dernier siecle, découverts par un chasseur. On a contesté ce fait; mais il est peu flatteur pour les habitants du pays, qu'on ait seulement pu l'alléguer.

Pæstum fut fondé par les Sibarites, et ceux de nos jours seroient plus difficiles sur le choix de leur habitation. Cette ville, long-temps connue sous le nom de Possidonia, fut saccagée par les Sarrasins en 930, et détruite par Robert Guiscard en 1080. Il n'en resta que les trois temples qui, par leur construction massive, semblent devoir être éternels; ils sont dans la forme de ces temples grecs qu'on a prétendu n'être originairement que la Chaumiere embellie; ils ont de la régularité et de l'effet. Mais leurs colonnes, très flattées par la gravure, sont dans la réalité beaucoup trop lourdes, et on seroit quelquefois tenté de les appeler des piliers. Le président Dupaty se l'est même permis; pour moi, je n'ai garde, et j'aime mieux convenir avec les nombreux admirateurs de ces temples, qu'ils méritent en bien des points la réputation qu'on leur a faite.

Cette forme de temples antiques (dont le temple

de Thésée, à Athenes, paroît avoir été le plus beau modele et être le plus beau reste), a en effet quelque chose de simple et de majestueux, dont je crois sentir le mérite ; mais je voudrois qu'on ne lui sacrifiât pas la forme plus élancée, plus hardie de nos temples, et sur-tout ces tours, ces coupoles, qui font un si magnifique effet dans les villes et dans les paysages, et qui, par leur élévation, semblent être un marche-pied que l'homme offre à l'Etre suprême pour l'inviter à descendre dans ses temples, un point de réunion entre le ciel et la terre.

MARAIS PONTINS.

Entre Naples et Rome, la route la plus courte, et de beaucoup la meilleure, traverse ces fameux et éternels marais Pontins, qui occuperent Jules César et Pie VI. Ce dernier y a prodigué l'argent avec si peu de succès, qu'à Rome, de l'argent perdu ou de l'argent jetté dans les marais Pontins, étoient devenus synonymes. L'intention de ce pontife infortuné n'en fut pas moins respectable. D'ailleurs, si l'opération des desséchements a été manquée à-peu-près entièrement, Pie VI a du moins réussi à retrouver, à refaire la voie Appia qui les traversoit, et qui certainement n'a jamais été plus belle qu'aujourd'hui. Ce magnifique ouvrage seroit précieux, quand il ne serviroit qu'à abréger la route de Naples de plusieurs lieues, et de plusieurs montagnes; mais il auroit besoin de quelques réparations; le chemin n'est pas toujours assez exhaussé au-dessus de l'eau qui circule des deux côtés. En quelques endroits elle y pénètre, et quand j'y passai, il y avoit environ un quart de lieue de route couvert de quelques pouces d'eau. Le chemin très bien battu n'en étoit pas moins bon, et le terrain restoit très solide. Mais on sent que si on laisse cette eau y séjourner et s'y étendre, le sol deviendra à la longue vaseux, difficile, et pourra finir par ressembler aux marais auxquels il a été arraché avec tant de dépenses.

Ces marais, dans leur état actuel, ont environ huit lieues de long sur deux de large; mais le mauvais air qu'ils répandent s'étend beaucoup plus loin, puisqu'on les regarde comme une des plus puissantes causes de celui dont on se plaint à Rome, qui en est à quatorze ou quinze lieues. Cette contrée, fléau de toute cette partie de l'Italie, en a, dit-on, été l'ornement par le nombre de ses villes, et la beauté et l'abondance de ses campagnes; mais il pourroit bien en être de cette fertilité comme de l'âge d'or, qui est du même pays. Au moins il faut remonter très loin, pour en trouver des traces. A la vérité, il est clair que dans les différents âges de la république romaine, plusieurs hommes célebres eurent l'imprudence ou le malheur d'avoir des habitations sur le bord de ces marais. Mais on voit qu'Appius Claudius, trois cents dix ans avant Jésus-Christ, fut obligé d'y faire pratiquer une route et des canaux; et sans doute, selon l'usage, le mal avoit long-temps précédé le remede. Il y a donc lieu de croire que l'insalubrité de cette contrée a toujours existé, et il n'est que trop vraisemblable qu'elle existera toujours. Au moins faudroit-il pour la détruire, plus de richesses et sur-tout plus de sujets que n'en ont jamais eu les papes. Les Césars même ont échoué dans cette entreprise, qui, certes auroit été exécutée pour la capitale du monde, si elle avoit pu l'être. Le défaut de pente, les eaux qui viennent de toutes parts et depuis tant de siecles se perdre dans ces marais, font craindre que le mal ne soit sans ressource.

J'ai déjà parlé de l'insalubrité de presque toute cette côte de l'Italie. L'état ecclésiastique est le centre de ce mauvais air, et en est aussi la premiere victime. Quiconque a vu l'état de dépopulation et d'inculture qui en désolent la plus grande partie, sent très bien que le desséchement des marais Pontins seroit le plus brillant, mais non pas le plus utile service qu'on pourroit rendre à ce pays, et qu'au lieu d'engloutir dans ces marais le reste d'une population épuisée, il n'est pas une province de l'état ecclésiastique où l'on ne pût, à beaucoup moins de frais, augmenter la population par la culture, et la culture par la population. Toute la campagne de Rome jusqu'aux Apennins n'est guere qu'une lande très mal-saine, mais beaucoup moins que les marais Pontins; en beaucoup d'endroits, elle ne demande pour être très fertile que des hommes et des fonds; mais c'est ce qui y manque. Or, avant de rendre à la culture le terrain des marais Pontins, il est, ce me semble, bien plus sage de lui conserver celui qui lui échappe tous les jours, et même de lui donner celui qui, sans dessèchements, s'offre par-tout aux bras qui voudront le cultiver.

L'insalubrité des marais Pontins n'en est pas moins un véritable fléau, et je ne m'étonne pas que tant de princes, à différentes époques, aient sacrifié beaucoup d'argent et de temps à l'espérance de la détruire. Ce fut une idée généreuse, et une de celles dont l'insuccès même ne détruit pas entièrement la gloire. L'homme qui croit le plus qu'elle est inexécutable, desire qu'on la tente encore quand il voit les visages haves des rares habitants de ces marais. Il n'y a guere que quelques postillons et quelques pêcheurs. Tous voient finir l'existence la plus triste par une mort prématurée. La vie paroît bien chere au prix où ces hommes la conservent.

En toute saison, il est dangereux de s'endormir en traversant les marais Pontins; mais en automne, cela est souvent mortel. C'est pendant cette saison que s'élèvent le plus de ces marais des vapeurs méphitiques, et si épaisses qu'elles forment de vrais brouillards. Beaucoup d'étrangers qui n'ont jamais eu chez eux d'idée d'une contrée aussi mal-saine, refusent de croire à ce qu'on leur dit de celle-ci, et particulièrement au danger de s'endormir, danger que je ne veux expliquer à personne, mais que je puis assurer à tout le monde. Quand j'arrivai à Rome, deux Français, officiers de grenadiers de l'armée d'Egypte, étoient récemment venus mourir dans cette ville, pour avoir voulu dormir à cet air méphitisé. J'ai vu à Naples une jeune Française qui, ayant été un peu moins imprudente, n'avoit été qu'extrêmement malade, et, ce qu'il y a de singulier, c'est que cet air, dans lequel le sommeil est mortel, donne un penchant très impérieux au sommeil.

Au reste, ces marais perdus pour l'agriculture, ne le sont pas entièrement pour la chasse, et dans les saisons où ils ne sont pas trop dangereux, on y va chercher des bécasses, des sangliers, etc.; car il ne faut pas croire que tout y soit marais. D'ailleurs, on y va aussi avec de petites barques.

On y voit beaucoup de buffles sauvages. On a réduit en domesticité, dans certaines parties de l'Italie, cet animal grossier et indocile, qui peut à toute force suppléer au bœuf, mais jamais le remplacer entièrement.

Plus on regarde les marais Pontins et tous les environs de Rome, plus on trouve que les Romains avoient bien mal choisi la capitale de leur empire. Ce fut sans doute une grande faute politique à Constantin, de transférer cette capitale sur les bords de l'Hellespont; mais lorsque l'on compare les deux positions de Rome et de Constantinople, on est tenté d'excuser Constantin.

L'ÉGLISE DE SAINT-PIERRE.

Il faut en convenir, et je suis persuadé que Saint-Pierre en conviendroit lui-même; lorsque ce pauvre pêcheur de Tibériade suivit, pour la premiere fois, l'humble fils de Marie, il étoit loin de s'attendre qu'un jour on consacreroit en son nom, le plus vaste et le plus magnifique temple que les hommes aient élevé. Il est difficile de rien voir de plus imposant que le coup-d'œil extérieur de l'église de Saint-Pierre. La place qui le précede est ornée d'un portique à quatre rangs de colonnes, qui vont rejoindre en demi-cercle la façade de l'église, et donnent en largeur, à ce monument, une dimension analogue à son immense profondeur. C'est ainsi que les papes et le Bernin sont parvenus à éviter l'inconvénient de nos temples modernes, qui presque tous, beaucoup plus vastes que ceux des anciens, se présentent mal, et offrent des façades qui même, quand elles sont belles d'ailleurs, n'offrent pas une largeur supérieure à celle de beaucoup d'habitations particulières. Cette colonnade, qui charme l'œil, est surmontée et embellie par quatre-vingt-dix-huit statues de saints. Au milieu de la place qu'elle forme, s'élève (depuis Sixte-Quint), ce célèbre obélisque qui, en comptant la croix, est de cent vingt-quatre pieds de hauteur; aux deux côtés, on admire ces deux magnifiques fontaines de bronze, d'où jaillissent sans interruption, à plus de vingt pieds de haut, des eaux si abondantes, que la reine Christine, frappée de ce spectacle, crut, dit-on, qu'on le donnoit pour elle, et après l'avoir admiré quelque temps, pria qu'on arrêtât les eaux. Si l'on joint à tous ces aspects celui de l'église même et de la coupole, si l'on pense qu'on apperçoit, à droite le colosse du Vatican, et à gauche, des cyprès, des sapins, et jusqu'à une petite vigne qui semble placée exprès sur une hauteur, on sentira que de tout cet assemblage se compose un des plus magnifiques coups-d'œil de l'univers.

Malheureusement il ne faut pas se retourner, et l'on ne conçoit pas comment les papes qui, certes, n'ont rien épargné pour Saint-Pierre, ont pu laisser une irrégularité et des masures si hideuses, dans la moitié d'une si magnifique place. On est étonné et affligé de ce contraste choquant. Il semble que l'argent consacré par Pie VI à la construction d'une sacristie peu admirée, auroit été beaucoup mieux employé à terminer ou même à continuer une place qui, lorsqu'elle sera finie, si elle l'est jamais, sera incontestablement la plus belle du monde; aujourd'hui elle offre de trop près le spectacle de la derniere magnificence et de la derniere misere. Malheureusement, il est douteux que les papes puissent, et même doivent désormais consacrer à ces dépenses de luxe, le peu de revenu qui leur est resté pour des dépenses plus nécessaires.

Il faut tout dire aussi, et en admirant ce qui est beau, voir ce qui manque, et ne pas tomber comme tant d'autres, dans le ridicule d'une exagération ampoulée. Le portail de Saint-Pierre ne semble pas aussi noble que la colonnade qui y est jointe. Il est percé de croisées qui lui donnent trop l'air d'un hôtel particulier, et presque d'une maison. A quoi pensoit l'architecte qui eut l'honneur de finir un si beau temple? La coupole, que ce portail assez peu élevé laisse appercevoir sur un plan plus reculé, répare un peu ce défaut par sa forme et sa hauteur majestueuses; mais cette coupole, qui étonne par sa masse, ne flatte pas autant, ce me semble, par sa légereté; ces deux avantages étoient incompatibles; et celui qui s'avisa de mettre le Panthéon en l'air, ne se flatta jamais sans doute d'autre chose que de l'y faire tenir. Comme des ignorants tels que moi ne peuvent gueres juger que par comparaison, j'avoue que notre église de Sainte-Génevieve, si inférieure à tous autres égards à Saint-Pierre, m'a paru avoir un portail plus beau, et, du moins à l'extérieur, une coupole plus légere et plus agréable à l'œil. C'est, au reste, un goût que j'indique, et non pas une opinion que j'établis.

Après avoir traversé un portique immense et terminé par deux médiocres statues de Constantin et de Charlemagne, on entre enfin dans cette célebre basilique, qui coûta des sommes prodigieuses et cent vingt années de travaux, sans compter les embellissements qu'on y a faits jusqu'à nos jours. Elle fut, comme on sait, commencée par Jules II et finie par Paul V; elle a, y compris les murs, six cent soixante pieds de longueur. Saint-Paul de Londres, la plus grande église connue après Saint-Pierre, n'en a que quatre cent soixante-dix, et Notre-Dame de Paris, quatre cents dix. La croisée seule de Saint-Pierre en a quatre cent quinze. La largeur de la nef est de quatre-vingt-deux pieds, sa hauteur de cent trente-six. La hauteur totale de l'église, depuis le pavé jusqu'au sommet de la croix, est de quatre cent huit pieds.

D'après ces dimensions colossales, il n'y a personne qui ne s'imagine qu'en entrant dans Saint-Pierre on ne doive être frappé de l'immensité de cette basilique : c'est pourtant ce qui n'arrive pas; et tout le monde convient qu'en y entrant, le premier mouvement est d'admirer la beauté de cette église, mais nullement l'immensité de ce vaisseau. On ne s'accorde pas autant dans la maniere de juger de cet effet d'optique : les uns, et c'est le plus grand nombre, s'extasiant sur ce que Saint-Pierre, au premier coup-d'œil, ne paroît pas s'éloigner de la grandeur d'une église ordinaire, observent avec admiration que les enfants qui soutiennent les bénitiers placés presque à l'entrée de l'église, paroissent, de la porte, être de la taille de leur âge, et, quand on est près d'eux, se trouvent avoir six pieds de haut. Enfin, ces mêmes admirateurs, après avoir dit que Saint-Pierre ne paroît immense qu'en le détaillant, ajoutent que si d'abord il ne paroît pas tel, c'est précisément là le trait de génie, le miracle des belles proportions, le chef-d'œuvre de l'architecture.

D'autres, parmi lesquels on compte quelques architectes distingués, s'étonnent que ce qui est immense ne paroisse pas immense; ils observent que si c'est un effet de la nature des choses, que plus un espace est vaste moins il paroît à l'œil se rapprocher de sa véritable étendue, c'est un effet que l'art doit plutôt contrarier que servir et qui, dans aucun cas, ne doit être un sujet d'éloge pour personne. Les plus hardis demandent s'il n'y auroit pas plus de mérite à faire paroître grand, un édifice qui seroit petit, qu'à faire paroître petit, un édifice qui seroit fort étendu.

Quoi qu'il en soit, il est certain que Saint-Pierre ne semble pas, au premier coup-d'œil, plus vaste que la plupart de nos églises de Paris, qui toutes, hors Notre-Dame, ne seroient gueres que des chapelles de Saint-Pierre. Aucune au monde n'est aussi hardie, mais plusieurs le paroissent davantage, sur-tout les églises dites gothiques, et entre autres celle de Milan, laquelle agrandie encore par les ténebres majestueuses qui y regnent, fait peut-être un effet plus noble, et, sans contredit, une impression plus religieuse. Mais ce que l'intérieur de S.-Pierre ne gagne pas, au premier coup-d'œil, il le retrouve avec usure dès le premier examen. Cet intérieur, qui n'est que beau quand on le voit, devient sublime dès qu'on le regarde attentivement. L'ensemble, les détails, tout se dispute l'admiration. Il n'y a pas là un pilier qui ne soit riche, presque pas un monument qui ne soit remarquable. Les tableaux, les mausolées se pressent. C'est là que depuis trois siecles les arts et l'opulence amassent des beautés de toute espece. Je ne veux pas les décrire, il seroit même difficile de les compter; je ne veux parler que de ce dont il seroit impardonnable de ne pas se souvenir.

Et d'abord, pourrois-je passer sous silence ce baldaquin sous lequel repose le grand autel. Ce qu'il a de plus remarquable n'est pas son élégance, toute majestueuse qu'elle est, ce n'est pas non plus sa masse, qui en fait pourtant le plus grand ouvrage de bronze que l'on connoisse, c'est sa hauteur qui, en comptant la croix, est de cent vingt-deux pieds. Le palais le plus haut de Rome est loin de cette élévation : mais il faut savoir que la mesure en a été prise pour y croire, et cette masse, imposante partout ailleurs, s'évanouit presque dans le vaisseau et sous la coupole de Saint-Pierre.

Cette coupole, l'ouvrage le plus hardi que l'architecture ait tenté, est, comme on sait, le Panthéon élevé à cent soixante pieds de hauteur. Peut-être l'effet qui en résulte ne répond-il pas entièrement aux dépenses qu'elle a coûté, et à l'inquiétude qu'elle excite; et cela est si vrai que, pour en sentir tout le mérite et toute la beauté, il faut y monter. Au reste, cette idée véritablement grande n'est pas, comme on le dit par-tout, de Michel-Ange, mais du Bramante, premier architecte et véritable auteur de cette basilique. Sans doute, Michel-Ange et plusieurs autres architectes travaillèrent, après lui, à cet ouvrage de plus d'un siecle. Michel-Ange est même celui qui y travailla le plus, et qui en fixa définitivement tous les détails ; mais le plan original, et entre autres la coupole, est du Bramante. Ce plan existe, et plusieurs architectes prétendent qu'il avoit encore plus de majesté, avant les changements que Michel-Ange se permit d'y faire. J'aimerois presqu'autant attribuer l'église de Saint-Pierre au Bernin, qui, comme sculpteur et comme architecte, y a fait aussi des travaux immenses, entre autres la colonnade et le baldaquin dont je viens de parler, et qu'on appelle aussi quelquefois la *confession de Saint-Pierre*. Cependant, ce dernier nom paroît plus particulièrement attribué à l'église souterraine, que l'on a conservée par respect ; celle-ci faisoit partie de l'ancienne église bâtie par Constantin, et sur les ruines de laquelle fut élevé l'ouvrage du Bramante

Ce magnifique baldaquin n'arrête pas tellement la vue, qu'elle ne se repose avec plaisir sur la chaire de Saint Pierre qui termine la basilique, à deux cents pieds plus loin. Cette chaire, qu'on prétend être véritablement celle du prince des apôtres, tient beaucoup de la simplicité de son temps ; mais elle est renfermée dans une autre chaire de bronze doré, où ses successeurs ont étalé toute la magnificence du nôtre. Ce monument, encore du Bernin, termine très bien le coup-d'œil de la premiere des basiliques. Il est orné et soutenu par les statues colossales de quatre peres de l'église. C'est un très noble ouvrage, où la majesté de l'idée compense ce qu'il peut y avoir de défectueux dans l'exécution. Aux deux côtés de cette chaire, sont les mausolées des papes Paul III et Urbain VIII. Une des figures du premier, représente la Justice, et a été en partie voilée de bronze depuis qu'on a surpris un étranger beaucoup trop épris de cette jolie statue. D'autres disent que ce fait bizarre a eu lieu à l'occasion de la statue de la Vérité, au tombeau d'Alexandre VII, par le Bernin; et en effet, c'est à la Vérité beaucoup plus qu'à la Justice, qu'il appartient d'être nue. Elle a été également voilée, et le méritoit au moins autant. Ce n'est pas qu'il ne reste encore beaucoup de nudités dans l'église de Saint-Pierre, et on s'en étonne moins, quand on voit sur les bronzes de la principale porte de ce chef-lieu de la chrétienté, les amours de Léda.

Saint-Pierre est rempli de mausolées de Papes; si aucun n'est du premier ordre, presque tous offrent de beaux morceaux de sculpture, sur-tout le tombeau du pape Rezzonico, où un Génie d'un caractere bien touchant et bien noble annonça si avantageusement celui de Canova; mais la pensée de ces monuments est rarement heureuse, et c'est là sur-tout qu'on regrette que tant d'artistes aient oublié de comprendre l'esprit dans la liste des choses nécessaires pour réussir dans les arts. En effet, rien de plus insipide que l'idée de presque tous ces mausolées, c'est toujours la Justice, l'Humanité, la Religion éplorées; toujours des vertus allégoriques, c'est-à-dire ce qu'il y a de plus usé en poésie, et de plus froid en sculpture, pour comble, il a été long-temps presque de rigueur, que tous les papes fussent représentés assis, ce qui rend leurs statues lourdes, sans effet, et souvent sans majesté. Au milieu de tous ces défauts, l'effet général l'emporte, et l'on passe avec vénération devant les monuments funebres de ces hommes, dont quelques-uns ont été grands, et beaucoup ont été respectables.

Un genre de beautés plus curieux dans l'église de Saint-Pierre, ce sont les tableaux en mosaïque où l'on a imité pour l'éternité les tableaux périssables des plus grands maîtres. La vivacité des couleurs, la perfection de l'imitation, la solidité sur-tout, dédommagent bien de ce que l'exécution peut avoir d'un peu inférieur; et au moment qui s'approche tous les jours, où le temps aura anéanti tant d'originaux excellents, ces copies parfaites deviendront les véritables et immortels originaux. Ce que l'église de Saint-Pierre possede de richesses en ce genre est inappréciable, et les plus grands tableaux n'ont pas lassé la patience des artistes en mosaïque, et la magnificence des papes. Sous ce seul rapport Saint-Pierre mériteroit plusieurs journées d'observations. Les amateurs des marbres antiques n'ont pas moins de jouissances, tant dans l'église même, que dans les chapelles, qui toutes sont ornées avec la plus grande richesse; elles sont remplies également de mausolées de papes. Dans l'une des plus belles, reposent les cendres de ce Léon X qui, en fondant l'église de Saint-Pierre, altéra si fort le patrimoine de S. Pierre, et qui, plus grand prince que grand pape, a mieux mérité des arts que de l'église. Là, repose aussi ce terrible Sixte-Quint, qui, parti de si loin, fit tant de choses dans un regne si court, et qui, en faisant élever la coupole de Saint-Pierre, finit presque ce que Léon X avoit presque commencé.

Cette célebre coupole, dont Voltaire demandoit de temps en temps si elle tenoit toujours, a en effet, à plusieurs reprises, inspiré les plus grandes craintes ; elle est lézardée en plusieurs parties. Mais, au moyen de cercles de fer qu'on a établis à l'entour par un travail qui est encore un des prodiges de cette église, on est parvenu à arrêter le mal, et même, dit-on, à le diminuer.

Il est peu de personnes qui se refusent à l'envie de monter dans cette coupole, d'où tous les êtres qu'on apperçoit dans la nef, ne paroissent que des fourmis, ce qui inquiete sur ce que nous devons paroître à Dieu, qui nous regarde d'encore plus haut. Beaucoup de curieux montent jusques dans la boule de Saint-Pierre, qui a sept pieds de diametre, et qui se trouve à plus de quatre cents pieds au-dessus du niveau de l'église. Très peu d'amateurs s'avisent d'aller plus loin, c'est-à-dire, de passer par-dessus la boule pour arriver jusqu'à la croix, attendu qu'on n'y parvient que par une échelle inclinée, et en se soutenant avec les pieds et les mains au-dessus d'un précipice qui peut troubler les meilleures têtes. Cependant les ouvriers qui illuminent Saint-Pierre, dans les grandes occasions, montent à cette croix aussi vite que nos tapissiers à une échelle de dix pieds, et ils en descendent aussi rapidement. M. de Lalande assure qu'une Française, nommée madame Lecomte, eut la même intrépidité, et alla s'appuyer jusques sur un des bras de la croix. Un homme, dont ce ne seroit pas le métier, ne seroit pas tenu d'avoir ce courage, qu'au reste je ne desire à aucune femme.

Après s'être en quelque sorte élevé au-dessus de l'église, on descend au-dessous pour parcourir les grottes, ou, comme je l'ai dit, la confession de Saint-Pierre. C'est une espece d'église souterraine, presque aussi vaste que l'autre, et où l'on marche en partie sur le pavé de l'ancienne église, qui étoit beaucoup moins élevée; pavé qu'on a conservé par respect, et parcequ'il couvre, dit-on, les reliques d'une foule de saints martyrs. La plus respectée de toutes est celle de saint Pierre, qui repose, à ce qu'on affirme, au-dessous du grand autel : ces grottes sont pleines elles-mêmes de statues, de bas-reliefs, de mosaïques, et mériteroient un long examen, si l'admiration usée par les beautés de Saint-Pierre, ne commençoit pas à avoir besoin de repos; et puis, l'art a beau faire, la nature d'un souterrain est d'être monotone.

Quelque fatigué que l'on soit, on ne peut pourtant pas quitter cette basilique sans en voir la sacristie. Cet ouvrage de Pie VI, quoique très vaste, a été bâti sur un plan mesquin et défectueux; mais des ornements souvent agréables et toujours précieux y abondent. On m'en avoit dit tant de mal avant que je la visse, que peut-être par esprit de contradiction, je ne l'ai pas trouvée à beaucoup près si mauvaise qu'on me l'avoit représentée. Sans doute les pièces sont trop petites, et en général trop multipliées; mais après tout, une sacristie n'est pas une église, et si celle ci est construite dans un petit genre, elle est, de sa nature, une assez petite chose. Les censeurs les plus sévères conviendront qu'avec tous ses défauts, la sacristie de Saint-Pierre est de beaucoup la plus belle qui existe, et en cela est en harmonie avec l'église pour laquelle on l'a construite.

En tout, et malgré ses imperfections, cette basilique est une des plus admirables choses de ce monde. On ne peut même, dans son genre, rien lui comparer. Dans tous les autres genres d'architecture, on ne pourroit lui opposer que le Colysée, s'il existoit encore en entier, et peut-être notre Louvre, s'il étoit fini. Ce temple fait un éternel honneur aux artistes qui l'ont élevé, aux pontifes qui l'ont voulu; et il y a lieu de croire qu'on n'offrira jamais à la terre un plus beau monument, au ciel un plus bel hommage.

Je ne m'étonne pas qu'en voyant dans une telle basilique les majestueuses cérémonies de l'église romaine, présidées par son souverain pontife, plus d'un protestant soit momentanément devenu catholique, plus d'un athée, religieux. On dit qu'aucun pape n'étoit plus imposant dans ces fonctions que l'infortuné Pie VI; pour moi, j'ai vu à Saint-Pierre quelque chose de plus imposant encore que ces cérémonies et que ce pontife; c'est le pape actuel, priant à genoux dans le désert de cette basilique, sans ornements, sans cortege, presque sans suite, mais orné de sa simplicité, et brillant de sa modestie.

LE VATICAN.

Le Vatican touche à Saint-Pierre, qui n'en est en quelque sorte que l'église. Cet antique palais des papes mérite un tel honneur, du moins par son immensité; on assure qu'il y a onze mille chambres: j'avoue que je ne les ai pas comptées. Au reste, c'est une masse qui manque de plan, d'ensemble, et n'a guere, en architecture, d'autre mérite que sa masse même. Ce sont des bâtiments, auxquels différents papes ont ajouté d'autres bâtiments. Malheureusement le mauvais air qui cerne Rome, et dont le cercle se resserre de jour en jour, a rendu le Vatican habituellement malsain, et à-peu-près inhabitable pendant l'automne; aussi les papes n'y demeurent point ou peu, et ce n'est qu'une vaste solitude; mais les belles choses qui y sont recueillies ou conservées, y attirent toujours les voyageurs, et si ce n'est plus le palais des papes, c'est toujours à Rome le palais des arts.

Et d'abord la bibliotheque du Vatican, ouvrage de Sixte-Quint, est, après celle de Paris, une des plus précieuses qui existent. Les sacrifices qu'elle a faits récemment en faveur de cette derniere n'empêchent pas qu'elle ne soit encore très recommandable, pour ceux qui ont la volonté et le temps de s'y livrer à des recherches. Pour moi, je n'ai eu que le temps d'y faire une remarque très futile; j'ai été frappé de la couverture mesquine des livres de cette fameuse bibliotheque, presque tous sont reliés ou plutôt brochés en carton ou en parchemin. En général, l'Italie est beaucoup trop modeste dans ses reliures, comme l'Angleterre est souvent trop recherchée dans les siennes. Un de nos relieurs, Bozerian aîné, joint, quand on le veut, à toute la recherche qui est en Angleterre le goût qui n'est qu'en France.

Plusieurs des salles qui dépendent de cette bibliotheque sont ornées de fresques estimables:

l'une de ces salles est tout entiere de Raphaël Mengs, le dernier peintre qui se soit distingué par cette espece de talent. Il a été beaucoup vanté, et il méritoit de l'être ; mais il ne falloit pourtant pas le comparer à Raphaël, dont il n'avoit que le nom.

Quelque chose de plus curieux, c'est le cabinet des antiques; on y voit les médailles les plus rares. C'est une des plus belles collections en ce genre. Près de là, se voit aussi le *Muséum Christianum*. C'est un recueil d'antiquités qui ont toutes rapport au christianisme. L'idée de ce Musée est ingénieuse, et il intéresse vivement ceux qui, comme moi, ne croient pas que les monuments de l'histoire méritent moins d'attention que les monuments des arts.

Les archives du Vatican touchent aussi à la bibliotheque ; il y a des choses qui sont curieuses, mais rien qui le soit autant que l'idée qu'on a eue de remplacer les titres qui manquent dans ces archives par des tableaux qu'on a fait peindre sur les murs. On y voit jusqu'à la donation de Constantin ; malheureusement un tableau n'est pas un titre.

C'est dans la chapelle Sixtine, au Vatican, qu'est le célebre Jugement dernier, de Michel-Ange. Cette fresque qui s'anéantit tous les jours, comme la plupart de celles de Rome, se distingue par une grande énergie; mais d'ailleurs, en voyant cet ouvrage et tous ceux de Michel-Ange, on s'étonne un peu du colosse de sa réputation. On a osé dire de lui, dans le voyage de Lalande, *C'étoit, pour trancher le mot, un mauvais peintre, mais un terrible dessinateur*: encore à ce dernier égard, Milizia et d'autres juges très compétents, lui reprochent ils d'avoir abusé de ses connoissances en anatomie, d'avoir outré toutes les formes humaines, et, en ramenant les artistes à la nature, d'avoir sauté lui-même par-dessus la nature. Cela n'empêche pas que ce ne soit un homme du premier ordre : il a été à la fois, et dans un siecle encore demi-barbare, architecte, sculpteur et peintre distingué. Mais on ose croire qu'il y a eu d'aussi bons architectes, de meilleurs sculpteurs, et surtout de meilleurs peintres.

Il faut en convenir, le coloris de Michel-Ange est mauvais ; il étoit si sombre, que ses tableaux, plus que ceux d'aucun autre peintre, ont été gâtés et effacés par le temps. Ce fameux Jugement dernier, qu'on a cité sans doute parce qu'il falloit bien citer quelque chose, est d'une composition très défectueuse. Michel-Ange a poussé le mauvais goût au point de gâter le sujet le plus beau, et le plus terrible du christianisme, en y joignant la petite fiction mythologique du nautonnier Caron. D'ailleurs, aucun ensemble dans ce tableau : ce sont toujours les mêmes formes que le peintre y a reproduites, et les anges ont beaucoup trop de la physionomie des démons. Qu'il y a loin de cette production sauvage, de ce *Shakespérisme*, si j'ose le dire, aux formes variées, au goût pur, au sublime noble de Raphaël-Racine.

Cette chapelle Sixtine n'a d'ailleurs rien de remarquable, si ce n'est qu'on y fait l'adoration du pape que le conclave vient d'élire.

On trouve dans le Vatican quelque chose de fort différent d'une chapelle, c'est une *armeria*, c'est-à-dire, une salle où il y avoit, dit-on, de quoi armer dix-huit mille hommes. Les papes n'ont jamais eu besoin de tant de monde, et, depuis long-temps, leur foiblesse est leur meilleure défense.

Voilà, à-peu-près, tout ce qui mérite d'être vu au Vatican, avec les chambres et les loges de Raphaël. Mais celles-ci ont droit à un chapitre à part.

CHAMBRES DE RAPHAEL.

Le principal bâtiment du Vatican offre à chaque étage une galerie extérieure: ces galeries sont soutenues par de petites colonnes; chaque intervalle forme des quarrés qui composent ce qu'on appelle les loges du Vatican, et le second étage de ces loges s'appelle les loges de Raphaël. C'est par-là, et par les peintures intérieures, que ce bâtiment, qui offre une forme baroque et même difforme, a acquis une renommée immortelle, et est sûr d'être conservé à jamais, quoique trop rapproché de Saint-Pierre, dont, selon l'avis de beaucoup de Romains, il gâte un peu la magnifique place.

Raphaël a peint, sur les murs de ces galeries, des arabesques, des ornements de toute espece, dont la plupart sont du goût le plus délicat et le plus élégant. On assure que Raphaël les a tirés presque tous du colysée de la villa Adriana, et autres monuments antiques, où ils existoient encore de son temps. En effet dans Herculanum et dans Pompeïa on a retrouvé beaucoup d'ornements analogues : ils offrent des idées assez ingénieuses, et quelquefois assez libres, ce qui contraste avec les sujets des fresques qui ornent le haut de chaque loge ou arcade. Chacun de ces petits tableaux représente des sujets tirés de l'ancien Testament. Le premier et le meilleur montre Dieu débrouillant le chaos ; mais peut-être un tel sujet ne devoit-il pas être présenté aux yeux, surtout dans un si petit cadre : les yeux ont leurs tableaux, mais l'imagination a les siens qu'il faut lui laisser. L'Eternel, si beau qu'il soit, s'agitant dans le vuide du chaos qu'il débrouille, a quelque chose qui prête au ridicule, d'autant plus qu'il y a à parier que Dieu débrouilla le chaos comme il fit la lumiere : il voulut.

Les peintures qui suivent sont de Raphaël ou faites sur ses dessins. Toutes, les premieres surtout, méritent l'attention ; mais les chambres de Raphaël font tort à ses loges ; on voit mal toutes les peintures qui retardent le plaisir qu'on se promet de voir ces chambres célebres, et quand on a vu celles-ci, on ne veut plus rien voir.

Je dis quand on les a *vues*, car le premier coup-d'œil n'est pas pour elles. L'appartement est à demi-gothique ; il est fort mal éclairé, de plus il y a trop de peintures ; enfin ces peintures sont à moitié effacées.

Les peintures de la premiere salle ne sont pas de Raphaël. Celles de la seconde, représentant les douze apôtres, n'en sont plus ; le temps les avoit altérées : ceux qui les ont retouchées les ont détruites. La salle de Constantin, qui est la troisieme, fut entièrement dessinée par Raphaël, et il avoit commencé à la peindre quand il mourut, comme on sait, à trente-sept ans. Mais il paroît que son génie lui survécut encore quelque temps sous le pinceau de Jules Romain, qui a fait de cet ouvrage de son maître une des plus belles fresques qui existent : c'est le premier exemple de ces immenses compositions où l'on voit des figures sans nombre. J'avoue que j'aime mieux les compositions moins compliquées, et qu'en peinture comme en musique je n'aime guere que les *quatuor*, ou au plus les *quinque*; mais je sais estimer même ce que je n'aime pas, et je crois qu'un morceau comme la bataille de Constantin est une des choses les plus difficiles en peinture. D'ailleurs s'il y a un sujet où le tumulte soit permis, et d'innombrables acteurs nécessaires, c'est sans contredit une bataille : celle-ci est un modele qui n'a pas peu servi à d'autres peintres, par exemple à notre Le Brun; et si Constantin, méchant homme, mais assez grand général, a pu profiter pour vaincre de l'étude des batailles d'Alexandre, on peut dire qu'à son tour Alexandre, en dépit de la chronologie, a profité de la bataille de Constantin. Celle-ci est remarquable sur-tout pour le dessin (le mérite suprême de Raphaël), pour la disposition de l'ensemble, et pour le feu et la vigueur des détails. Car il ne faut pas croire que Raphaël, pour être pur et élégant, eût laissé entièrement l'avantage de l'énergie à Michel-Ange; il ne la lui a pas plus laissée que Racine à Corneille : mais c'est une erreur trop commune dans tous les arts de regarder comme foibles ceux qui sont doux et corrects, et je la releve d'autant plus volontiers que j'ai été long-temps coupable moi-même de cette injustice.

Les autres tableaux de la même salle sont en tout inférieurs à celui-ci. L'un d'eux est gâté par le nain de Jules II que ce pape voulut y voir figurer.

Ce pape figure lui-même assez mal-à-propos dans le beau tableau d'Héliodore battu de verges, que Raphaël a peint dans la salle suivante. On y voit aussi le pape Léon X, sous le nom de saint Léon marchant au-devant d'Attila, qu'arrête l'apparation de saint Pierre et de saint Paul. Attila est beau ; mais ces saints sont médiocrement traités, et en tout ce tableau n'est pas de la supériorité de l'Héliodore, où il regne un feu et une énergie surprenantes. Le cheval et le cavalier qui foulent aux pieds Héliodore sont magnifiques; mais je préfere encore les anges qui le poursuivent : ils rasent la terre sans la toucher; ils n'ont point d'ailes, et il n'y a personne qui ne voie qu'ils volent ; ils ressemblent à des hommes, et au premier coup-d'œil on reconnoît des esprits célestes. Voilà de ces idées que les peintres devroient avoir plus souvent.

Les deux autres murs de cette salle, coupés tous deux par une croisée qui ne va pas jusqu'à la voûte, sont couverts aussi de tableaux où Raphaël a combattu avec succès le désavantage du local. D'un côté est représenté un miracle arrivé, dit-on, à Bolsene. Un prêtre qui doutoit de la présence réelle, étant sur le point de consacrer l'hostie, la voit répandre du sang sur le corporal. Ce tableau, un des mieux coloriés de Raphaël, offre de grandes beautés. Mais j'ose penser que, même au Vatican, ce miracle bizarre étoit un sujet d'édification, mais non pas de tableau.

Au reste, si je suis avare d'admiration pour celui-ci, je n'ai garde de l'être pour le tableau qui est vis-à-vis. Il est double, et représente saint Pierre que l'ange réveille dans sa prison au milieu des gardes endormis, et saint Pierre qui sort de cette prison conduit par l'ange. Dans ces deux tableaux saint Pierre a un caractere assez commun, et c'est encore un pêcheur de Tibériade; mais l'ange est d'une beauté extraordinaire. Ce Génie lumineux, qu'on voit étinceler dans la prison au travers d'une ténébreuse grille de fer, produit le plus grand effet. Ce tableau est le miracle du clair-obscur; et si par la disposition locale il avoit une forme moins bizarre, il seroit peut-être le miracle de Raphaël.

La piece suivante est célebre : elle renferme la dispute sur le S.-Sacrement, et l'Ecole d'Athenes. Dussé-je être blâmé, je ne puis approuver ces deux sujets, sur-tout le premier. Quel prodigieux mérite de dessin n'a-t-il pas fallu à Raphaël pour faire admettre au nombre de ses chefs-d'œuvre un tableau allégorique, qui représente les peres de l'église non contemporains, disputant sur le Saint-Sacrement qui est exposé devant eux. Ajoutez que la gloire, qui forme le haut du tableau, est mauvaise, et composée dans le genre gothique : malgré cela les beautés de détail soutiennent la réputation un peu exagérée de ce tableau. Les débris même de Raphaël sont des lingots et des perles.

Quant à l'Ecole d'Athenes, quoique j'aie entendu dire à un homme de beaucoup d'esprit qu'il y a tout dans cet ouvrage, j'ose penser qu'il y a trop, et je ne puis goûter beaucoup l'idée de réunir dans un même tableau les philosophes de diverses époques, indiquant par leurs gestes le genre de leur philosophie. Cette derniere pensée seroit ingénieuse si elle étoit exécutable. Et en effet, quelque complaisance qu'on apporte à l'étude de ce tableau admirable d'ailleurs, on ne peut parvenir à le bien comprendre qu'au moyen d'un très long commentaire, commentaire tellement indispensable qu'il se vend à Rome avec la belle gravure de Morghen. C'est certainement là un défaut extrêmement grave; et quand après bien de la peine on a compris ce tableau et l'expression de ces divers personnages, on trouve que ce n'est qu'un magnifique ouvrage épisodique, une piece à tiroirs en quelque sorte, qui ne peut (à mérite égal) être comparée à un ouvrage dont le sujet auroit un ensemble, et l'action un nœud. Ces observations faites, je conviendrai et je serai le premier à dire que cette fresque de Raphaël offre au plus haut point tout ce qu'on peut desirer en peinture, sur-tout dans la partie du dessin, et que malgré un coloris un peu foible, défaut qu'on reconnoît à ce grand peintre, c'est peut-être son chef-d'œuvre, à l'intérêt près.

J'espere que les artistes, à l'occasion de cette

opinion et de quelques autres, voudront bien observer que je ne juge que ce que je puis très bien entendre. Je les laisse arbitres souverains de la vérité du coloris, de la pureté du dessin, et même de ce qu'ils appellent la composition d'un tableau: sur tous ces objets je n'ai qu'un goût, et je leur laisse les opinions. Il est vrai que je suis moins docile sur l'expression des figures, sur le choix des sujets, sur la pose des personnages, toutes choses dont, ce me semble, peut juger aussi bien qu'eux, et même, à cause de leurs préjugés, mieux qu'eux quelquefois, tout homme du monde qui a exercé ses yeux et cultivé son esprit. S'ils récusent ce tribunal, leur art n'est plus qu'une chose de convention entre eux, et qui ne mérite plus l'attention des gens sensés, ni même le nom d'un art. Mais je connois des peintres plus raisonnables, et d'autant plus modérés dans leurs prétentions qu'ils sont distingués par leurs talents. C'est partout comme cela.

Cet intérêt, que je ne puis trouver dans l'École d'Athènes, vient saisir le cœur au premier aspect de l'incendie del Borgo S.-Spirito, près du Vatican, tableau qui se voit dans la pièce suivante, et qui est, à mon avis, le plus bel ouvrage de Raphaël. J'y trouve tous les mérites, celui du dessin, celui de l'expression, celui même du coloris, celui de la composition, et avant tout celui de *la pensée*. Il faut bien se servir de ce mot, puisque par celui de composition on entend seulement la disposition des figures ou des grouppes. Je ne décrirai point ce tableau très vanté, et qui, selon moi, ne l'est pas assez : il a été souvent gravé. Au reste, qu'on se représente un incendie nocturne, des femmes, des enfants, des infortunés qui fuient, tout ce qu'un pareil désastre peut offrir de touchant ; un vieillard, un pontife arrêtant la flamme par ses prieres, et tout cela saisi, animé, montré par Raphaël.

Il y a dans la même piece une chose qu'on voit encore avec intérêt après ce chef-d'œuvre ; c'est la voûte peinte par Perugin. Chargé de faire effacer toutes celles de ces salles, Raphaël respecta l'ouvrage de son maître, dont on voit encore, même les défauts, avec un sentiment doux. Ce n'étoit pas assez pour la reconnoissance de Raphaël : dans plusieurs fresques de ces fameuses chambres, entre autres dans l'Ecole d'Athenes, il s'est plu à mettre le portrait de son maître presque toujours à côté du sien. On sourit à ces traces d'un sentiment si noble dans un homme si distingué ; on jouit de l'idée que le grand Raphaël, enlevé sitôt aux arts, étoit aussi le reconnoissant, le bon Raphaël. C'est une heureuse rencontre que celle du génie et de la vertu.

Une pensée qui afflige continuellement dans ces salles, c'est l'assurance qu'on y acquiert sans cesse que toutes leurs peintures, déja très dété riorées, marchent à un anéantissement rapide. Il y a long-temps qu'elles furent gâtées pour la premiere fois par les Allemands de l'armée du connétable de Bourbon, qui logerent dans le Vatican, et y allumerent des feux. De nos jours les Français devenus maîtres de Rome eurent le plus grand soin de ces peintures, et les Romains en conviennent. Mais les Napolitains, qui à leur tour furent logés dans ces salles, s'y conduisirent encore plus mal que les Allemands. Ce vandalisme et d'autres causes ont porté au plus haut point l'aversion qui existe entre les deux capitales voisines. Au reste, quelle que soit la cause de cette destruction à laquelle le temps et l'humidité ont leur part, elle paroît irréparable; les restaurations la hâteroient, et bientôt on ne verra plus que les fantômes de ces peintures. Il seroit temps encore de les faire copier en mosaïque. Rome conserve des artistes distingués dans ce genre, et l'on m'y assuroit que l'imitation en mosaïque d'une de ces belles fresques de Raphaël, comme il y en a cinq ou six au Vatican, ne coûteroit pas plus de 100,000 fr. C'est une somme considérable sans doute; mais de telles copies, après la destruction inévitable et prochaine des originaux, devenues des originaux immortels, acquerroient une valeur bien supérieure à ce qu'elles auroient coûté. C'est surtout à la France, propriétaire du premier muséum du monde, qu'il conviendroit peut-être de faire une dépense si honorable, et de rendre la vie à des chefs-d'œuvre qui expirent. Je soumets ce doute à un gouvernement à qui toutes les grandes idées appartiennent.

LE BELVEDERE.

J'aurois dû comprendre le Belvedere dans le chapitre du Vatican, car il en est une dépendance, et y tient par deux longues galeries. Il tire son nom de son élévation, et de sa belle vue. C'est là qu'existoit, qu'existe encore ce musée commencé par Clément XIV, sous le nom de *Museum Clementinum*. Pie VI, qui l'augmenta extrêmement, ne put résister à l'envie d'y mettre son nom qu'il mettoit par-tout, et ce musée s'appeloit *Museum Pium Clementinum*, en attendant qu'il s'appelât *Museum Pium*. D'ailleurs il est difficile de voir des salles plus belles, plus ornées que celles qui composent ce musée ; on y a prodigué les marbres qui existent à Rome. Mais le musée lui-même a fait des pertes impossibles à réparer : le temple existe encore, mais les divinités n'y sont plus. Apollon sur-tout, qui, comme on sait, étoit le principal dieu du Belvedere, est allé se fixer à Paris avec le malheureux Laocoon et le bel Antinoüs ; il n'y a pas jusqu'au torse, cet admirable cu-de-jatte de la sculpture, qui n'ait trouvé le moyen de se transporter à Paris. Ces pertes sont le sujet d'éternels et de justes regrets pour tous les Romains amateurs des arts ; mais quoi qu'on ait prétendu, les statues antiques au Louvre sont mieux disposées qu'elles ne l'étoient au Belvedere. L'Apollon, entre autres, pour lequel on a crié à la profanation, étoit isolé sous une espece de lanterne assez obscure, et n'avoit pas, comme à Paris, l'air d'être le Dieu et le chef de toutes les divinités qui l'environnent.

Ce n'est pas que les Français aient tout emporté du musée, et qu'il n'y reste encore de fort belles choses ; mais le regret de ce qu'on a perdu rendra long-temps moins sensible au mérite de ce qui reste.

On trouve cependant au musée romain un genre de beautés dont aucune perte ne peut affoiblir l'intérêt, parceque ce sont en même temps des monuments historiques. J'y ai vu et considéré long-temps des statues et des têtes d'empereurs, de philosophes ; j'ai contemplé Cicéron, Sophocle, Alcibiade, Aspasie, etc. Les personnes peu sensibles à la sculpture, et il en est, ne peuvent voir froidement les images de ces hommes qui ont instruit ou étonné le monde, et de ces femmes qui l'ont charmé.

On sent qu'il y a beaucoup de nudités parmi ces statues. Les anciens, accoutumés aux spectacles des athletes et des gladiateurs, trouvoient fort simple ce qui nous paroît quelquefois bizarre. Comme leurs idées de décence n'étoient pas du tout les nôtres, il est tout naturel que nos idées sur les arts d'imitation ne soient pas tout-à-fait les leurs. C'est ce que ne veulent pas comprendre une foule d'artistes qui ont la fureur du nu, ou qui, du moins, ne veulent entendre parler que des costumes anciens, dans les sujets les plus modernes. Il faut bien que notre costume européen ne soit pas favorable aux arts, puisque tous les sculpteurs le disent: mais je ne les croirai pas eux-mêmes, par estime pour leur art, quand ils me diront qu'une différence de costume suffit pour anéantir tout l'effet de cet art. Je crois que le mérite de la sculpture consiste dans l'expression des formes et des passions humaines. Ces formes ne sont pas entièrement cachées par notre costume, et ces passions peuvent toujours se retracer sur le noble visage de l'homme. Le costume ancien a aussi quelques plis peu heureux, auxquels l'habitude a accoutumé. Si les basques de nos habits sont moins heureuses encore, je dirai aux artistes qu'un des mérites de tous les arts est de vaincre les difficultés. Le costume moderne, appliqué à une statue moderne, sera toujours moins ridicule que le costume d'un empereur romain appliqué à un roi de Prusse ou d'Angleterre; là les yeux souffrent peut-être, mais ici la raison est au supplice. Tout ce qu'on dira sur le style monumental, et sur le genre grandiose, ne répondra pas à cette difficulté. Ce seroit bien pis si l'on en venoit à représenter sans aucuns vêtements un prince encore vivant. Je ne ferai point de réflexion sur toutes celles que peut inspirer un pareil oubli de notre siecle et de nos mœurs. Il me semble que dans les convenances modernes, il doit y avoir un voile sur la personne comme sur la dignité des princes.

Au reste, de quoi se plaignent les artistes? Qui les empêche de faire des Vénus, des Mercure, des Baigneuses, etc.; qui les empêche de sculpter tous les Grecs et tous les Romains? Personne. On desire seulement que quand ils sont réduits au malheur de représenter un moderne, ils s'y soumettent de bonne grace, et le représentent tel qu'on le voit, et tel qu'on est accoutumé à l'aimer ou à le respecter. On desire aussi que sous prétexte de saisir le beau idéal d'une figure, ils n'en dénaturent pas absolument les traits. La ressemblance est, je le sais, le dernier mérite d'un portrait, et sur-tout d'une statue; mais peut-être m'accordera-t-on que c'en est un.

Si cela continue, je ferai une proposition. La premiere fois qu'on voudra décerner une statue à un héros qui aura servi la patrie, je demanderai qu'au lieu de s'adresser à un sculpteur moderne, on prenne tout simplement l'Apollon du Belvedere, au bas duquel on gravera le nom du héros qu'on voudra honorer. Assurément on ne pourroit faire faire une plus belle statue ; et quant à la ressemblance, elle a d'avance toute celle requise. En effet, elle a deux yeux, un nez, une bouche, des bras, et à moins que le héros n'ait malheureusement perdu un de ses membres, on n'aura rien à dire, et la ressemblance sera parfaite.

MONTE-CAVALLO.

La place de Monte-Cavallo, tire son nom de deux chevaux antiques qu'on attribue à Phidias, et qui paroissent n'être pas de ce sculpteur. Ce que ces chevaux ont de plus beau, ce sont les hommes qui les retiennent. Les chevaux, en eux-mêmes, sont fort loin des magnifiques chevaux de Marly, qui contribuent aujourd'hui à orner la plus belle entrée de Paris, et d'aucune ville que ce puisse être ; mais en tout, les deux grouppes font un très bon effet, et consolent un peu de l'irrégularité et de la petitesse de la place qui précede le palais de Monte-Cavallo. Ce palais est la résidence plus ordinaire des papes, que le mauvais air a chassés du Vatican. Il est noble et élégant, sans avoir rien de très remarquable. On y monte par un escalier qui annonce bien, par l'extrême douceur de ses marches, la demeure d'un vieillard; mais ce qui m'a paru admirable, c'est l'appartement du souverain Pontife. Beaucoup de petits particuliers, à Paris, sont meublés avec plus de magnificence. La pièce où le Saint-Père reçoit est tapissée de damas cramoisi, et de meubles extrêmement modestes. Je ne puis dire tout ce que je trouvai de majestueux dans cette simplicité: car j'ai eu aussi l'honneur d'être admis devant le Saint-Père, qui m'a même honoré d'un chapelet, comme il fait à tous les étrangers qui ont l'honneur de paroître devant lui. Indigne à quelques égards de cette faveur, je l'ai méritée du moins par le profond respect que m'a inspiré un vieillard, qui, par les douces armes de la conciliation et de la vertu, a plus fait pour l'église romaine, que toutes les foudres des Grégoire VII et des Jules II. Je considérois avec émotion, j'écoutois avec le plus vif intérêt ce successeur de tant de pontifes qui avoient été au moment de n'en pas avoir, ce Saint-Père qui nous entretenoit en effet avec une bonté paternelle, et je me disois que si désormais les papes pouvoient ramener les esprits, c'étoit en s'y prenant comme Pie VII, en gagnant les cœurs.

Soyons francs enfin, car dans les dernieres époques, nous avons passé de l'exagération fanatique à l'exagération irréligieuse, et voici le moment où, sous plus d'un rapport, les esprits rentrent dans la mesure, et la raison dans tous ses droits. A en croire Voltaire et toute son école, *le vieux des sept montagnes* étoit encore un fantôme redoutable et un tyran persécuteur. Cependant, la vérité, la vérité évidente, est que depuis beaucoup plus d'un siecle, soit par l'effet de la modération de leur caractere, soit par celui des opinions, et, comme on dit, du progrès des lumieres, les papes avoient entièrement abjuré ce langage impérieux qui avoit jadis troublé l'Europe. Ils s'étoient occupés beaucoup plus à diminuer l'altération toujours croissante de leurs privilege, qu'à en créer ou à en augmenter aucun. L'odieuse inquisition n'étoit plus qu'un mot. Ils avoient, et sans une mauvaise grace trop marquée, sacrifié au desir des princes laïcs, une milice qui leur étoit entièrement dévouée, une magnifique avant-garde, les jésuites. Si l'on veut étudier le regne du malheureux Pie VI, on verra qu'il le passa tout entier à céder aux prétentions des plus petites puissances temporelles. Dépouillé de ses possessions, de toute son influence en France, personnellement accablé d'affronts dans ce pays, il vint y mourir sans avoir, dans le cours d'une si longue querelle, lancé une seule bulle d'excommunication contre les hommes qui, à ses yeux, devoient paroître si profanes. Encore une fois, je n'examine pas si la modération ou la politique dicterent cette conduite; mais voilà le fait. Or, d'après ces considérations, il doit paroître évident aux hommes mêmes qui détestent le plus les excès de quelques papes (et je suis de ce nombre), que c'est dans le siecle où il y avoit le moins de fanatisme, qu'on a le plus crié contre le fanatisme, et qu'on a choisi pour renverser la religion chrétienne le moment, où, en France du moins, elle avoit perdu tous ses moyens de nuire, et ne pouvoit plus qu'être utile.

On m'objectera sans doute Calas, Sirvens, et le chevalier de la Barre; personne plus que moi ne plaint ces trois victimes, quoique la moitié de Toulouse croie encore que la premiere fut coupable. Mais ces trois exemples de fanatisme, s'ils sont les seuls, confirment la regle. Or, ils sont les seuls; car Voltaire, qui a passé les vingt dernieres années de sa vie à en fatiguer l'Europe, n'a pu y en adjoindre aucun autre, et personne n'ignore qu'il n'y eût pas manqué, si la chose eût été possible.

Et si l'on m'objectoit aussi que la guerre de la Vendée prouve qu'il y avoit encore du fanatisme en France, je répondrois que l'être le plus foible trouve de la force et de la fureur pour se soustraire à sa destruction totale; et j'ajouterois ce que personne n'ignore, que le desir de défendre la religion n'a pas été, à beaucoup près, le seul motif des paysans de la Vendée. Je dirai plus, et je ne craindrai pas d'avancer que ce qui prouve peut-être le mieux combien le fanastime étoit affoibli en France, c'est le petit nombre de soulèvemens partiels qu'y a excité le projet général et avoué d'y anéantir le christianisme.

Il résulte de ces observations, que le christianisme, tel qu'il est depuis plus d'un siecle, a entièrement cessé d'être redoutable aux gouvernemens; et que, puisqu'il faut une religion au peuple, on ne pouvoit lui en donner une aussi modérée, aussi pacifique, aussi tranquillisante, à tous égards, que celle qu'on lui a rendue.

FONTAINE DE TRÉVI.

Les fontaines sont un des plus beaux ornemens de Rome, et parmi ces fontaines, celle dite de Trévi est la plus belle.

Elle donne sur une place trop petite pour elle; mais cette place a un avantage qui la dédommage. Elle donne sur la rue du Cours, la plus longue, la plus droite et la plus fréquentée de Rome; et quand on passe dans cette rue à côté de la fontaine de Trévi, il est difficile de ne pas s'arrêter devant la beauté des eaux, et la majesté de l'édifice.

Cet édifice, qui a un effet très imposant, a été fort critiqué, mais tout a été critiqué en architecture; cet art, qui moins qu'un autre a des bases fixes, et qui ne sait trop où est sa nature, parce qu'en effet il est tout art, la nature ne faisant ni temples ni palais ni maisons, ni même des chaumières, cet art, dis-je, est plus qu'un autre exposé à voir censurer avec quelque apparence de raison ses plus beaux ouvrages. J'ai vu attaquer d'une manière très plausible l'architecture du Colysée, de Saint-Pierre, de la colonnade du Louvre, du Panthéon même; l'effet que font ces édifices à tous ceux qui les voient, répond suffisamment à toutes les critiques, et l'effet est aussi ce qui défend la magnifique fontaine de Trévi. Malheureusement son eau, si abondante et si belle, est comme la plupart de celles qui abondent à Rome, mauvaise à boire. Elles y arrivent presque toutes de plusieurs lieues par des aqueducs, magnifiques ouvrages des Romains, restaurés et quelquefois embellis. En voyant ces fontaines nombreuses qui jaillissent de toutes parts dans la ville de Rome, ces édifices qui la décorent, ces obélisques qui l'enorgueillissent, on ne peut s'empêcher de rendre justice aux pontifes qui auroient peut-être pu et dû faire davantage pour l'agriculture, mais qui, du moins, ont fait un noble usage de leurs richesses; et il est incontestable qu'aucuns souverains, quelque puissants qu'ils aient été, n'ont fait pour leur capitale autant que les papes ont fait pour Rome qui, pour la beauté des monuments, est encore la capitale du monde.

Il est fâcheux qu'à Rome l'ensemble ne réponde pas aux détails. La fameuse entrée dite la porte du Peuple, est noble et belle, mais elle est fort au-dessous de sa réputation, et, à mon avis, très inférieure à l'entrée de Paris par les champs Elisées, même à celle de Tours, et de quelques autres villes que je pourrois citer. Rome, si bien bâtie, est en général très mal percée. Il y a beaucoup de rues tortueuses, beaucoup plus d'étroites, et la célèbre rue du Cours, belle en effet, et qui est la promenade à la mode, est plus longue mais n'est guere plus large que notre rue de Richelieu (ou de la Loi), laquelle est fort loin, comme on sait, d'être la plus belle rue de Paris. Un fait fort singulier, et pourtant exact, c'est que Rome, la superbe Rome, n'a presque pas une place réguliere dans sa forme et aucune dans ses bâtiments. A la vérité, la plupart sont ornées par des monuments qui en embellissent le centre; mais si l'on a soigné le tableau, on a trop souvent négligé le cadre. Rome d'ailleurs, n'a ni nos quais, ni nos promenades, ni nos magnifiques boulevards; et si l'amour de mon pays ne m'aveugle point, j'ose croire que si Rome est une ville où il y a de plus belles choses, Paris est une plus belle ville.

Je ne voulois parler que d'une fontaine, et voilà que je juge Rome et Paris : beaucoup de mes chapitres sont de véritables odes, à la poésie près. Puissé-je avoir assez intéressé mes lecteurs, pour qu'ils daignent me suivre dans mes excursions. Après tout, ce n'est pas un traité sur l'Italie que je donne, c'est un voyage, et je l'écris comme je l'ai fait; je me laisse un peu aller à mes idées, que je présente quelquefois avec hardiesse, et soumets toujours avec défiance.

Revenons pourtant aux fontaines.

Après celle de Trévi, une des plus belles de Rome est la fontaine Pauline. Elle est beaucoup plus simple, non moins abondante, et a quelque chose de plus sévere et de plus noble. Je ne la préfere pas à celle de Trévi, mais je conçois que quelques personnes la préferent. Il y a peu de places à Rome, qui n'aient sa fontaine; plusieurs ont des formes ingénieuses, et celles-là sont du Bernin, l'artiste romain qui avoit, non pas le plus de goût, mais le plus d'imagination : si toutes ne sont pas belles, toutes sont utiles. J'avoue que j'envie peu à Rome ses obélisques, monuments qui peuvent être curieux, mais dont je sens médiocrement la beauté. Ce que Paris doit sur-tout envier à Rome, ce sont ses fontaines nombreuses qui réunissent si bien l'utilité et l'agrément. Au reste, le vœu que je forme va, dit-on, être accompli par un gouvernement qu'aucune grande entreprise n'effraie, dès qu'il s'agit d'une grande utilité, et il y a lieu de croire que, dans peu d'années, plusieurs fontaines, dignes de Paris, donneront aux deux parties de cette cité l'embellissement qui lui manquoit, et que leurs eaux, continuellement jaillissantes, se mêleront aux applaudissements des artistes et à la reconnoissance des citoyens.

LE CAPITOLE.

Le Capitole actuel n'est plus qu'un palais; c'est encore le centre des autorités municipales, en quelque sorte l'hôtel-de-ville de Rome et la résidence du sénateur, dont le titre presque sans autorité est le dernier débris qui rappelle aux Romains leur splendeur passée. Ce palais, bâti sur les dessins de Michel-Ange, est assez beau; on y arrive par un escalier extérieur qui est très noble. La cour est ornée par différents objets d'arts qu'on néglige pour la statue équestre de Marc-Aurele, la plus belle qui nous soit restée des anciens. Le cheval, long-temps démésurement vanté, est d'une forme assez commune. Il n'est pas nécessaire d'être roi aujourd'hui pour être mieux monté que les empereurs d'autrefois; mais ce cheval a beaucoup de vie et d'expression. Aussi Carle Maratte dit un jour en le voyant, *Marche donc*. Ce peintre ne regardoit pas bien, Il marche.

Mais le cheval de Marc-Aurele fût-il sans défauts, que seroit-il auprès de l'image de Marc-Aurele, de ce prince qui en gouvernant tant d'hommes, s'est placé au rang des princes qui les ont le mieux gouvernés? On regarde avec attendrissement l'image mélancolique de ce Génie bienfaisant que le ciel prêta à la terre ; on aime à croire que le hasard seul n'a pas conservé sa statue, et l'on se félicite que l'amour des arts lui ait érigé dans son ancienne capitale, un monument qu'il méritoit de la reconnoissance des hommes.

Les bâtiments du Capitole qui ne sont pas occupés par le sénateur, sont remplis de monuments antiques, et forment comme le supplément du musée Clémentin. Les arts trouvent encore au Capitole des morceaux assez curieux, entre autres un portrait de Marius, qui est bien précieux, si, comme on le dit, il est ressemblant, un portrait de Michel-Ange fait par lui-même, et où il ne s'est pas flatté ; enfin un grand nombre de bustes, entre autres celui de Faustine, cette épouse du sage Marc-Aurele, et qui ne fut pas à beaucoup près aussi *sage* que lui. Son buste n'offre point ces grands traits si communs aux Romaines de son temps ; il offre au contraire toute la délicatesse des traits d'une jolie Française jointe à la régularité des traits antiques. En voyant Faustine, si l'on ne l'excuse pas, on excuse du moins les complices de ses torts qui exercerent la philosophie de Marc-Aurele.

On a écrit que rien n'est aisé aujourd'hui comme de sauter la roche Tarpéienne ; on la voit encore au Capitole; mais il faudroit passer par de mauvais galetas pour arriver à la partie de cette roche d'où, malgré l'exhaussement du terrain de Rome, on domine sur les maisons les plus élevées, et je ne conseillerois à personne de sauter de là.

Du bâtiment principal du Capitole, on jouit d'une très belle vue; d'un côté l'on domine sur la place qui orne ce palais, et de l'autre sur le Campo-Vaccino où se trouvent les ruines les mieux conservées de l'ancienne Rome, et dont le coup-d'œil se termine par le magnifique débris du Colysée. Il faut aller voir tout cela.

Le chapitre du Capitole auroit été plus long autrefois.

CAMPO-VACCINO.

Le Campo-Vaccino (le Champ des Vaches) est le marché des bestiaux à Rome. Sur le nom et l'emploi qu'a ce terrain, on ne devineroit jamais le nom qu'il a eu et le rôle qu'il a joué. C'est l'ancien *Forum*. Quelque détrompé qu'on soit sur le mérite des Romains, quelque désenchanté qu'on soit sur leur gouvernement, il est toujours difficile de se défendre d'une certaine émotion en se trouvant sur cet espace qui a été long-temps le plus grand théâtre du monde. C'est là que se tenoient ces assemblées si tumultueuses et si célebres ; là que parloit Cicéron ; là qu'agissoit César ; là enfin que passoient tant de vainqueurs allant triomphalement au Capitole: car la *via-sacra* venoit se terminer au fameux *Forum*, et l'on y marche encore. Tout cet espace entre le Capitole et le Colysée est le débris le plus curieux qui existe de Rome ; c'est un magnifique amas de ruines et de souvenirs; on reste en silence devant ce résultat de tant de victoires; de toutes parts on ne voit que des restes de monuments, des tronçons de colonnes. Au milieu même de la place est un fragment fort remarquable d'une colonne corinthienne. J'avois envie d'y écrire : Ci gît Rome.

C'est en effet ici Rome antique. La Rome de saint Pierre n'est qu'une ville moderne ; ses palais et même sa basilique sont pour l'intérêt fort au-dessous des débris qui survivent de la ville des Scipions. Dans celle-là on a plus à admirer sans doute ; dans celle-ci on a beaucoup plus à sentir. En voyant ce chef-lieu de tant de gloire devenu un muséum de ruines, il semble que la Fortune ait voulu venger le monde.

Que de monuments étoient entassés dans cet espace ! D'un côté, l'arc de Septime-Sévère encore entier, le temple de la Concorde, celui de Jupiter-Stator; plus loin le palais des Césars, et vis-à-vis, le temple de la Paix. Quelques colonnes colossales qui existent encore de celui-ci, répondent assez à l'idée qu'on se fait de Rome antique, dont ce temple étoit, dit-on, le plus pompeux monument.

En s'éloignant du Capitole et en s'approchant du Colysée on passe sous l'arc de Titus. Ce que cet arc a de mieux c'est son nom; d'ailleurs il est en partie enterré, et il faut pratiquer l'architecture, ou avoir la prétention de s'y connoître, pour sentir tout le mérite qu'on donne à cet arc. Il y a des bas-reliefs fort beaux à ce qu'on dit, mais un peu effacés; on y distingue pourtant encore le fameux candélabre des Juifs.

Quand on pense que cet arc de Titus est en partie enterré, ainsi que le Colysée, ainsi que dans un autre quartier de Rome la colonne Trajane, et beaucoup d'anciens monuments, on a besoin de se rappeler que Rome a été ruinée à plusieurs reprises pour concevoir ce mouvement de terrain, dont aucune autre ville n'offre l'exemple: mais Rome devoit être la ville des miracles jusque dans ses ruines, et elle en offre un autre du même genre et qui est encore plus bizarre: un mont tout entier près de Rome s'est composé des débris de pots cassés qui y ont été amassés par les Romains et par le temps.

Après avoir passé l'arc de Titus, on ne tarde pas à voir à droite l'arc de Constantin, dont la forme rappelle beaucoup aux Français la porte Saint-Denys; mais peu d'étrangers se donnent la peine d'aller le voir de près, car ils se trouvent alors devant le Colysée, et ce monument fait d'abord oublier tous les autres.

LE COLYSÉE.

Le nom du Colysée vient, dit-on, de colosse, et du moins il pourroit en venir. Le Colysée est un immense amphithéâtre consacré jadis aux spectacles qui plaisoient tant aux Romains. Ce monument, justement célebre, fut commencé par Vespasien, fini par Titus, dégradé pour la premiere fois sous Totila, abandonné long-temps aux hommes en crédit qui vouloient en tirer du fer ou des pierres, et enfin arraché aux barbares par Benoît XIV, qui imagina de le bénir, ainsi que le Panthéon, pour le sauver.

La maniere dont les Romains ont mutilé le Colysée, et plusieurs autres monuments, prouve qu'ils méritoient peu d'en être les dépositaires, et sembleroit justifier certains censeurs qui les accusent de n'aimer les arts que lorsqu'ils servent leurs intérêts, et de s'occuper beaucoup plus de l'argent qu'ils procurent que du plaisir qu'ils peuvent donner.

Le Colysée offre la forme d'un ovale : il a cinq cent quatre-vingt-un pieds de long sur quatre cent quatre-vingt-un de large. On voit que, pour la masse du moins, c'est le pendant de Saint-Pierre de Rome. Il offre aussi de très grandes beautés en architecture, ce qui n'empêche pas que dans presque tous les livres où l'on en parle on ne l'accuse d'assez grands défauts, qui ne sont presque jamais les mêmes. Mais plus on lit de jugements en architecture, plus on se convainc que cet art est le plus vague de tous, et que le coup-d'œil en est le meilleur, et peut-être le seul juge. Apprécié ainsi, le Colysée est un magnifique monument ; il est difficile d'en voir un plus imposant, plus majestueux, et dans la simplicité de sa forme il n'a point le défaut, ou, si l'on veut, le mérite de Saint-Pierre ; il est fort grand, et paroît au moins aussi grand qu'il l'est.

Le Colysée paroît très élevé encore, quoiqu'un de ses quatre ordres d'architecture soit enterré de moitié. On monte jusqu'au second de ceux qui existent ; mais il est dangereux et presque impossible d'arriver jusqu'au dernier. Une espèce d'hermite, établi dans le Colysée, est un guide très nécessaire pour marcher avec sûreté sur ces voûtes très incertaines, et où il y a beaucoup de jours. Quand on voit la solidité de leur construction, on s'étonne qu'elles n'existent pas tout entières ; mais quand on pense aux siècles et aux barbares qui ont passé sur elles, on s'étonne qu'il en existe encore une seule.

Plusieurs palais à Rome sont construits des pierres du Colysée, entre autres, dit-on, le palais Farnese et le palais Barberini. C'est à l'occasion de ce dernier qu'on fit, il y a bien long-temps, à Rome, une plaisanterie qui peut encourager à Paris les modernes faiseurs de calembourgs: « Les Barberins, dit-on, ont fait ce que n'ont pas fait les barbares ». C'est par une suite du même esprit, dont Rome n'a offert que trop d'exemples, que le théâtre de Marcellus, qui contenoit plus de trente mille spectateurs, a été déshonoré, et que d'un théâtre magnifique on a fait un fort vilain palais.

Malgré ces pertes, le Colysée, fort de sa masse, existe encore, et il semble même qu'à quelques égards il y ait gagné. En effet, d'un côté il est assez conservé pour que l'imagination le reconstruise facilement tout entier; et de l'autre, presque démoli, il offre à la vue une des plus belles ruines qui existent. Ainsi on jouit de deux aspects au lieu d'un, et l'on admire presque également le Colysée qui existe, et le Colysée qui n'est plus.

Ce qui le gâte bien davantage que les dégradations qu'on y a faites, c'est la double pensée de sa création et de son usage. On sait qu'il servoit à des combats d'animaux féroces, et, ce qui est plus féroce encore, à des combats de gladiateurs, ces infortunés qui dirent un jour à un empereur, en défilant devant lui, ces mots qui brisent le cœur: César, ceux qui vont mourir te saluent, *Cæsar, morituri te salutant.* Les fantômes de ceux qui périrent par milliers dans cette enceinte y apparoissent quelquefois à l'ame attristée. On est également fâché de savoir que ce monument immense consuma les forces et la vie de douze mille Juifs que Titus avoit ramenés de Jérusalem : malheureux esclaves, qui sous le regne le plus doux furent livrés au travail le plus pénible ! Ceux-là n'eurent point de Titus, et *les délices du genre humain* n'existerent pas pour eux. C'est qu'en dépit de ce surnom les meilleurs Romains n'étoient que Romains ; ils n'étoient pas hommes. Une nation moderne pousse à l'excès le même défaut, sans avoir les mêmes droits pour le faire excuser.

Ce Colysée, embelli encore par les masses de plantes que la nature seme sans cesse parmi ses débris suspendus, est sur-tout admirable aux flambeaux, et peu de voyageurs se refusent le plaisir de l'aller contempler dans une belle soirée. La nuit et les ruines se prêtent un mérite réciproque, et sont, comme on dit, en harmonie. Or le Colysée est la plus belle des ruines de l'Europe, comme en Afrique celles de Thebes, et en Asie celles de Palmire.

Convenons-en, et c'est sur-tout à propos du Colysée qu'il faut en convenir, ce peuple romain a en tout genre imprimé sur la terre des traces gigantesques. Je ne l'aime point, je ne l'estime même que sous peu de rapports; mais il est certain qu'il a donné à beaucoup de ses monuments une grandeur et un éclat qui en imposent, à commencer par son histoire, qui est le plus beau de ses monuments. Quelque opinion qu'on ait de lui, de sa liberté, de son bonheur, on n'en rend pas moins hommage à ses hautes et illustres destinées; à lui seul il remplit l'antiquité presque tout entiere, et c'est chez lui que long-temps encore les politiques chercheront des observations, les poëtes des sujets, et les artistes des modeles.

LES COLONNES.

La plus belle colonne qui soit à Rome, et, dit-on, dans le monde, est la colonne Trajane. Cette colonne est tout ce qui reste du *Forum Trajanum*, une des choses les plus admirables de Rome antique. La colonne, qui a eu le bonheur de survivre à la destruction générale, est enterrée de plusieurs pieds, et, à la lettre, pour y monter il faut commencer par y descendre. Elle a cent dix-huit pieds de hauteur, sans compter la statue de saint Pierre que Sixte Quint y fit placer, et qui en a vingt-trois. Mais malgré Sixte-Quint et saint Pierre, c'est toujours la colonne Trajane. Il est heureux que les trois meilleurs princes qui ont honoré l'empire romain aient conservé un monument à Rome, Marc-Aurele sa statue équestre, Titus son arc de triomphe, et Trajan sa colonne.

Les bas-reliefs qui couvrent ce monument sont ce qu'il a de plus remarquable : ils font encore l'admiration des sculpteurs ; mais à dire le vrai, ils sont meilleurs à voir dans les livres nombreux où on les a gravés que sur la colonne même, où on ne les voit que de la maniere la plus incommode. D'ailleurs beaucoup sont altérés par le temps et par les Vandales. Et c'est encore ici qu'on peut se récrier sur la maniere dont les graveurs flattent tout ce que les arts leur offrent à Rome. Toutes les gravures qu'on a faites de la colonne Trajane, donnent lieu de croire qu'elle est située dans une place assez vaste : pour moi, qui l'ai trouvée dans un carrefour assez étroit, et qui la touchois presque que je demandois encore où elle étoit, je ne puis convenir qu'elle soit dans une place. Beaucoup de voyageurs sont plus complaisants, et l'exact M. de Lalande dit formellement que cette colonne occupe le milieu d'une place. Pour moi je n'ai guere apperçu que la place de la colonne.

La colonne Antonine, restaurée par Sixte-Quint qui semble avoir tout fait à Rome, n'est pas aussi belle, et ses bas-reliefs n'ont pas la même réputation ; mais elle est beaucoup mieux placée : au moins est elle dans une place, et dans la plus régulière de Rome.

Ce seroit peut-être ici le cas de parler des nombreux obélisques qu'on voit à Rome, espece de monuments pour qui l'on a une grande estime, parcequ'étant presque tous d'un seul morceau il a fallu un travail prodigieux pour les transporter d'Egypte, et pour les placer où ils sont. Sans trop s'en rendre compte, c'est sur-tout ce travail qu'on y admire, car pour la forme, les obélisques n'ont rien de bien ingénieux ni de bien remarquable. Ce sont des pyramides en miniature ; en effet le plus élevé n'a guere que cent pieds.

Je sais bien que par cette maniere de voir et de juger, je perds de grands avantages et de plus grandes phrases. J'aurois, il y a quelques années, déclamé tout comme un autre, et caché sous l'exagération de mes expressions la fausseté ou le vuide de mes idées : mais je trouve qu'en dépit de l'exemple, un homme ne doit pas écrire comme un écolier de rhétorique, et que, tout considéré, il est trop facile de faire des phrases, comme trop ennuyeux d'en lire ; c'est ce que je veux m'amuser à prouver un de ces jours.

DESCRIPTION.

« Dans une des villes les plus grandes et les plus illustres du monde, existe un pont célèbre et digne de la cité qu'il embellit. Un fleuve magnifique coule sous ses arches majestueuses, et apporte à la cité les tributs de la campagne, et aux campagnes les productions de la cité. Ce pont, construction étonnante ordonnée par un prince plus étonnant encore, est le bras que la Providence a tendu aux habitants d'une ville immense pour les réunir ; rien ne peut égaler sa hardiesse, sa masse, son élégance. Il est vrai qu'il y en a de plus larges; mais sa largeur est dans une proportion admirable avec tout ce qui l'entoure, et le génie pouvoit seul trouver ce rapport. Il est vrai encore qu'il n'est pas régulier, et qu'à deux reprises on y monte et on y descend. Mais la nature n'a jamais fait de beautés régulieres; elle n'y a point mis ce sceau qu'elle attache à tous ses divins ouvrages; d'ailleurs, ces constructions modernes, où un pont est au niveau du sol auquel il tient, s'écartent tout-à-fait du système des anciens, modeles inimitables de tout ce qui est beau et de tout ce qui est grand. Sur ces monuments, rien n'avertit de l'effort de l'art, rien n'éveille l'imagination, rien ne frappe la pensée. Ces ponts plats sont une idée mesquine qui appartenoit bien à un petit siecle tel que le nôtre. Qui ne sait d'ailleurs que la forme demi-circulaire est bien plus amie de l'œil que la ligne droite. C'est ce que n'ont pas senti les constructeurs des ponts modernes, mais ce qui ne pouvoit échapper au créateur sublime de celui que je dénonce à l'admiration des siecles. Que de beautés de toutes les especes ! Que de choses dans un pont ! Et pour commencer par ce qui n'y est pas, quel aspect frappe les yeux de l'observateur qui passe sur celui-ci ! Cet aspect est si magnifique, que quelquefois les élégants parapets de cette construction sublime, sont bordés d'une ligne entiere de citoyens qui, dans un muet étonnement, contemplent. D'un côté un monument où se pressent les richesses du monde ; de l'autre, un palais qui a épuisé les richesses de plusieurs princes, et le génie de plusieurs artistes, ici un temple dont les tours majestueuses s'élevent jusqu'au séjour de la divinité qui y courit ; là, une place d'une forme neuve et pittoresque ; de toutes parts des édifices ou nobles ou agréables ; plus loin, des ponts qui, malgré toute leur élégance, semblent rendre hommage à leur maître, et enfin une population nombreuse qui donne la vie à ce tableau immense, et en couronne toutes les beautés.

Combien de flots ont déjà passé sous ce pont

célebre! combien y passeront encore! combien a-t-il porté d'infortunés! que de fois, sans doute, une jeune femme trompée y porta ses pas mélancoliques, et mesura, en frémissant, la profondeur de l'abyme où elle pensoit à s'engloutir! On y voit, à presque toutes les heures, de jeunes femmes souvent belles, qui se promenent en silence, et pensent sans doute à leurs amours. Si cependant, au milieu de leur rêverie, un inconnu les aborde, avec quelle prévenance elles l'accueillent, avec quelle bonté elles lui répondent. Souvent même, s'il est tard, ou si c'est un étranger, elles lui offrent cette hospitalité antique qui distinguoit nos ancêtres. O femmes généreuses! ô monument magnifique, tant que mon cœur palpitera, ce cœur reconnoissant conservera ton souvenir !

C'étoit trop peu d'une utilité si grande; ce pont immortel voit à ses côtés, et presque dans son sein, s'élever un monument mémorable, d'où l'eau recueillie s'élance, et va porter dans la ville ranimée, la vie et la fraîcheur. Au centre de cet édifice, le Temps indique à tous les citoyens sa marche éternelle, et même quelquefois, non content de parler à leurs yeux, il les avertit par une douce mélodie; il charge le plaisir de les instruire.

Lorsque le char du soleil a achevé sa carriere, à cette heure où l'homme utile se repose déja, et où l'homme oisif s'amuse encore, la scene change sur ce pont immortel. Ce ne sont plus ces flots de peuple qui se pressent, ces voitures bruyantes qui se croisent; ce sont des familles obscures qui regagnent leurs foyers; ce sont des observateurs pensifs qui oublient les leurs. Que de choses à voir quand tous les yeux sont fermés, a dit un grand homme! mais quel spectacle se présente à leurs yeux! de tous côtés s'élève une magnifique illumination; plusieurs lignes de points lumineux brillent de toutes les parties de l'horizon; leurs lueurs, à perte de vue, se refletent dans le fleuve, et sont en harmonie avec l'agréable obscurité qui les entoure. Le doux murmure des ondes du fleuve, le bruit adouci d'une ville tumultueuse, forment je ne sais quels accords, qui élevent l'ame à de ravissantes pensées. C'est sur ce pont qu'il faut venir rêver le soir pour avoir de grandes conceptions. L'observateur y trouve à chaque pas de quoi méditer. Il s'arrête souvent devant cette isle célèbre où mourut un infortuné, où régna un grand homme. Ainsi roulent, avec le fleuve silencieux, ses regrets solitaires et ses chagrins mélancoliques; ainsi toutes les jouissances du présent s'embellissent pour lui sur ce pont, des réflexions du passé et des rêves de l'avenir. »

Fatigué de voir tant de voyageurs prodiguer les phrases pour des choses fort ordinaires, vouloir absolument faire passer leurs visions ampoulées pour la vérité fidele ; il y avoit long-temps que j'avois envie d'essayer si je ne pourrois pas donner aux juges impartiaux une idée des exagérations de ces voyageurs, et de montrer qu'il est presque aussi facile que ridicule de faire les phrases volumineuses où ils se complaisent. Il y a une demi-heure que j'ai pris la plume et que j'ai écrit tout ce qui précede. Je crois y avoir assez imité l'emphase de ces écrivains, le vague de leurs idées, la justesse de leurs conjectures, et jusqu'à la force de leurs raisonnements. Il n'y a rien de si facile que toutes ces déclamations que les gens d'esprit ont quelquefois la bêtise d'admirer, et dont le moindre défaut est souvent de ne pas contenir une idée juste. Pour ne parler ici que des voyageurs en Italie, j'ose attester à mes lecteurs, que beaucoup de mes prédécesseurs ont vanté avec la même exagération, jugé avec le même esprit de critique, des choses beaucoup moins merveilleuses que le pont que je viens de décrire, et dont le site est en effet très beau quoique trop connu ; car il est temps de dire aux étrangers ce que les Parisiens savent sûrement déja ; la plupart de ceux-ci n'en sont pas à reconnoître le Pont-Neuf, la Monnoye, le Louvre, les tours de Notre-Dame, et jusqu'à la Samaritaine.

ACADÉMIE DE FRANCE.

Je n'ai rien à dire de l'Académie de France, sinon que c'est une institution très avantageuse qui n'a pas peu contribué à remettre nos artistes sur la bonne route ; mais je regrette qu'on l'ait changée de local. Elle étoit dans un assez beau palais, situé au milieu de la rue du Cours, la plus belle et la plus bruyante de Rome. L'espérance que les élèves seroient moins distraits a contribué, sans doute, à faire adopter la proposition de l'échange de ce palais, contre la villa Médicis. Cette villa, qui fait partie de Rome et qui domine cette cité, offre un bâtiment convenable et un jardin fort vaste. Ce dernier mérite manquoit totalement au palais de France ; mais celui-ci étoit au milieu de l'air le plus pur de Rome, et la Villa Médicis, sans être mal-saine, ne passe point pour avoir le même avantage.

Une raison bien moins importante, mais qui m'a paru faire impression sur quelques amateurs des arts, c'est que le palais de France, ayant été depuis tant d'années le point de réunion et d'études d'une foule d'artistes français, portoit de toutes parts, sur ses murailles, des empreintes quelquefois assez estimables de leurs talents naissants. On assure que les nouveaux possesseurs de ce palais n'ont rien eu de plus pressé que de faire effacer sans exception ces dessins qui n'étoient pas sans intérêt, sur-tout pour des regards français.

Honneur cependant aux hommes qui ont restauré l'art en France! Honneur à ceux qui les protegent! Grace aux uns et aux autres, l'académie de France, à Rome, sans jamais cesser d'être utile, sera moins indispensable, et nous aurons assez de beaux tableaux, pour nous consoler de la perte de quelques esquisses.

ACADÉMIE DES ARCADES.

Il y a beaucoup d'académies à Rome; la plus nombreuse, sans contredit, est l'académie des Arcades.

Quand on sait ce que c'est que d'être de l'académie des Arcades, on ne comprend pas la confiance de certains hommes de lettres, qui accompagnent leur nom de ce titre, à la tête de leurs ouvrages.

Il n'y a pas d'ignorant, ni de sot, qui ne puisse être de l'académie des Arcades. Cela devroit bien dégoûter les gens d'esprit, dont beaucoup ont la complaisance d'en être.

J'ai été voir le lieu de la réunion de ces académiciens : c'est une espece d'amphithéâtre assez bien orné, mais un peu dégradé, moins, toutefois que l'académie. Il paroît que les membres s'assembloient et débitoient leurs vers en plein air, ce qui devoit être passablement ridicule ; mais le ridicule n'est bien apprécié qu'en France. Ce n'est que là qu'on sait en jouir, et qu'on en sent tout le mérite.

Ce lieu de réunion a cela de particulier, qu'on y a gravé sur la pierre les réglements de la société. J'y ai lu un article bien précieux, et qui devroit être adopté dans toutes les académies : *il est défendu d'y lire de mauvais vers.*

Malheureusement, dit-on, la défense est transgressée habituellement. Les sonnets sur-tout y abondent, ces chefs-d'œuvre de nullité et d'ennui, qui, par toute l'Italie, pleuvent à la moindre occasion.

Celui qui voudra rétablir la littérature italienne sera obligé de défendre, sous peine de mort, de faire un sonnet.

La plupart des faiseurs de sonnets et autres poésies n'ont guere encore pu se persuader en Italie, que des mots harmonieux sans pensées ne sont pas des vers. Ils finissent avec beaucoup de satisfaction un sonnet par ce trait : *Je vous aime de tout mon cœur ;* ou quelque chose d'aussi spirituel. Ils se fondent sur l'exemple de plusieurs poëtes anciens qu'on admire, et qui n'en font pas d'autres ; mais les poëtes italiens oublient que si dans les premiers jours de la poësie il y a eu du mérite à enfermer une idée commune dans des vers harmonieux, on est, avec le temps, devenu plus difficile, et que les mêmes hommes qui excusent et même applaudissent la nudité de quelques anciens, sont les premiers à siffler les modernes assez fous pour vouloir imiter ceux-ci, et assez simples pour prendre à la lettre les éloges qu'on leur donne tous les jours.

On nous reproche la langueur de notre littérature: on dédaigne ou l'on dénigre les jolis ouvrages qu'elle produit de temps à autre, et des gens qui ne font rien crient à la décadence, parceque tous les ans la littérature française ne produit pas un chef-d'œuvre. Ces hommes seroient plus justes, s'ils connoissoient la littérature actuelle italienne: elle est bien autrement foible que la nôtre. Le comte Alfieri vient de mourir, en nous laissant des tragédies qui ne sont pas sans énergie, mais où il n'y a pas assez de connoissance de la scene. L'abbé Monti a fait une tragédie et des odes très estimées; mais j'ai entendu des Italiens lui reprocher de se perdre souvent dans les nues, et d'être quelquefois inintelligible pour eux-mêmes. L'abbé Cesarotti, excellent traducteur d'Ossian, très élégant imitateur d'Homere, est, à mon avis, le premier écrivain actuel de l'Italie: mais il devroit nous donner quelque chose d'original. L'abbé Casti, qui vient de mourir, a laissé un très long poëme allégorique un peu trop vanté, selon moi, par un excellent écrivain français capable de faire beaucoup mieux lui-même. Cet abbé est sur-tout connu en Italie par ses nouvelles galantes, dont le plus grand mérite consiste dans des détails excessivement libres, et dont le plus grand défaut est une diffusion prodigieuse, et telle, que le joli conte d'Isabelle et Gertrude, qui a dans Voltaire cinquante vers, en a dix ou douze fois autant dans l'abbé Casti. Du reste, ces contes roulent presque tous sur des confesseurs qui séduisent leurs pénitentes, sur des prêtres qui ont des maîtresses; leurs auteurs sont à mille lieues de la grace, du bon ton, et de l'esprit de dix de nos conteurs, et comme ils ont le plus grand succès en Italie, ils peuvent servir de monument, non seulement pour donner une idée des mœurs, mais aussi pour prouver combien la plaisanterie italienne est arriérée sur la plaisanterie française.

Hors les hommes que je viens de citer, et peut-être deux ou trois encore, aucun autre n'est connu, quoiqu'il y en ait peut-être tel qui mérite ou méritera plus de l'être que tous ceux qui le sont aujourd'hui; car je serois fâché d'être complice des injustices de la renommée. Mais d'après tout ce qu'un étranger peut connoître de la littérature italienne, il ne peut que s'affliger de sa décadence, et s'étonner de la foiblesse des successeurs du Tasse et de l'Arioste.

Il faut être juste, l'Italie manque pour cela comme pour tant d'autres choses, d'un foyer, d'une capitale enfin; et le défaut de ce ressort rend plus étonnants encore les deux grands poëtes que je viens de citer.

Puissent revenir, pour les lettres italiennes, des jours plus heureux, et puisse l'Italie prendre à cet égard de la France les leçons qu'elle en a reçues autrefois!

C'est alors, mais alors seulement, qu'il sera flatteur d'être de l'académie des Arcades.

PROMENADES.

D'un bout de l'Italie à l'autre rien de plus rare que les promenades, si ce n'est peut-être les promeneuses. A Rome, la promenade à la mode est une rue; c'est là que les voitures se réunissent et circulent. Je dis les voitures, car une voiture étant un objet de première nécessité dans les opinions italiennes, toute femme qui a assez de fortune pour en avoir une trouve désormais inutile de se servir de ses jambes; et rien de plus rare dans beaucoup de villes d'Italie que de voir marcher une femme d'un certain ordre: peut-être est-ce par coquetterie qu'elles ne marchent pas; car elles marchent si mal en général, sur-tout de l'avis des gens accoutumés à la démarche si aisée, à la grace si naturelle des Françaises, qu'il est en effet plus sage de s'enfermer dans une triste voiture, et de suivre avec l'air de l'ennui une file éternelle.

Ce n'est pas que si ces femmes savoient s'amuser mieux, je les blâmasse beaucoup de ne pas aimer la promenade. J'avoue que je suis assez de l'avis de Voltaire, qui la nommoit le premier des plaisirs insipides. Je vais plus loin, et j'ai fondé sur la promenade un système que je dédie à M. Philogyne, cet aimable *observateur de la femme* (1), et que je le prie de présenter à la premiere séance de sa société. Réfléchissant combien la promenade est un plaisir sinon insipide, au moins innocent, je me suis mis à penser qu'il falloit que les femmes qui l'aiment fussent bien innocentes elles-mêmes, et qu'on pourroit former, d'après leur goût ou leur dégoût pour cet amusement, une espece de thermometre de leur vertu. Je livre aux amateurs cette idée qui ne demande qu'à être fécondée par quelque homme de talent;

(1) Le petit livre des Observateurs de la Femme est encore un de ces ouvrages qui, avec autant d'esprit et d'originalité que Sterne, offrent un ton beaucoup plus sûr. Quoiqu'il ait fort réussi, il n'approche pas de la réputation du Voyage sentimental; mais l'auteur est Français, et qui pis est vivant. Je l'engage à se faire enterrer le plutôt possible pour jouir bien vite de toute la réputation qu'il mérite.

et qui ne peut tourner qu'au profit des mœurs. Ainsi, si mon thermometre étoit exécuté, le mari qui voudroit connoître sa femme, le fiancé qui voudroit juger sa prétendue, n'auroit qu'à le consulter, et savoir jusqu'à quel degré elle aime la promenade; il sauroit le degré de l'innocence de celle qu'il aime, et ce seroit tout-à-fait commode. Observez qu'il s'agit seulement ici du goût pour la promenade qui n'est que promenade; car si la promenade qu'on aimeroit avoit un but quelconque, cela changeroit tout, et il se trouveroit quelquefois qu'une vertu qui sembloit être de vingt degrés tomberoit tout de suite au-dessous de zéro.

CONVERSATIONS.

On appelle conversations en Italie des réunions où l'on se tait. L'Italien, si diffus quand il écrit, si parleur même quand il parle, ne semble se réunir que pour jouer. Voyez ces sortes de cercles, qui répondent assez à ce qu'on appelle dans nos petites villes l'assemblée, les hommes s'y accumulent et semblent inanimés jusqu'au moment où les cartes paroissent; mais alors les cavaliers servants même tiennent beaucoup moins auprès de leurs dames. On a besoin de réfléchir à toutes ces choses et à d'autres pour s'assurer que les Italiens aiment le jeu ; car en les voyant jouer même très peu d'argent on ne le devineroit pas. Ils ont alors la figure que les Anglais ont toujours ; leur air plus que grave attriste, et l'on se demande si en sortant de là ils ne vont pas être mis en prison.

Dans toutes les conversations un peu brillantes, on sert des glaces, goût universel en Italie, où elles sont trois ou quatre fois meilleur marché qu'en France ; je voudrois bien savoir pourquoi.

A ces conversations près, rien de plus solitaire que les Italiens. Cette nation a très peu l'esprit de société, et il y a peu de petites villes en France où l'on ne se réunisse davantage et plus agréablement que dans telle ville très grande de l'Italie.

Mais quand on cause enfin par hasard, que se dit-on ? assez peu de chose. Il y a si peu d'instruction parmi le plus grand nombre des hommes qui se réunissent que la matiere est bientôt tarie. Les femmes sur-tout ont rarement beaucoup de choses à dire ; mais ce qui étonne c'est ce qu'elles entendent. La langue italienne est bien moins modeste que la nôtre, et le tact des convenances bien moins perfectionné en Italie. Il résulte de là que des propos extrêmement libres réussissent souvent, même auprès de la femme la plus honnête, et que quelquefois elle ne comprend pas des plaisanteries qui feroient sourire en France une femme de bonne compagnie. Quand on a été accoutumé aux épices, on ne peut plus goûter les mets simples.

Les pièces où les Italiens reçoivent n'approchent pas pour l'élégance de l'ameublement de celles de France; les glaces sur-tout, presque toutes de Venise, sont rares, petites, et d'un tain détestable; on voit peu, même chez les grands seigneurs, de ces belles glaces qui sont chez tout le monde à Paris. L'ameublement en général est sans goût et sans fraîcheur; comme la distribution est sans intelligence: mais aussi il faut convenir que pour la grandeur des pièces, pour la beauté des galeries, pour le luxe de l'entrée, pour le grandiose de l'ensemble, les maisons françaises ne sont pas comparables aux maisons italiennes. C'est dommage que les propriétaires de ces belles demeures couchent presque tous dans un galetas, ou du moins dans un entresol de leurs palais.

LE SIGISBÉISME.

La plupart des hommes qui ont vu l'Italie sans en avoir écrit, et qui en ont écrit sans l'avoir vue, s'extasient sur ses monuments, ses débris, ses cascades, ses tableaux, ses obélisques, sur tout ce qu'elle offre de curieux, et ils ne disent rien ou bien peu de chose sur la chose la plus curieuse qu'elle offre aux regards de l'observateur; sur cette institution singuliere par laquelle ce qui n'est avoué nulle part est devenu une chose convenable et même nécessaire, sur l'ordre de choses le plus fait pour déplaire à la jalousie, et qui cependant fleurit dans le pays le plus jaloux, en un mot sur le sigisbéisme. Je suis toujours surpris que les voyageurs parlent si peu de ce phénomene, eux qui sont toujours prêts à exalter les choses les plus communes. Il est vrai, (et c'est ce qui seul peut expliquer leur froideur sur le sigisbéisme) cette institution prête très peu aux phrases et aux exclamations qui leur sont si cheres; elle fait sourire l'esprit, elle attriste la pensée; mais elle est très peu favorable à l'admiration, ce magasin commode et éternel des gens sans idées.

On joue sur un de nos plus petits théâtres, au moment où j'écris, une piece qui attire la foule, et qui est intitulée la *Femme à deux Maris*. Ce titre paroît extrêmement piquant en France; il attireroit beaucoup moins en Italie, où, dans la haute société du moins, il y a presque autant de femmes à deux maris que de femmes.

Dans la plus grande partie de l'Italie une fille en se mariant apporte à son mari une dot et un sigisbé, autrement dit cavalier servant. Dans quelques villes d'Italie la clause d'un cavalier servant est une des principales d'un contrat de mariage. Le mari reconnoît que la signora Angelina aura pour cavalier servant *il conte****, et même que si elle n'a pas lieu d'en être satisfaite, elle ne sera pas gênée dans le choix de son successeur.

Mais, dira-t-on, qu'est-ce qu'un cavalier servant? Il faut distinguer ici le droit et le fait. Dans le droit, un cavalier servant est en homme ce qu'est en France une *dame de compagnie*; c'est l'individu qui accompagne, amuse ou ennuie partout la dame qui l'a accepté ou choisi; il a, à bien des égards, le pas sur le mari; il entre chez sa dame à-peu-près à toutes les heures; il seroit aussi indécent qu'elle ne se montrât pas avec lui, que souvent il seroit indécent qu'elle se montrât avec son mari. Voilà ce qu'est de droit un sigisbé, et cela suffit pour faire sentir ce qu'il est bientôt de fait. Le résultat presqu'inévitable de cette institution pour les maris est si connu, et même si reçu, qu'on ne comprend pas qu'elle soit, je ne dirai pas existante en Italie, mais même honorée. Je tiens d'une Italienne extrêmement franche que sa famille, une des premieres de son pays, l'avoit, lors de son mariage, long-temps et cruellement tourmentée pour prendre un cavalier servant, ce à quoi, disoit-elle, elle s'étoit très obstinément refusée: mais ce qu'elle ne disoit pas, et ce qu'on assuroit, c'est que son mari n'y avoit rien gagné, et qu'elle avoit pris en quelque sorte son cavalier servant *en monnoie*.

Il y a des villes où les dames et leurs cavaliers servants sont plus inséparables que dans les autres. Dans quelques unes cela va jusqu'à répondre à peine à tout autre homme qui leur adresse la parole : aussi quand une d'elles se trouve par quelque circonstance dans une société sans son cavalier, quelque jolie qu'elle soit, elle est en général délaissée avec une rigueur qui étonne un étranger. Mais il faut savoir que c'est pour beaucoup de dames un sujet de rupture avec leur sigisbé que de l'avoir vu parler à une autre dame ; et il faut savoir aussi que si beaucoup d'Italiens font de ces sortes d'unions, de ces *sous-mariages* en quelque sorte, des affaires de plaisir, beaucoup d'autres en font des affaires d'intérêt ; et il est peu de villes en Italie où ne soit quelque homme connu pour s'être dévoué à être successivement le cavalier de plusieurs vieilles femmes riches. C'est cette observation qui explique ce qu'on voit assez souvent en Italie, une belle femme délaissée pour une femme qui n'est plus jolie ou qui ne l'a jamais été. En général les cavaliers ne s'exposent guere aux hasards de la rupture qu'après s'y être déterminés d'avance et avoir trouvé ou cru trouver mieux que ce qu'ils sacrifient. Mais jusqu'au moment où ces unions sont rompues, elles ont subsisté avec une régularité tout-à-fait satisfaisante, en apparence du moins; car les cavaliers servants qui ont si souvent les avantages de maris passent pour participer à leurs accidents; et telle Italienne qui aura refusé de danser avec vous, ou qui, lorsque vous lui aurez adressé la parole en société, n'aura pas daigné vous répondre, vous accordera avec une facilité très aimable une entrevue particuliere pour le soir du jour où elle vous aura fort mal traité. Elles sont loin d'être toutes de ce genre; mais j'ai vu soutenir par des Français un peu séveres, et même convenir par des Italiens sans doute trop faciles, qu'à quelques exceptions près les honnêtes femmes en Italie étoient celles qui n'étoient intimément liées qu'avec leurs cavaliers servants.

Je ne garantirois ici que les exceptions; je connois plusieurs Italiennes extrêmement sages, et qui n'ont point de sigisbé, ou qui n'en ont un que pour les accompagner, et tels que sont presque toujours les premiers cavaliers servants des femmes, des vieillards propres seulement à écarter les insolents, mais très inhabiles à l'être. Il est vrai que la plupart ne tardent pas à être congédiés, et remplacés plus avantageusement.

Mais, me dira-t-on, quelque étrange que paroisse cette institution, si les Italiens s'en trouvent bien, ont-ils si grand tort de s'en servir? J'en conviendrois si l'on vouloit; mais c'est qu'ils s'en trouvent mal; et l'on devine d'abord son inconvénient le plus grave, et qui heureusement paroît peu senti, l'incertitude des paternités; incertitude qui d'après un tel ordre de choses doit nécessairement être plus forte que par-tout ailleurs, et qui souvent ne doit pas être même une incertitude; et je ne sais si c'est à cette cause qu'il faut attribuer la rareté des enfants qu'on voit dans une certaine classe, d'un bout de l'Italie à l'autre. Là beaucoup moins qu'ailleurs on voit des meres entourées de leur famille. Le peu d'enfants qu'on rencontre n'a l'air ni gai ni heureux. La plupart des enfants des familles aisées sont de très bonne heure enfermés dans des pensions et des couvents, où ils restent ensevelis jusqu'à ce qu'on trouve aux hommes un état, aux filles un mari et un cavalier servant. Je reviens à ceux-ci. Il suffit de les voir pour juger qu'ils ne font ni leur bonheur ni celui de leurs dames. Rien dans l'univers ne peint l'ennui et ne l'inspire comme une dame se promenant dans sa voiture avec son cavalier servant : les maris et les femmes les plus ennuyés en se promenant ensemble ne sont rien auprès de cela : je l'ai vu et observé vingt fois; mais sans l'avoir vu il est aisé de deviner que cela doit être. En effet, des liaisons formées souvent par la convenance, prolongées par l'habitude, où l'amour n'a en général éprouvé que peu de résistance, où il n'éprouve aucun obstacle, n'ont rien de commun avec le bonheur d'un amant et d'une maîtresse, avec cette douce illusion qui se prolonge plus ou moins, avec ce rêve enchanteur qui finit, mais qui a duré. D'un autre côté ces mêmes liaisons n'ont rien de commun non plus avec les liaisons conjugales, dont les plus froides se réchauffent par les mêmes intérêts, souvent par les mêmes sociétés, et toujours du moins par cette douce chaîne des enfants. Il étoit difficile de trouver une liaison qui n'eût ni les douceurs de l'amour, ni les consolations de l'hymen. Les Italiens l'ont trouvée, ils l'appellent le sigisbéisme.

Il y a une telle différence entre les mœurs françaises et italiennes, que la moitié de nos romans doit être inintelligible de l'autre côté des monts; en effet je ne connois pas en seul roman italien véritablement bon. Comment pourroit-il y en avoir? les intrigues sont toutes trop longues ou trop courtes.

Une chose qui délasse au milieu de ces tristes observations, c'est d'observer un mari et une femme qui se rencontrent dans la société, l'un avec sa dame, l'autre avec son cavalier servant. Le même homme, qui est d'une jalousie extravagante avec une femme qui n'est quelquefois pas même sa maîtresse, ou qui ne l'est plus, ne prend seulement pas garde à la conduite de la femme qui porte son nom, et qui le transmettra à ses enfants. Je sais bien qu'en France et ailleurs il y a des désordres analogues; mais ces désordres et ces ridicules sont loin d'approcher de ceux du sigisbéisme, qui en est l'exagération et en quelque sorte la caricature.

Qui croiroit, d'après ce tableau très fidele, que les Italiennes ont une opinion que j'ai entendu énoncer non pas par une seule, mais par plusieurs en différents endroits de l'Italie; *elles trouvent les Françaises trop coquettes*, et elles le soutiennent sérieusement; elles se fondent sur un fait très exact; elles savent qu'une Française bien élevée qui se trouve dans une société avec dix hommes répond avec politesse, et, quand elle est chez elle, avec prévenance aux attentions de chacun d'eux. Mais elles tirent de ce fait une conséquence fort singuliere. Vivant dans un pays où une première conversation est quelquefois décisive, elles supposent aux prévenances des Françaises une conséquence qui n'en résulte presque jamais : car si en Italie on réussit assez facilement avec les femmes que l'on peut faire causer dans la société, il n'est pas un Français qui ne sache que parmi nous au contraire les hommes à qui les femmes parlent le moins en public ne sont pas toujours ceux qui sont le plus mal avec elles. Mais voilà ce que les Italiennes ne savent pas; et parceque'elles ne répondent pas quelquefois à un homme qui leur adresse la parole, elles regardent comme trop coquettes les Françaises, parceque celles-ci sont polies et aimables avec tout le monde. J'en demande pardon au Colysée, à Saint-Pierre, à Pompéia, cette opinion des Italiennes m'a paru plus curieuse que tout ce que j'ai vu en Italie.

LES MOEURS.

Il y a des paresseux qui laisseroient ce chapitre en blanc: au reste le précédent suffit pour suppléer à la lacune de celui-ci, sur-tout si l'on n'oublie pas non plus le chapitre des exceptions; ainsi je ne considérerai ici les moeurs que sous un rapport plus général.

C'est une *phrase* bien usée, mais un sujet d'étonnement toujours nouveau, que l'état de l'Italie actuelle pour le voyageur qui y arrive plein de ce qu'elle étoit autrefois, et l'indolente nullité à laquelle se sont résignés les enfants d'un peuple qui a conquis le monde, et qui, à plusieurs époques, l'a charmé dans les arts et éclairé dans les sciences. Sous le rapport politique, cela peut s'expliquer par les circonstances, qui ont été telles que depuis un temps presque immémorial aucun état en Italie n'a eu une étendue ni une consistance assez forte pour jouer un grand rôle dans l'Europe, et pour n'être pas plus ou moins entraîné et souvent brisé dans le tourbillon des grandes puissances. C'est un jeu singulier du hasard, si ce n'est pas une combinaison remarquable de la Providence, que la nation qui a conquis et désolé l'univers, soit alternativement conquise et désolée par tout l'univers. Dans de telles circonstances que peuvent faire les Italiens; ce qu'ils font en effet, jouir le plus tranquillement possible de leur fortune, et, quand ils sont riches, imiter les petits princes, qui, pour se consoler de n'avoir pas de belles armées, bâtissent de beaux palais. En effet l'Italie, jusqu'à Rome du moins, est, sans contredit, le pays le mieux bâti de l'Europe. Il y a peu d'Italien noble et aisé qui n'ait commencé ou fini un palais, *palazzo*; c'est l'expression: car chez cette nation un peu ampoulée on ne connoît pas le mot d'hôtel, pas plus que celui de riviere; il n'y a que des palais ou des fleuves, *fiume*. La langue italienne manque d'une foule de nuances de cette espece; mais il faut convenir que les nuances manquent souvent aussi dans les choses. Par exemple en Italie il n'y a presque pas de bourgeoisie, tout est marchand ou comte; les titres, même les plus brillants, s'accordent ou du moins se vendent très facilement à tout homme qui est en état de les payer. Dans une des plus grandes villes d'Italie il existe en ce moment un homme qui est déja marquis dans la même ville où on se rappelle encore de l'avoir vu auner des étoffes, et on m'assuroit qu'il alloit avoir un titre encore plus élevé; et en effet il est au niveau de ces honneurs au moins par la fortune énorme que son talent lui a acquise, et, ce qui est plus rare, par une probité que j'ai vu généralement reconnoître.

Cette profusion de titres, en général beaucoup moins bien placée, produit un inconvénient réel. Tous ces hommes titrés étant infiniment plus nombreux que les places qui peuvent leur convenir, restent absolument inutiles, et la plupart voulant soutenir leur rang, de bourgeois aisés, deviennent des nobles indigents. Cette manie, jointe à la quantité de cadets dans un pays où les aînés sont très favorisés, fait de la noblesse italienne une des plus pauvres de l'Europe, et nuit, à bien des égards, à la considération qu'elle mérite.

Dans nos villes de France, où il y a presque toujours une bourgeoisie industrieuse souvent riche, il existoit souvent une opposition tacite entre elle et la classe plus distinguée. En Italie, où il y a moins de lumieres et moins d'industrie, cette classe ni cette opposition n'existent. Tout commande, ou tout plie ; malheur aux hommes qui étant encore dans une position mitoyenne se trouvent froissés entre les nobles et le peuple. La premiere leur fait vivement sentir l'infériorité qu'ils font peut-être déja sentir à la seconde. J'ai vu dans un concert particulier une bourgeoise qui y avoit été invitée, entrer, s'asseoir, écouter, et partir sans que le maître ou la maîtresse de la maison, très attentifs pour tout le monde, lui eussent adressé un seul mot, ni même un salut. En général la politesse, ce doux vernis de la société, est très peu connue en Italie. Les Italiens, toujours exagérés, sont plus qu'honnêtes quand ils ne sont pas impolis. A cet égard, comme à tant d'autres, un homme qui sort de France est là comme un amateur qui sort d'un charmant concert, et qui écoute une symphonie discordante. En ce genre les Italiens nous rendent bien la mauvaise musique qu'ils nous reprochent. En général on ne trouve point chez eux cette fleur ni cette aisance de politesse qui nous paroissent si simples. L'Italien prevenant à l'excès pour une seule femme, est loin de l'être assez pour les femmes, qui trouvent peu en Italie cette galanterie respectueuse à laquelle se soumettent chez nous tous les rangs et tous les âges. J'ai vu quelques exemples choquants en ce genre; je n'en citerai qu'un. A un concert que l'on donnoit à un très grand personnage, on avoit, faute de cantatrice, prié une femme de la ville de vouloir bien chanter; elle eut cette complaisance. Le concert commença par plusieurs morceaux assez insipides chantés ou exécutés par des artistes. Au moment où cette dame commençoit à chanter, les glaces arriverent, sans doute par hasard; on les distribua avec le plus grand bruit; celui qui donnoit le concert et celui qui le recevoit en prirent, et ni l'un ni l'autre, ni personne, n'eut l'air de s'appercevoir de la grossièreté du procédé qu'éprouvoit cette malheureuse femme qui avoit la complaisance de chanter. Ce qui m'étonna le plus fut de la voir continuer son morceau jusqu'à la fin, au milieu d'un tumulte qui permettoit à peine de distinguer sa voix. Quand elle eut fini, elle se retira, sans qu'au moins par des applaudissements un peu marqués on lui offrît quelques remerciements ou quelques excuses. Un trait pareil peint mieux les mœurs d'un pays que tout ce que je pourrois en dire.

C'est par une suite des mêmes opinions que s'est établi et soutenu l'usage du *baise-main*; usage au reste commun à tout le midi, et à d'autres cours. Dans ces cérémonies on se met à genoux devant un prince, et on lui baise la main; qui que ce soit du pays n'en est dispensé, ni hommes, ni femmes: c'est peut-être trop pour les hommes, mais pour les femmes cela est absolument révoltant. Une femme qui se met à genoux devant un homme pour lui baiser la main me fait un effet encore plus choquant et plus ridicule qu'un homme qui se présenteroit en jupon. Personne ne respecte plus que moi les princes, et ne sent la convenance, la nécessité même des honneurs qu'ils se font rendre; mais celui-là du moins passe toutes les bornes, renverse toutes les idées, sur-tout rendu par une femme à un homme. J'ai assisté comme étranger à l'une de ces cérémonies ; le prince qui en étoit le principal personnage étoit un jeune homme ; des femmes âgées, de jeunes femmes, *admises à cet honneur*, se mettoient à genoux devant lui et lui baisoient la main, pendant qu'il ne les regardoit seulement pas, et causoit avec la personne qui étoit à côté de lui. Non seulement cela existe, mais cela paroît tout simple.

Si des cérémonies on veut passer à l'intérieur des maisons, on verra que les femmes, en général si maîtresses de leurs personnes, le sont très peu de leur fortune ; ce sont les maris qui l'administrent et qui en jouissent souvent avec une réserve fort singuliere. Rien de plus commun dans la société que de voir les femmes jouer des pieces de billon à côté de leurs maris, qui jouent des pieces d'argent ou d'or. Il y a même quelques villes où les maris donnent à leurs femmes une somme quelconque, en général fort modique, pour payer leur jeu, leur coëffeur, leurs rubans, même leurs déjeûners ; après quoi tout est absolument sous la clef du mari, et, hors des repas, si la maîtresse de la maison veut prendre quelque chose, il faut qu'elle l'envoie chercher au dehors, si pourtant elle a de l'argent. On sent qu'une telle coutume est si étrange, qu'elle ne peut pas être générale ; mais c'est déja trop qu'elle existe. En tout, les Italiens, si fastueux dans leurs repas d'appareil, sont peut-être le peuple qui vit avec le plus d'économie dans son intérieur; mais il faut attribuer cela en grande partie au climat, qui fait en général des peuples du midi de petits mangeurs; et aussi à la vanité qui, là plus encore qu'ailleurs, rejette toutes les dépenses au dehors.

Je suis loin d'adopter les exagérations de ces hommes qui, après avoir trop apprécié, déprécient trop; je crois que l'Italie, qui renferme en son sein beaucoup de vertus, beaucoup de talents, et en offrira plus encore, quand les institutions y seront mieux dirigées. Mais pourquoi le nierois-je, j'y crois l'espece humaine un peu moins bonne qu'en France. Il m'a semblé qu'en tout, les affections y étoient moins tendres, les sentiments moins doux. Si j'étois obligé de préciser davantage, je me bornerois à remarquer cet esprit vindicatif, attribué de tout temps aux Italiens, et sur-tout la maniere dont cette vengeance s'exerce. Le couteau et le stilet y sont des armes généralement répandues, et y font, sur-tout dans le midi, de nombreuses victimes. Il est vrai que la police, à cet égard, est si mauvaise dans quelques gouvernements, qu'elle semble favoriser les meurtres plutôt que les contrarier; et, à cet égard, je citerai encore un trait que je ne garantis pas, quoiqu'on me l'ait affirmé, Un Italien qui se trouva un jour dans une assez nombreuse réunion de Français, leur fit ce récit en estropiant leur langue : On nous accuse, nous autres Italiens, d'être vindicatifs ; cependant voici ce qui m'est arrivé. Dans ma premiere jeunesse, j'allois voir quelquefois les demoiselles ; cet abbé contrefait que vous venez de voir passer, le sut, et s'avisa d'en instruire mon pere, qui me gronda, et même me battit cruellement. Je respecte mon pere, mais je ne pouvois pas me dispenser de me venger de celui qui l'avoit instruit. Je pensai d'abord à aller attendre l'abbé au coin d'une rue, et à m'en défaire : mais la pitié me prit, et avant tout, je voulus consulter les gens du métier, sur la peine qui étoit infligée dans ces occasions. Je vis que l'amende étoit de tant pour un coup sur la tête, de tant pour un bras estropié, de vingt écus pour des *gambes* cassées. Je voulus voir aussi combien on prenoit pour un homme tué ; je vis qu'il n'y avoit rien de prononcé sur cela, et l'on m'assura même que ces accidents étoient presque toujours sans suite. Vous voyez, messieurs, quel étoit mon interêt dans cette circonstance ; eh ! bien, malgré cela, je fis grâce à cet abbé : j'aimai mieux payer vingt écus, et lui casser les *gambes*.

Ce trait est vraisemblablement apocryphe, et je ne le cite que comme une assez bonne plaisanterie : mais ce qui est très exact, c'est la mauvaise police d'une partie de l'Italie ; c'est la protection que beaucoup de temples et même de palais assurent à des assassins, c'est leur impunité fréquente, c'est la pitié qu'ils inspirent au peuple, qui dit souvent en voyant l'un d'eux : *Poverino*, *ha ammazato un uomo*, le pauvre petit, il a tué un homme. Le général Duhesme, qui a eu une si belle part dans la fameuse campagne de Naples de 1798, me racontoit que quand il s'empara de cette ville, on vint de toutes parts solliciter auprès de lui la liberté de quelques hommes qui étoient dans les prisons. Il demandoit ce dont ils étoient coupables, et on allégeoit leurs crimes tant qu'on le pouvoit. Qu'a fait celui-ci? dit le général : Oh! rien, répondit-on, il a poignardé une femme.

Mais si tous ces faits et tant d'autres, dont quelques uns appartiennent malheureusement à l'histoire, prouvent dans la classe inférieure d'une partie du peuple italien, une disposition trop forte à la haine et à la vengeance, les classes supérieures offrent souvent des vertus qui dédommagent et consolent l'observateur. L'amertume de la lie n'empêche pas que la liqueur ne soit délicate. Et quels traits particuliers pourroient empêcher d'estimer une nation qui a produit des hommes distingués dans tous les genres, qui ne demande qu'à en produire encore; qui, au milieu de quelques erreurs, offre l'exemple de tant de vertus, et qui, dans ces derniers siecles, a produit tant de pontifes respectables, dont le plus récent, illustrant son pontificat par une opération inespérée, vérifie à quelques égards, ce précepte de l'évangile : En vérité, je vous le dis, le dernier venu sera le premier ?

Et il faut observer encore que parmi ceux des peuples de l'Italie que ce chapitre regarde peu ou point du tout, il faut distinguer presque toute la Lombardie et sur-tout le Milanès, ce peuple aimable qui accueillit si bien les Français lors de leur première entrée en Italie, et qui, lorsque les temps et les hommes changèrent, fut du moins francs dans son mécontentement, comme il l'avoit été dans son amitié; bien différents en cela de plusieurs peuples d'Italie, qui n'accueillirent jamais tant les Français que quand ils leur gardoient le poignard et le poison. C'est ainsi qu'ils ont ravagé nos armées, et lâchement immolé tant de nos braves soldats. On me citoit un aubergiste qui s'étoit vanté d'en avoir fait périr chez lui trente; il ne s'en vante plus.

ÉDUCATION.

Je dirai peu de chose sur l'éducation, si ce n'est qu'à cet égard, comme à plusieurs autres, l'Italie est à un siecle en deça de la France. Ce n'est pas qu'on ne pût y trouver des maîtres d'un mérite très distingué; mais cette éducation est livrée presque par-tout à des moines fort éloignés de valoir les nôtres, et, qui pis est, à des religieuses, dont beaucoup savent ce qu'elles devroient ignorer, et, en revanche, ignorent ce qu'elles devroient savoir. En général, presque toutes les personnes qui se mêlent d'éducation, en Italie, devroient bien commencer par faire la leur. Aussi l'ignorance y est-elle affligeante, sur-tout en s'enfonçant dans le Midi. On sait fort peu en Italie, et le peu qu'on sait, on le sait fort mal; je n'en citerai que deux exemples fort opposés.

Dans une des principales villes de l'Italie, dans un college célebre, affecté aux nobles, l'exercice public eut lieu pendant qu'un bataillon de grenadiers français se trouvoit dans le pays; les officiers y allerent; peu eurent un avis sur les exercices littéraires, exercices d'ailleurs où le charlatanisme est si facile et par-tout si commun. Mais tous ceux de ces officiers que j'eus occasion de voir peu après, me parlerent de l'exercice de l'escrime dont on les avoit fait témoins et juges. Là, le charlatanisme n'est pas possible, et un jeune homme fait voir ce qu'il sait et ce qu'il ne sait pas. Tous ces militaires ne pouvoient parler sans pitié de ce qu'ils avoient vu en ce genre dans ce college, un des meilleurs d'Italie; tous les jeunes gens étoient placés de maniere à être atteints à la premiere botte.

Dans une autre ville d'Italie, fort grande et fort

peuplée, un étranger, d'une grande distinction, avoit pour maîtresse la plus jolie femme du pays, âgée de vingt ans, richement mariée, et tenant à tout ce qu'il y avoit de mieux. Pendant les tête-à-tête assez nombreux qu'il avoit avec elle, il passoit le temps qu'il ne pouvoit pas mieux employer..., à lui achever d'apprendre à lire.

Il ne faudroit pas juger par cet exemple des Italiennes, parmi lesquelles il y en a beaucoup de très instruites comme de très aimables; mais en général, elles ont peu de connoissances et peu de de talents, même celui de la musique, qu'on croiroit être inné chez toutes les Italiennes; beaucoup ont du goût, fort peu savent chanter par principes, et extrêmement peu possèdent un instrument.

Les hommes sont, comme de raison, plus instruits; mais rarement ils le sont assez. Ils sont fort indolents en général; et la plupart ont perdu leurs études et leur jeunesse. La faute doit s'en partager entre les élèves et les maîtres.

Parmi ces derniers, il seroit injuste de ne pas distinguer les membres de l'institut de Bologne, établissement qui honore l'Italie, et qu'aucun des reproches précédents ne peut concerner. Mais cet établissement et quelques autres, ne suffisent pas pour détruire dans toute l'Italie l'ignorance qui, sur-tout dans ces climats chauds, a une si grande force d'inertie. Quelques gouttes d'essence s'évaporent dans un grand vase.

VILLA BORGHESE.

La premiere idée que la villa Borghese rappelle, c'est le nom de la famille qui en est propriétaire, et c'est déja un plaisir pour tous ceux qui ont eu occasion de la connoître. Cette famille, une des plus distinguées et des plus opulentes de Rome, en est, en même temps, une des plus aimables. Aucune peut-être ne reçoit aussi bien les étrangers, sur-tout les Français pour la cause desquels un de ses membres a long-temps combattu avec beaucoup de distinction.

La villa Borghese est la plus belle de toutes les maisons de campagne des environs de Rome; elle touche aux murs de Rome même, et est la promenade la plus fréquentée de ses habitants, surtout de ceux qui ont des voitures. C'est le *Bagatelle* de Rome; mais, sous tout autre rapport, Bagatelle reste bien au-dessous de la villa Borghese. L'entrée en est belle et majestueuse, le casin est situé au milieu de jardins enchanteurs, et on y arrive par la route la plus riante et par les avenues les plus nobles. Ce casin, d'une belle architecture, n'est pas immense ; mais la collection qu'il renferme est presque sans prix : la décoration des salles de ce magnifique musée en est digne ; rien de plus varié, rien de plus riche ; la richesse même est un peu le défaut qu'on y trouve : mais du moins c'est le goût qui l'a distribuée. Selon l'usage général en l'Italie, les plafonds sont chargés d'arabesques ou de peintures : ils sont charmants, et dégoûtent un peu de la nudité des nôtres.

Chacune des salles de ce musée a un nom tiré du genre des morceaux qu'elle contient, comme la salle Egyptienne, ou du chef-d'œuvre principal qu'on y admire, comme la salle du Gladiateur ; car c'est là qu'on voit encore ce chef-d'œuvre d'autant plus précieux, que c'est presque le seul de cet ordre qui soit resté à l'Italie. La famille Borghese a dû cet avantage, moins à sa conduite, qu'au respect qu'on ne sait pas assez que les Français ont eu en général, à Rome, pour les propriétés particulieres ; ils ont enlevé ce qui appartenoit au gouvernement avec qui ils étoient en guerre ; ils ont aussi dépouillé, à moins juste titre, quelques princes Romains, qui, par leur haine déclarée étoient aussi un peu en guerre avec elle ; mais une foule de palais de Rome sont encore pleins de tableaux, dont plusieurs auroient fort bien figuré au muséum de Paris. Ce qu'il a le plus à desirer, c'est, sans contredit, le gladiateur Borghese; ce morceau est à côté de tout ce qu'il y a de plus beau en sculpture. Quelques savants prétendent que ce n'est pas un gladiateur; mais, quoi que ce soit, c'est peut-être la plus belle représentation qui existe de l'homme en action. Ce qui ajoute pour moi au mérite de cette statue, c'est que, contre l'ordinaire, les formes humaines n'y sont point exagérées. Je ne sais pas si c'est là un un gladiateur, mais voilà un homme.

On voit au palais Borghese une statue plus curieuse encore; c'est le fameux Hermaphrodite. Je ne sais pourquoi quelques voyageurs parlent tant de l'impression que cette statue fait sur leurs sens. Pour moi, je ne conçois rien de moins capable de troubler les sens, que la vue d'un hermaphrodite. S'il fait une impression, c'est peut-être celle du dégoût; celui de la villa Borghese, tient beaucoup plus de la femme que de l'homme. Il a des formes si heureuses qu'il inspire du regret, et qu'on est tenté de lui dire : Décide-toi donc.

Si les arts, et sur-tout ceux du dessin, sont comme je le crois, l'imitation de la nature, je demande quelle espece de mérite peut avoir une statue qui représente ce qui n'existe point dans la nature. Elle n'est bonne qu'à exciter la curiosité, et on n'est pas fâché de voir, au moins en sculpture, ce qu'heureusement on ne voit nulle part ailleurs.

Voilà ce qu'il y a de plus beau dans la collection

de la villa Borghese; mais dire ce qu'il y a de beau seroit infini. On y distingue un magnifique Séneque mourant, une statue de Junon en porphyre, un Génie ailé que plusieurs croient être un Apollon, petite statue grecque de la premiere beauté, un Silene qui en approche, un Centaure très estimé, un jeune Faune charmant, un grouppe d'Apollon et de Daphné, chef-d'œuvre du Bernin, Vénus et Cupidon, autre grouppe attribué à Praxitele, et qui ne lui feroit point de tort. On y voit enfin un grand nombre de bustes, et entre autres, le plus beau que l'on connoisse de Lucius Vérus, de cet empereur qui, collegue de Marc-Aurele, ne vécut guere que pour le plaisir, mais qui a retrouvé dans les arts la célébrité qu'il a dédaignée dans l'histoire, où il est presque inconnu. Sa tête existe dans une foule de cabinets, et il est vrai que c'est une des plus belles de l'antiquité. Si Lucius Vérus aimoit tant les femmes, on peut croire que c'étoit un peu par reconnoissance.

Les jardins de la villa Borghese sont dignes de l'habitation; rien de plus noble, de plus vaste, de plus varié; presque par-tout de charmantes perspectives. On y voit, ce qui double le mérite de toutes les campagnes, de belles eaux, et ce qui double celui de toutes les eaux, de jolies isles. Malheureusement ces jardins, comme presque tous ceux des environs de Rome, sont gâtés par le mauvais air qui cerne tous les jours de plus en plus cette ancienne capitale du monde; il est charmant de les voir, mais quelquefois dangereux de les habiter.

La villa Pamphili n'approche pas de la villa Borghese, dont il n'y a pas un roi qui n'enviât la possession; mais ses jardins sont, après ceux de la villa Borghese, les plus beaux de ceux qui sont très rapprochés de Rome. Il y a des grouppes de pins qui font l'effet le plus noble. Les eaux circulent dans un long canal trop régulier et coupé par une douzaine de très petites cascades. Cette perspective est assez agréable, mais en tout un peu mesquine. On a ménagé aussi dans ces jardins une plaisanterie très usitée en Italie, qui est de faire jaillir tout-à-coup, sur un gazon où l'on se promene fort tranquillement, une infinité de petits jets d'eaux.

Ce qui m'a paru moins amusant, mais ce qui m'a intéressé beaucoup plus, c'est de descendre dans des catacombes nouvellement ouvertes dans les jardins Pamphili; ce sont les seules que j'aie eu occasion de voir en Italie. Je m'étois imaginé voir de grandes voûtes bien élevées; j'ai trouvé de petits passages étroits qui n'ont guere que la hauteur, et même la largeur d'un homme. Il paroît que c'étoit purement et simplement des cimetieres, mais assez bien entendus; les corps y étoient déposés à droite et à gauche, dans des niches où l'on en trouve encore tous les jours, et quelquefois ils sont assez bien conservés; mais les étrangers seuls ont la permission d'y descendre. L'étendue, le silence, l'humidité, *l'étroit*, les ténebres de ces souterrains, les histoires qu'on fait des voyageurs qui s'y sont perdus, ou des éboulements qui les y ont enfermés, tout cela n'égaie pas les idées, et inspire assez promptement l'envie de revenir dans le monde, d'autant plus que, qui a vu un moment ces tristes demeures, n'y verroit rien de plus dans une année; mais ceux qui seront curieux d'avoir un avant-goût de l'enterrement, feront bien de descendre une fois dans des catacombes.

LES PALAIS.

Il y a tant de choses à dire des palais de Rome que j'en dirai fort peu de chose. Les armes des familles qui en sont propriétaires sont ordinairement appendues à l'édifice, et de plus les armes de la nation sous la protection de laquelle sont ces maisons; ce qui n'est pas indifférent dans une ville qui a été depuis tant d'années sous l'influence étrangere, influence dont on retrouve des traces à chaque pas. Ce qu'il y a de plus étrange en ce genre, est la juridiction de l'ambassadeur d'Espagne, qui ne s'étend seulement pas sur son hôtel, mais sur tout le quartier environnant. Des soldats espagnols y font la garde, et les sbires n'y exerceroient pas le moindre acte d'autorité sans être fusillés par ceux-ci : c'est une ville dans une autre ville, et la premiere n'est pas, dit-on, de moins de dix mille ames. L'abus à cet égard a été au point que, pendant la guerre de la succession, un ambassadeur d'Espagne, un cardinal, dispersa, à coup de fusil et de canon, le peuple qui venoit sous ses fenêtres se réjouir des succès de l'Autriche. Les abus ne sont plus si grands, mais ils sont tels encore que la police est à-peu-près impossible à Rome, c'est-à-dire chez le peuple qui en auroit peut-être le plus besoin.

Parmi les plus remarquables palais de Rome, il faut distinguer les palais Farnese, Doria, Colonne, et Borghese. Ce dernier, véritablement immense, est enrichi par une collection de tableaux presque aussi précieuse que la collection des statues de la villa Borghese. Le palais Colonne, digne d'une maison qui a joué un si grand rôle à Rome, est admiré, sur-tout pour la galerie qu'il contient, et qui est une des plus belles et des mieux ornées qui existent : ce palais renferme un grand nombre de tableaux précieux, entre autres plusieurs du Poussin, parmi lesquels est, je crois, le fameux paysage, *Et in Arcadia ego*. Le palais Farnese, propriété du roi de Naples, et construit en partie des pierres du Colysée, est en grande partie l'ouvrage de Michel-Ange, qui n'auroit pas dû se prêter à cette dégradation du plus beau monument de l'ancienne Rome : au reste le palais Farnese passe pour le plus beau de la nouvelle, et sa gale... st le chef-d'œuvre d'Annibal Carrache, et assurément un de ceux de la peinture. Plusieurs personnes mettent les brillantes fresques de cette galerie à côté des premiers ouvrages de Raphaël: s'ils n'offrent pas la perfection du dessin au prodigieux degré où il paroît que Raphaël l'a portée, il faut avouer aussi que ses ouvrages, déjà antiques, ont une fraîcheur de coloris, et même une grace d'expression qu'on ne trouve pas toujours dans Raphaël. D'ailleurs les sujets des fresques d'Annibal Carrache sont beaucoup plus heureux : c'est Bacchus et Ariane, Céphale et l'Aurore, Polypheme et Galathée, Junon se présentant à Jupiter avec la ceinture de Vénus, Diane et Endymion ; enfin une foule de sujets, qui, quoi qu'on en dise, feront toujours mieux dans les tableaux que des sujets chrétiens, qu'il faut admirer dans les églises, mais qui par-tout ailleurs sont hors de leur cadre. D'ailleurs ces sujets de la mythologie, un peu usés dans d'autres pays, sont neufs ou du moins très piquants à Rome, où l'œil est un peu fatigué de tableaux de saints, de saintes, et sur-tout de martyres, monotonie dont notre muséum, enfant de ceux d'Italie, se ressent un peu.

Quelques éloges que mérite la galerie d'Annibal Carrache au palais Farnese, il ne faut pas croire que tous les sujets qu'elle contient soient très bien traités. L'ensemble est charmant, mais certains détails sont manqués ou foibles, certaines formes sont peu heureuses. Ce qui frappe particulièrement, dans presque tous les tableaux de l'Italie, c'est que les peintres italiens, qui sont souvent arrivés au beau idéal des formes humaines, ont été moins heureux pour les traits de l'homme, et sur-tout de la femme. Les femmes de leurs tableaux ne sont pas assez belles : rien de plus commun, même chez les grands maîtres, que de trouver des saintes vantées pour leur beauté, ou des Junon, des Diane, des Vénus même, qui sont d'une figure extrêmement ordinaire; il s'en trouve même qui, si l'on veut bien y prendre garde, sont décidément laides. Presque jamais on n'y rencontre de ces figures célestes que trouvent, ou, si l'on veut, devinent nos peintres les plus médiocres. Je veux expliquer ma pensée. Il y a peu d'années qu'à une des expositions des tableaux au Louvre, je regardois, et avec charme, je l'avoue, un tableau français que dans le même moment un connoisseur de mes amis trouvoit très médiocre, et qui pouvoit l'être à quelques égards. Il représentoit Hélene filant. La figure d'Hélene me paroissoit si ravissante, que je me disois qu'à toute force cette figure avoit pu exister, mais que selon toute apparence la nature n'étoit pas arrivée à une perfection si admirable : c'est là l'effet que doit produire, si je ne me trompe, le beau idéal. Cependant rougissant des reproches du connoisseur en peinture, j'allois m'éloigner à regret, quand deux officiers, brunis dans les combats, s'arrêterent devant le même tableau, et l'un d'eux dit ces mots qu'il accompagna de l'expression la plus énergique: Si Hélene étoit aussi belle que cela, je conçois que l'Europe et l'Asie se soient battues pour elle. Je l'avoue, je jouis presque autant qu'auroit pu le faire l'auteur de l'ouvrage. L'amateur rougit un peu à son tour: il s'éloigna en me plaignant de me connoître si peu en tableaux; je restai en le plaignant de se connoître si peu en femmes.

Dans les arts du dessin, ce n'est peut-être pas assez que d'intéresser le cœur, je crois qu'on doit commencer par charmer les yeux dans tous les sujets qui le comportent; et je crois même que ce sont ceux-là qui conviennent le mieux aux arts. Le dessin le plus pur, le coloris le plus vrai, perdent de leur prix à mes yeux, si leur résultat est de me présenter des formes communes, ou une figure médiocre. Je crois l'avoir déja dit, les sens jugent beaucoup en peinture; et dans les tableaux italiens, d'ailleurs si supérieurs, je regrette de trouver si rarement des femmes qui fassent palpiter mon cœur, des Galathées dont on desire être le Pygmalion. Parmi tant de femmes qu'ils représentent, je n'en ai vu aucune faire à moi ni à personne l'effet de mon Hélene ignorée. Soit que, comme je le crois, nos femmes offrent des modeles plus heureux, soit que nos peintres aient une imagination plus délicate, il est certain que leurs tableaux ont du moins cet avantage. J'achevai de m'en convaincre, il y a quelque temps. Ayant été à Versailles pour affaires, on me proposa, quand elles furent finies, d'aller voir le muséum de cette ville, où l'on a réuni la plus grande partie des tableaux que le roi faisoit faire tous les ans à quelques peintres, comme encouragement. J'allai par complaisance, et uniquement pour passer le temps, voir ces productions modernes, qui sont presque toutes de l'école restaurée par Vien, mais dont les auteurs sont en général peu connus. Je l'avoue, je fus étonné, content, enchanté, non pas précisément du fond des tableaux qui pourtant me plurent, et dont les sujets me parurent en général assez bien choisis et bien traités, mais des formes humaines qui y étoient représentées, et sur-tout des figures de femmes qui presque toutes étoient intéressantes, et dont plusieurs étoient véritablement célestes. Je ne les quittai qu'avec le plus grand regret. Ce sont des regrets de cette espece que j'ai trop rarement éprouvés en Italie. Je demanderois pourquoi la Vénus du Titien a une figure qui n'est pas celle d'une Vénus; pourquoi plusieurs des déesses peintes par le Carrache, dans la magnifique galerie dont je viens de parler, ne seroient que des mortelles très ordinaires; pourquoi dans le fameux et charmant tableau de l'Aurore du Guide, comme dans celui du

Guerchin, c'est précisément l'Aurore qui est le moins bien, et pourquoi elle n'est pas plus légere, plus aérienne. Le Guide est avec raison très vanté pour la beauté de ses têtes ; mais outre que ce sont toutes un peu les mêmes, c'est une nature de tête trop forte, et quand on a joui une fois de leur belle et céleste expression, il faut bien qu'on s'apperçoive qu'un degré de moins de masse ne leur nuiroit pas, et qu'en restant aussi régulieres elles pourroient être plus délicates.

Ah! je vois ce que c'est, me dit un censeur, vous n'aimez point les femmes belles ; vous êtes du pays des jolies femmes, et vous voudriez en voir par-tout. Le joli, voilà la fureur des Français ; ils ne connoissent que cela, et ils ne savent pas combien le joli est petit, mesquin auprès du beau, etc., etc., etc.

Avant de répondre à cette inculpation, que les Italiens et les Français italianisés ne cessent de nous adresser, il faudroit tâcher de s'entendre enfin une fois sur ce que c'est que le beau et le joli. Je vais chercher à éclaircir les idées à cet égard, et j'espere qu'on ne regardera pas cette très courte discussion comme déplacée dans un ouvrage où il est plus d'une fois question des arts que se disputent le beau et le joli : je ne parlerai pas du laid qui vient si souvent les mettre d'accord.

ESSAI SUR LE BEAU ET LE JOLI.

Dans toute discussion, la premiere chose à faire et la derniere qu'on fait ordinairement, est de s'entendre sur les termes. Qu'est-ce que c'est que le beau? quest-ce que c'est que le joli? Tous les jours on admire une *belle* horreur; tous les jours aussi on appelle *joli* un petit minois de fantaisie assez vilain; mais il ne s'agit pas ici de l'abus qu'on fait des mots, il s'agit de leur véritable signification.

Et d'abord, au premier coup-d'œil, on sent que le beau et le joli ont un rapport de famille. Un ancien diroit qu'ils sont tous deux fils du Plaisir. En effet l'essence commune à tous deux est de plaire; mais leurs moyens sont différents, et s'ils se réunissent souvent pour ce but, ils se séparent plus souvent encore.

Le beau emporte plus naturellement l'idée de quelque chose de grand; le joli, l'idée de quelque chose de fini.

Le beau est ce qui satisfait, ce qui étonne; le joli est ce qui séduit, ce qui retient.

Les formes régulieres appartiennent plus particulièrement au beau. Les contours gracieux sont plus l'apanage du joli.

Le beau se démontre mieux; le joli se sent beaucoup plus.

Le beau sans le joli est souvent froid; le joli sans le beau souvent mesquin.

La réunion du beau et du joli, quand elle est placée, produit ce qu'il y a de mieux dans les arts et dans la nature.

Le beau réclame plus particulièrement ce qui est extrêmement noble; et, par exemple, ce seroit profaner la beauté majestueuse de l'Apollon du Belvédere que de dire qu'il est joli. Mais l'Antinoüs, qui est beau sans doute, est très-joli. Rien de plus joli que la Vénus de Médicis.

Ce qui calomnie le joli, c'est le *mignard*, qu'on affecte souvent de prendre pour lui. Le vrai synonyme du joli, c'est *la grace*.

Le joli, beaucoup plus flexible que le beau, s'adapte aux plus petites choses; mais il est rare qu'il se refuse aux grandes. Sans doute, le joli est souvent beaucoup moins que le beau; mais aussi, *le joli est quelquefois le beau perfectionné*.

Si l'on veut la même pensée en des termes moins hardis, je dirai: le joli perfectionne quelquefois le beau.

Je ne m'appuierai ici que de deux exemples:

Je trouve dans les ruines du Colysée, ou ailleurs, une statue antique. Cette statue, qui représente une femme, a des traits un peu prononcés, des formes qui ne le sont pas moins: *elle est belle*. Je fais venir un sculpteur; à ma priere, et sous le ciseau de cet artiste, elle prend des traits plus délicats; son nez est moins prolongé, sa gorge devient moins ample, sa jambe prend des contours plus heureux; je viens revoir ma statue, et j'applaudis; de l'avis unanime de tous mes amis, elle est mieux qu'elle n'étoit : *elle est jolie.*

Rosine a vingt ans, ses traits sont réguliers et fins, ses formes sont heureuses et délicates ; *elle est jolie.* Rosine commence à vieillir, elle a trente-sept ans; son teint est moins frais, ses yeux moins doux, ses traits sont moins fins, ses formes moins délicates. Rosine a cessé d'être jolie: *elle n'est plus que belle.*

Il y a long-temps que La Fontaine a adopté ma definition et soutenu mon avis dans ce vers charmant et célèbre:

> Et la grace plus belle encor que la beauté.

Je pourrois citer beaucoup plus d'exemples et de raisons; mais en voilà assez, je crois, pour prouver le principe qui, seul, m'a fait entamer cette discussion, que le joli est *quelquefois* le beau perfectionné. Celui qui, d'après cela, voudroit faire croire que je regarde le joli comme constamment supérieur ou égal au beau, me feroit dire une chose aussi absurde que ma proposition, telle que je l'ai énoncée, est, ce me semble, raisonnable; et, si elle l'est, on a donc un peu de tort de parler avec tant de dédain du joli, et les Français ne font donc pas si mal de l'aimer, de le rechercher dans les arts, comme toutes les nations l'aiment dans la nature, et de penser que par-tout où il n'est pas un défaut, il est un grand mérite de plus.

Je dirai davantage, dans les productions les plus sévères des arts il n'est pas toujours déplacé. Sans doute personne n'a jamais pu desirer que Prométhée sur son roc fût joli, non plus que Cacus dans son antre. Mais est-il fâcheux qu'Hyppolite accusé par Phedre soit charmant? Un tableau représentant une vestale qu'on ensevelit, un jeune guerrier qu'on ramene mourant perd-il quelque chose, et même ne gagne-t-il rien, si la vestale a des traits heureux, si le guerrier ajoute par les siens aux regrets qu'il inspire? Ce joli tant calomnié peut s'adapter aux scenes les plus terribles, et en redoubler l'effet. Prenez la plus horrible de toutes; peignez Ugolin dans sa prison expirant avec ses quatre enfants. Si cette famille qui s'éteint charme encore mes yeux, ou me montre qu'elle les eut charmés, telle est la disposition un peu physique du cœur humain, je serai plus attendri de son sort; l'impression sera plus grande, et le tableau sera meilleur.

Dans cette petite discussion sur le beau et sur le joli je n'ai considéré l'un et l'autre que dans leur rapport avec les formes humaines et avec les arts du dessin. Si mon goût et mon sujet ne me faisoient pas une égale loi de me borner, je pourrois les considérer dans leurs rapports avec la littérature, et j'ose penser que le résultat seroit le même.

Rien de moins important peut-être que cette question. Si cependant quelqu'un daignoit y faire attention, et même me faisoit l'honneur de combattre une opinion qui a un peu l'air d'un paradoxe, qu'il me soit permis de bien rappeler que je ne dis pas un mot de plus que je ne dis. Je finirai par une observation qu'on pourroit appliquer à des choses plus graves. Quand un homme s'est avancé jusqu'aux confins de la vérité, ce qu'il y a de plus facile, avec un peu de mauvaise foi, c'est de le pousser dans l'erreur.

LES DEUX STATUES.

Je voudrois par ce chapitre me faire pardonner le précédent, et prouver que si j'aime beaucoup ce qui est joli, je sais aussi apprécier ce qui est beau et simple.

Dans la chapelle d'une des églises de Rome il y a quelque chose de fort curieux : ce sont deux statues en regard, dont l'une est du Bernin, et l'autre est... je le donne à deviner en cent... de Raphaël.

Ils étoient des artistes plus laborieux que les nôtres, ces hommes qui étoient à la fois peintres, sculpteurs et architectes; et qu'on ne dise point qu'en adoptant trop de genres ils ne réussissoient dans aucun. A la tête des artistes, presque tous distingués, qui ont cultivé les trois arts du dessin, se trouvent les noms de Michel-Ange et de Raphaël. Il y a à Rome plusieurs palais et une jolie église construite sur les dessins de ce dernier. Raphaël est mort à trente-sept ans, et, outre des statues et des édifices, il a laissé des tableaux nombreux et immenses, et de plus on sait qu'il s'est occupé des femmes au point d'abréger sa carriere. Aujourd'hui quand un peintre, qui n'est qu'un peintre, a fait dans une année ou même dans deux un tableau un peu important, il est fort satisfait de l'emploi de son temps, et passe même pour laborieux. Il est fâcheux que la peinture soit devenue un art si difficile. Mais je me trompe; ce sont les acheteurs qui sont devenus trop rares: il n'y a rien comme la facilité du débit pour donner de la facilité aux artistes.

Quoi qu'il en soit, une statue de Raphaël, très curieuse en elle-même, le devient bien plus, en regard avec une statue du Bernin. Ce sont deux genres tout différents en opposition. La premiere, sans être de la plus grande beauté, a des formes pures, simples, et est d'un effet noble; la seconde a un grand mouvement, est tourmentée, et d'une grande prétention; il en résulte fort peu d'effet. Je n'ai vu aucun exemple aussi frappant de la différence des deux genres; mais j'ajouterai que s'il est un art où la simplicité ait un avantage prodigieux, c'est la sculpture, dont le cercle un peu borné se restreint, comme je crois l'avoir déja dit, à mesure qu'on veut trop l'étendre.

LA FONTAINE ÉGÉRIE.

Si l'on veut avoir une idée des exagérations où l'on est tombé en parlant de l'ancienne Rome, de l'enthousiasme qu'on s'est commandé pour parler de ses moindres débris, et du contraste qu'il y a presque toujours entre ce qu'on a dit et ce qui est, il faut aller voir la fontaine Egérie.

A ce nom, qui rappelle l'antique Numa, l'esprit le moins romanesque se représente une sombre forêt, et sur-tout une source limpide et abondante. On s'y attend, quand on a lu les descriptions de la fontaine Egérie, dans plusieurs desquelles on parle avec charme de ses belles ondes. On y accourt avec vivacité, on regarde avec intérêt: que voit-on? A l'extrémité de Rome, et en face d'une campagne aride, une vilaine petite grotte où coule, parmi quelques débris de marbre et sur des herbes corrompues, un filet d'une eau verdâtre; en un mot, la fontaine Egérie est, s'il faut le dire, une véritable crapaudière.

J'invoque la bonne foi de tous ceux qui ont vu la fontaine Egérie, et je leur demande s'ils connoissent un petit particulier qui, s'il avoit la fontaine Egérie, au fond du petit jardin où il va le samedi, ne s'empressât de la faire disparoître, et crût pouvoir, sans ridicule et sans dégoût, conserver une antiquité de cette espece.

La fontaine Egérie flatte si peu la vue, qu'on n'a pas même l'envie d'aller jusqu'à la nymphe.

J'ai retrouvé depuis cette même fontaine dessinée à la gouache, et j'ai vu que, peintres et écrivains, tout le monde étoit d'accord pour tromper les pauvres étrangers. Dans le dessin, cette onde si foible et si impure, est limpide et abondante; cette misérable masure est une jolie grotte, et l'on a mis au-dessus un arbuste, qui fait un très joli effet, mais qui, je l'atteste, n'est que dans la gravure.

Assez près de là, est le cirque de Caracalla. Ce nom promet encore quelque chose. On entre dans un grand espace oblong, ceint de mauvais murs. A l'un des coins, est je ne sais quel débris d'édifice, un peu plus élevé que le mur. C'étoit, dit-on, la loge de l'empereur; je le veux bien; mais je défierois au plus habile antiquaire de deviner là un cirque.

Quelques incrédules reprochent aux pontifes romains d'avoir trop compté sur la crédulité humaine; beaucoup de voyageurs en Italie y ont compté encore davantage.

La moitié de l'Italie est dans l'imagination.

TRANSTEVERINS.

Les Transteverins, comme l'annonce leur nom, sont, relativement aux Romains, les habitans de l'autre côté du Tibre.

A une époque où toutes les idées étoient bouleversées en France, on a beaucoup vanté ces Transteverins, qui passent même à Rome, quoique sans aucun fondement, pour les descendants les plus purs des anciens Romains. On a vanté en prose et en vers, leur courage, leur pauvreté, et jusqu'à leur vertu; la vérité pure, c'est que c'est la canaille de Rome la plus indisciplinée et la plus féroce. Il y a dans toutes les villes, même dans les plus médiocres, quelque faubourg dont les habitants sont plus grossiers et plus difficiles que les autres. Tels sont les Transteverins à Rome; cette lie, d'un assez mauvais peuple, y est justement redoutée; ils jouent du couteau plus qu'ailleurs, et ils n'ont pas eu une petite part aux deux émeutes où furent successivement assassinés un de nos envoyés, et l'un de nos généraux. Voilà ce que c'est que ces Transteverins, dont il faut mettre les éloges à côté de ceux qu'on a prodigués aux Maïnotes.

LE CIMETIERE
DES PROTESTANTS.

Quoique Rome soit peut-être de toutes les villes de la chrétienté celle où il y a le moins de religion, cependant toutes les formes extérieures y sont sévèrement observées. Personne n'est tenu de croire, mais tout le monde l'est de communier, et, ce qu'il y a d'assez singulier, sous peine d'excommunication. On sait que les Juifs, les Juifs pauvres du moins, sont renfermés dans un quartier séparé, et sujets à beaucoup de vexations, entre autres à être périodiquement sermonés. Les protestants n'ont rien à éprouver de pareil; car il n'y a point, comme de raison, de protestants romains; presque tous sont étrangers, et comme ils tiennent à quelque chose, on les laisse tranquilles. Mais, lorsqu'ils meurent à Rome, il n'y a pas moyen de les déposer en terre sainte, et on leur a réservé un cimetiere particulier. Ce cimetiere, qui touche à la ville, est plein de tombeaux, et se termine par celui d'un Romain de l'ancienne Rome, nommé Cestius. C'est une pyramide d'environ cent pieds de hauteur, au centre de laquelle est ménagée une petite chambre où l'on descend avec des torches, à la lueur desquelles on voit sur les murs quelques peintures, ou plutôt quelques dessins antiques. Ce faste égyptien que Cestius se permit, ou qu'on se permit pour lui, lui a fort bien réussi, et ce Romain, entièrement inconnu par sa vie, est très connu par son tombeau.

> César n'a pas d'asile où sa cendre repose,
> Et Caius Cestius est encor quelque chose.

Le tombeau d'Adrien et celui de Cecilia Métella, existent aussi à Rome; mais le premier est devenu le château Saint-Ange; le second n'est qu'une vieille tour ouverte, et tous deux ont servi aux guerres et aux guerriers d'Italie; au lieu que celui de Cestius, grace à sa forme plus sépulchrale, n'a jamais été détourné de sa premiere destination.

Quelque chose de plus intéressant, à mon avis, c'est le cimetiere dont je viens de parler, et qu'on traverse pour arriver à cette pyramide. Parmi beaucoup de tombes sans nom, plusieurs portent des épitaphes, et indiquent les infortunés qui y ont trouvé leur derniere demeure. Là, furent déposés des Allemands, des Anglais, des Russes, des vieillards, des jeunes filles, des enfants. Tous ont péri loin de leur famille, de leurs parents, de leur patrie; plusieurs, sans doute, portant déja les atteintes de la mort, vinrent sous un autre climat chercher à se ranimer à la vie. Mais l'arrêt étoit prononcé, ils succomberent, et, privés des consolations de la religion, peut-être aussi le furent-ils de toutes celles de l'amitié. Non, ce n'est point un vain nom que celui de cette patrie, où vit tout ce que nous aimons, où existe tout ce qui nous console; et je m'attendrissois au souvenir de ces infortunés, qui finirent loin de la leur.

Je l'avoue, en marchant entre ces tombes muettes, que l'insouciance et peut-être le fanatisme ont souvent mutilées, j'oubliois entièrement cette pyramide si vantée, et qui m'avoit fait assez peu d'impression. En général, je garde toute ma sensibilité pour les hommes, et je félicite ceux qui en ont de reste pour les pierres.

SCALA SANTA,
(LE SAINT ESCALIER.)

Il est peu de villes en Italie et peu d'églises à Rome, qui ne présentent quelque monument saint et précieux à la piété des fideles. Il y a à Lucques le *Volto Santo*, vieux crucifix en bois, et très vieux en effet, puisqu'il fut fait par Nicodême; mais quelque respect qu'il inspire, il n'approche pas de celui que portent les Romains à la *Scala Santa*. C'est, dit-on, l'escalier par lequel Jésus-Christ monta au prétoire. Les marches en étoient tellement usées par la concurrence des dévots, qu'on a été obligé de le couvrir en planches; il n'est permis de le monter que sur ses genoux; il est très important que l'extrémité même des pieds ne touche pas à ces saintes marches; et les efforts que font, en le gravissant, les personnes pieuses pour remplir ces conditions font à l'œil un effet qui, humainement parlant, donneroit quelque envie de sourire; au reste, il y a deux escaliers latéraux, par lesquels montent les personnes qui ont moins de piété ou moins de force.

Pendant que j'étois à Rome, une Allemande qui y étoit aussi, se trouva dans un cruel embarras. Cette femme très âgée, et un peu contrefaite, avoit absolument voulu monter le saint escalier : elle arriva, avec bien de la peine, à la moitié des marches, mais quand elle fut là, absolument épuisée de fatigue, elle déclara qu'elle ne pouvoit plus bouger, et qu'on feroit d'elle ce qu'on voudroit. En effet, la chose devenoit très embarrassante, et elle ne pouvoit plus ni monter ni descendre, au moins à la maniere prescrite. Heureusement qu'il étoit encore grand matin, et que très peu de personnes étoient là ; on fit taire la loi. Un prêtre vint relever la pauvre patiente et lui permettre de descendre sur ses jambes. Je doute qu'elle ait renouvellé cette tentative.

Quand on a monté le saint escalier, ou les escaliers latéraux, on voit le portrait de Jésus-Christ fait par l'évangéliste saint Luc.

CANOVA.

Canova est, au moment où j'écris, le premier artiste de l'Italie. Cette Italie, qui a perdu tous ses peintres long-temps avant de perdre ses tableaux, a du moins un sculpteur pour adoucir les regrets que lui inspire la perte de tant de statues.

C'est une chose singuliere, et cependant vraie, que du temps du Pujet, et presque jusqu'à nos jours, un sculpteur en France étoit à peine regardé comme un artiste, préjugé très injuste qui a été remplacé par une prévention tout opposée. La sculpture est sans doute un très bel art, mais ce n'est pas le premier des arts.

Le Vénitien Canova paroît appelé à s'asseoir à côté des premiers hommes de la sculpture. Plusieurs mausolées créés par lui, et entre autres celui du pape Rezzonico, offrent des beautés supérieures: j'en ai vu dans son attelier un plus beau encore, c'est celui d'une princesse autrichienne. Cet homme distingué joint à un talent rare une modestie plus rare encore. Il a fait un grouppe d'Hercule lançant Lycas; Hercule est énorme, gigantesque même, mais il est dans les proportions humaines; il n'a ni ces formes grossieres, ni cette figure ignoble de l'Hercule Farnese, auquel il me paroît fort supérieur, si j'ose le dire. J'ai vu aussi dans l'attelier de Canova un Persée tenant la tête de Méduse : c'est fort beau ; mais il m'a semblé que l'auteur s'étoit un peu trop souvenu de l'Apollon du belvedere. Au reste, le pape a acheté cette statue pour la mettre à la place où étoit cet Apollon, et à bien des égards elle n'en est pas indigne. Dans le genre gracieux, j'ai vu chez Canova une charmante Hébé ; elle est posée sur un plan incliné, et cette nouvelle pose donne un jeu piquant à toute sa personne : c'est une très jolie statue. Elle tient à la main une coupe dorée, idée que je n'approuve en rien, quoique les anciens l'aient eue souvent. Du moment qu'on admet deux couleurs dans la sculpture, il faut les admettre toutes. Dès que vous me montrez une coupe d'or, je trouve difforme et avec raison une bouche toute blanche, des yeux tout blancs : en un mot une seule couleur, ou toutes les couleurs. J'en appelle de cette opinion à tous les hommes de goût. J'ai vu à Naples un autre essai de ce système de Canova, et beaucoup moins heureux encore à mon avis ; c'est dans un grouppe de Vénus et Adonis. Vénus est nue ; mais quand j'entrai dans la piece où est ce grouppe, je fus désagréablement frappé d'une large bande, blanc de neige, qui entouroit la ceinture de cette déesse. Je crus que c'étoit un linge dont une pudeur assez ridicule l'avoit couverte, et je priai qu'on l'ôtât ; mais en m'approchant je vis que Canova avoit profité, pour masquer un peu sa Vénus, d'une variété de teinte qui existoit dans la blancheur du marbre Je me demandai ce que ce linge avoit là à faire auprès d'Adonis ; de plus un linge blanc me montra tout de suite une Vénus toute grise. Au reste ce qui auroit dû me détromper tout de suite, c'est que ce linge est posé tellement qu'à moins de supposer qu'il tient par des épingles à la personne même de Vénus, il est impossible qu'il tienne ; mais aussi Vénus est dans une disposition si tendre qu'on peut supposer que dans ce moment là le voile alloit achever de tomber.

Quoi qu'il en soit de cette conjecture, j'ai vu des connoisseurs penser que Canova entend médiocrement la draperie, cette partie foible des sculpteurs modernes; mais en revanche il fait supérieurement le nu. De plus, il y a dans ses compositions plus d'idées et d'imagination que la plupart des peintres, et sur-tout des sculpteurs, ne se croient obligés d'en mettre dans les leurs : en tout Canova est dans son genre un homme supérieur, et qui honore son pays. C'est presque le seul Italien qui retienne encore un peu le sceptre des arts dont les Français se sont saisis; je dis presque le seul, car il y a aussi à Rome quelques talents qui donnent des espérances, entre autres un jeune sculpteur, nommé Maximilien, qui annonce un mérite distingué, et qui, s'il parvient à percer la foule, le devra presque entièrement aux encouragements de toute espece de M. Cacault, ce ministre qui est à Rome le protecteur de tous les artistes, comme l'ami de tous les Français.

LE PANTHÉON.

Le Panthéon est un édifice éternellement précieux : c'est de tous ceux que les anciens Romains nous ont laissés le mieux conservé à la fois, et le plus beau; son portique sur-tout passe pour un des chefs-d'œuvre de l'architecture. Je laisse aux gens de l'art à en démontrer les beautés; je me bornerai à dire que l'œil des indifférents est ici d'accord avec leur approbation, ce qui ne leur arrive pas toujours.

Quant au Panthéon lui-même, c'est purement et simplement une fort belle rotonde. On sait que cet édifice fut consacré à tous les dieux par Agrippa, et l'on s'étonne qu'un édifice consacré à tous les dieux, dans une ville victorieuse de tous les peuples, ne soit pas plus vaste. En comparant l'étendue de ce monument avec celle du Colysée, on peut juger que dès-lors les hommes alloient plus dans les cirques que dans les temples. Les temples des anciens étoient en général fort loin de la grandeur des nôtres; il paroît qu'ils ont bâti pour ce qui étoit, et nous pour ce qui devroit être.

Le coup-d'œil du Panthéon est très imposant. Tous les saints y ont remplacé tous les dieux, et c'est peut-être ce qui a sauvé ce monument. Ce qui le rend plus intéressant encore, ce sont les grands hommes dont on y a déposé les cendres: à leur tête est Raphaël; ce nom dit tout ici, comme il devroit dire tout dans son épitaphe: à côté est Mengs qui, malgré les efforts de ses prôneurs, ne sera jamais que là à côté de Raphaël. On y a déposé aussi Sacchini, ce compositeur immortel, qui, après n'avoir été qu'un excellent musicien dans ses autres ouvrages, est devenu un auteur dramatique d'un ordre distingué dans son OEdipe à Colonne, dont il n'a pas vu le succès constaté, et qui, j'imagine, vivra autant que la musique.

Un Français voit là avec plaisir un tombeau sur lequel il y a, *Nicolas Poussin, pictor gallus*; il le voit avec encore plus de plaisir quand il sait que c'est aux dépens d'un Français que ce monument a été érigé. Il est bon de savoir que quoique le Poussin n'ait été en Italie qu'à plus de trente ans, époque où certes le talent d'un homme est décidé, les Italiens, réduits à l'admirer, le réclament comme peintre italien, prétendant qu'il s'est formé en Italie. Honneur au Français qui a fait afficher ce démenti sur les murs d'un de leurs plus beaux monuments. C'est M. d'Agincourt, aujourd'hui plus qu'octogénaire, et l'un des hommes les plus respectables et les plus bienfaisants qui existent. Il étoit fermier-général à Paris; il renonça à toute sa fortune, l'assura à sa famille, et ne se réserva que 15,000 francs de rente avec lesquels il alla jouir à Rome de son goût pour les arts, et de la considération à laquelle il avoit droit par-tout. Intime ami du cardinal de Bernis, de M. d'Azzara, il eut long-temps à Rome l'existence la plus heureuse, et ne voulant pas qu'elle fût inutile, il la consacra tout entiere à un ouvrage aussi immense que coûteux. Winkelmann, l'enthousiaste Winkelmann, avoit fait l'histoire de l'art chez les anciens; l'histoire de l'art chez les modernes, depuis Léon X jusqu'à nos jours, peut être faite presqu'en se jouant, vu l'abondance des matériaux. M. d'Agincourt choisit la carriere la plus ingrate, mais la plus difficile, l'histoire de l'art dans le moyen âge, c'est-à-dire dans les siecles de barbarie. Il falloit, pour trouver des matériaux et des bases, fouiller dans tous les siecles et chez toutes les nations; c'est ce qu'a fait M. d'Agincourt. Avec des frais énormes, il a réuni dans d'innombrables planches tous les monuments un peu curieux de l'art dans les siecles d'ignorance, et en a formé la collection la plus précieuse. Rien, selon moi, n'est plus propre à former le goût que de prouver, comme il l'a fait, combien on en a manqué. Sans la révolution cet ouvrage excellent auroit paru depuis long-temps; mais elle vint détruire la fortune de M. d'Agincourt, et lui ôter à la fois les moyens de faire achever les planches, et le courage de finir le texte. M. d'Agincourt a passé cette longue époque dans une noble pauvreté, et sans jamais se plaindre de son pays. Arrivé à des jours plus heureux, il a repris son ouvrage favori, et quand j'ai eu l'honneur de voir et d'entretenir à Rome ce vieillard respectable, il ne manquoit plus à son ouvrage qu'une partie du texte auquel il travailloit tous les jours. Puisse-t-il avoir le temps de le finir! puisse après lui ce monument précieux ne pas être perdu dans des mains insouciantes! Peut-être seroit-il digne du gouvernement français d'acquérir cet ouvrage dont tous les plus grands frais sont faits, c'est-à-dire les planches. Ainsi M. d'Agincourt pourroit recueillir de son vivant quelques fruits de l'ouvrage de sa vie, et le gouvernement, en faisant exécuter cette production d'un Français, seroit dédommagé d'un léger sacrifice, et honoreroit à la fois l'auteur, la France, et lui-même.

J'ai un peu oublié le Panthéon pour parler de M. d'Agincourt; mais le temps qu'on emploie à parler des hommes tels que lui n'est jamais mal employé.

LE CLERGÉ.

Le clergé romain est comme de raison le premier ordre de l'état; c'est presque le seul, car la plupart des grandes familles de Rome ne sont quelque chose que par les hautes dignités qu'elles ont remplies, ou qu'elles remplissent dans l'église.

Toutes les places un peu importantes dans l'état romain sont occupées par des ecclésiastiques. La premiere fois que nous nous en apperçûmes, ce fut dans une petite ville de cet état. Nous eûmes besoin de parler au gouverneur, on nous présenta à un abbé : cela nous donna envie de rire; nous avions tort; rien de plus simple et même de plus juste. Pourquoi s'étonner que ce soient les maîtres d'un pays qui y donnent des ordres?

C'est par une conséquence du même principe qu'une foule de laïcs, dans l'Etat ecclésiastique, portent les cheveux ronds et le petit-collet. Beaucoup d'hommes mariés gardent le costume d'abbé, et en gardent même le titre : il n'est pas très rare dans cette partie de l'Italie d'entendre annoncer monsieur l'abbé un tel et sa femme.

Dans un ordre de choses où, comme dans le clergé romain, l'être le moins important peut arriver à tout, une politesse générale doit se remarquer : elle n'a qu'un défaut, c'est d'être excessive. En général, et sur des choses plus importantes, le clergé en Italie néglige, sans doute involontairement, bien des nuances : parmi le clergé de France, beaucoup de choses sont de rigueur, qui en Italie ne paroissent pas toujours être même de convenance.

Il faut savoir aussi, pour se faire une idée juste du clergé en Italie, que les évêchés y sont tellement multipliés, et sur-tout dans l'état romain, que les évêques y ont souvent moins de revenus, de diocésains, et d'importance, que n'en avoient beaucoup de nos curés : tout le reste est à proportion. Il en est de même du titre de *monsignor* qu'on leur donne, et qui n'a pas à beaucoup près la même valeur que le titre de monseigneur qu'un usage long-temps contesté avoit accordé aux évêques français.

Il y auroit bien d'autres choses à ajouter sur le clergé romain; mais il y a des sujets si riches qu'ils en sont pauvres. Je dois dire cependant qu'à Rome beaucoup de vertus dédommagent de quelques scandales.

Je ne crois pas qu'il y ait rien de si respectable dans le monde qu'un prêtre, un prélat qui remplit tous les devoirs qu'il s'est imposés, et qui double le mérite de ses vertus par cette indulgence qui est peut-être le premier de ses devoirs. Ce prélat, j'ai l'honneur de le connoître, de le voir tous les jours : n'y a-t-il pas trop d'amour-propre à le dire?

j'ai le bonheur d'en être aimé. Lorsque j'ai causé avec lui, il me semble que je suis meilleur. Tous les infortunés qui l'ont approché le quittent consolés; il va les chercher lui-même par-tout où il peut les soupçonner. Elevé autrefois sur un des premiers sieges de France, borné aujourd'hui à un siege moins important, il ne se trouve pas déchu; il peut encore faire du bien. Je n'ai garde de le nommer; mais tous ceux qui le connoissent le reconnoîtront ici.

P. S. Paris, 2 février 1806. Serai-je donc condamné à regretter, en imprimant cet ouvrage, tous les hommes à qui j'ai rendu hommage en le composant. Plus haut j'ai parlé du sénateur Cacault, un des meilleurs hommes qui aient existé. Le prélat, dont je viens de faire un éloge très affoibli, étoit M. de Fontanges, archevêque de Toulouse, et en dernier lieu archevêque-évêque d'Autun. Il vient de mourir dans cette derniere ville, victime de son zele à secourir, à visiter des prisonniers et des malades : leur maladie l'a enlevé, le 26 janvier, au clergé de France qu'il honoroit, à son diocese où il étoit adoré, à sa famille inconsolable : c'étoit sur la terre l'image de la vertu, et de cette vertu que l'on aime. Que cet éloge du plus digne des prélats soit permis à l'homme qui, étant sous-préfet d'Autun, a été plus que personne à portée de le connoître, et autant que personne est en droit de le regretter. Non, jamais je n'oublierai M. de Fontanges. J'osois le définir, Fénélon qui n'écrit pas : mais je ne le lui ai jamais dit à lui-même ; j'aurois offensé sa modestie. Pourquoi ne puis-je plus l'offenser aujourd'hui !

TIVOLI.

Quoique Tivoli soit à six lieues de Rome, il fait partie de Rome, du moins pour les voyageurs qui ne manquent guere d'en aller visiter la cascade. C'est une des choses les plus curieuses qui existent; je dis *curieuses*, et je prie qu'on veuille bien prendre garde à cette expression.

Pour aller à Tivoli, on traverse, comme de raison, la Campagne de Rome, que par politesse sans doute on a appelée campagne; car ce n'est de tous les côtés qu'une lande stérile et souvent infecte. On lui trouve bien décidément ce dernier désagrément quand on approche de la Solfatare de Tivoli, qui ne ressemble pas du tout à celle de Naples; car celle-ci est une plaine, et celle-là est un lac, mais en effet un lac de soufre. L'odeur, la couleur des eaux, tout l'annonce, et ce qui l'annonce encore plus, ce sont de petites isles presque entièrement composées de soufre, qui se forment sans cesse à la surface de l'eau. Elles y semblent même souvent fixées; mais elles sont loin de l'être. Il y a quelques années qu'un Français, bien français, fit le pari de sauter sur une d'elles, et y réussit; mais quel fut l'effroi de ses amis quand ils virent l'isle, trop ébranlée par la secousse, s'éloigner du rivage, et s'avancer vers le milieu du lac, qui a environ deux cents pieds de diametre et beaucoup plus de profondeur. Il y a sans doute des graces de position, comme des graces d'état : car le moins effrayé de tous ceux qui étoient là fut celui qui étoit sur le lac; de cet islot mobile qui le séparoit de tous les secours et pouvoit à tout moment se dissoudre sous ses pas, il ranima, en riant, ses amis épouvantés, et leur rendit le sang-froid qu'ils n'avoient plus. Ils coururent chercher de longues gaules, trop courtes déja pour atteindre leur ami; mais en battant le lac avec précaution, ils parvinrent à donner à l'onde, et par suite à l'islot, une heureuse direction vers le rivage, où ils embrasserent avec transport celui qu'ils avoient cru perdu. On parla long-temps à Rome de cette folie, dont l'imprudence se fit excuser par le courage.

De la Solfatare, on ne tarde pas à arriver à la villa Adriana. On sait que c'est là que le voluptueux amant d'Antinoüs avoit fait imiter et reconstruire tous les plus beaux édifices de l'antiquité d'alors. Ainsi si ce monument immense eût échappé au temps et aux barbares, à lui seul il eût pu nous consoler de tous les autres; mais hélas! il n'en reste que ce qu'il en faut pour nous faire regretter ce qui y manque; c'est aujourd'hui un vaste désert. Il n'y a plus rien, même des débris; ou du moins ils sont si rapprochés du néant, qu'ils y ressemblent davantage de jour en jour. L'imagination si complaisante des antiquaires n'a pu encore recomposer en entier la villa Adriana; mais aussi il y avoit trop de choses à refaire. On sent que ce n'est que sous l'empire romain qu'une telle idée pouvoit être conçue, et qu'il n'y avoit qu'un empereur romain par qui elle put être exécutée; elle le fut, et avec la plus fastueuse somptuosité. Tout ce que l'Europe conserve et admire de plus belles statues antiques, a été retrouvé à la villa Adriana; mais non content d'y convoquer tous les arts, Adrien avoit voulu y réunir tous les mondes : on sait qu'il y avoit un Enfer et ensuite un Elysée. Le séjour des morts n'est plus, et l'on pourroit inscrire quelque part: Ci-gît l'Enfer; le Tartare a disparu, mais l'Elysée aussi. Il n'y a plus que le désert et le silence.

En voyant ces ruines souvent imperceptibles, d'un monument qui contenoit tous les monuments, il est difficile de se défendre d'une idée qu'on a souvent en Italie, c'est que la solidité des ouvrages des Romains a été, comme tant de choses, un peu exagérée. Il y en avoit tant, qu'il faut bien que quelques lambeaux aient échappé. Le temps ne pouvoit tout faire à la fois; mais il me semble qu'on le calomnie, qu'il n'a pas trop mal fait son métier en Italie comme ailleurs, et que ce qu'il a épargné n'est malheureusement rien auprès de ce qu'il a détruit. La France n'est pas l'empire Romain, et n'a jamais non plus tenté des ouvrages d'architecture aussi gigantesques : comme l'Italie, elle vient d'être aussi en proie aux barbares ; mais malgré tout ce que le temps pourra ajouter pendant dix-huit cents ans à leurs ravages, j'ose penser qu'après cet intervalle il restera plus de nos monuments, qu'il n'en reste aujourd'hui de ceux des Romains.

Au reste, l'emplacement de la villa Adriana étoit malheureusement choisi. Là, encore plus qu'ailleurs, on avoit à lutter contre un sol ingrat et un air insalubre ; aussi cette villa n'exista-t-elle pas dans son éclat tout un siecle. Il est impardonnable d'avoir été si près de Tivoli, et de ne pas s'être établi à Tivoli.

Là, du moins, l'air est pur ; chose on ne peut pas plus rare dans la campagne de Rome. On arrive par une montée assez pénible, dont on est dédommagé par une assez belle vue ; mais pour cela il ne faut pas regarder la ville, qui n'est qu'un grand et fort vilain village. Il ne faut pas même regarder les femmes, qui, en dépit des exagérations des peintres, n'ont en général, ni une jolie figure, ni un costume agréable. Mais à Tivoli, on ne pense guere qu'aux eaux, et l'on va bien vite descendre dans une misérable auberge, qui a le double mérite d'être située en face de la chûte du Tévérone, et d'être adossée à ce qu'on appelle le temple de la Sybille. Ce prétendu temple de la Sybille est encore une mauvaise plaisanterie qu'on fait aux voyageurs en Italie ; c'est purement et simplement une demi-rotonde qui, si ma mémoire est fidele, n'a pas vingt pieds de diametre. Il est vrai que sa position est si heureuse, qu'elle s'agrandit quand on la voit de loin, et embellit le paysage. Mais si de loin elle a l'air d'un temple, de près, ce n'est pas même une chapelle.

A peu de distance sont de longs portiques, qu'on appelle les écuries de Mécène, qui, comme on sait, eut une maison de campagne à Tivoli. Mais Mécene avoit trop de bon sens pour placer des écuries dans une situation si escarpée, et c'étoit tout au plus des bains.

Au reste, on montre à Tivoli la maison d'Horace, de Catulle, de Zénobie. Les Italiens ont gratifié de ces noms les premieres masures, fussent-elles construites d'hier. Au moins les bains de Mécene sont d'une construction antique.

La chûte du Teverone qu'on voit des fenêtres de l'auberge y est d'autant plus agréable, que c'est là son véritable point de vue. Les fabriques qui l'accompagnent, le lavoir de Tivoli qui est tout auprès, les bestiaux qui viennent s'abreuver au-dessus de la chûte, forment une perspective très riante. La beauté de cette chûte a été encore augmentée par une construction que fit faire Sixte-Quint, dont on retrouve le nom dans l'histoire de tous les embellissements de Rome et de ses environs. Mais on jouit peu de ce spectacle riant, et l'on s'empresse d'aller voir la grande cascade, qui, avec un fracas énorme, s'écroule de plus de soixante pieds de haut.

C'est là que tous les voyageurs viennent épuiser tout ce qui leur reste d'admiration. Je ne m'aviserai pas de la combattre, et je n'ai garde de me mettre en opposition directe avec les éloges nombreux qu'Horace a donnés aux eaux de Tibur (l'ancien Tivoli), éloges qui, depuis, ont été de siecle en siecle, répétés par un troupeau de poëtes et de voyageurs. On pourroit peut-être observer qu'Horace avoit une maison à Tibur, et que tout propriétaire est sujet à exagérer le mérite de *ses eaux*. Mais sans élever cette question, j'aime mieux croire qu'Horace, en louant le charme des eaux de Tibur, parloit de la cascade que j'ai vantée ci-dessus. Peut-être aussi parloit-il des cascatelles, trois ruisseaux qui, roulant sur la côte rapide de la montagne, forment trois écharpes de diamant sur la verdure de ses flancs, et offrent en effet un spectacle charmant pour ceux qui les considerent sous leur vrai point de vue, c'est-à-dire à quelque distance. Mais il n'est pas possible de trouver *beau*, un fleuve qui se précipite tout entier d'une grande hauteur, et avec un fracas horrible sur des rochers qu'il couvre d'écume. Peut-être, si l'on restoit pour le considérer à une distance convenable, pourroit-on admirer ce spectacle;

mais on ne manque jamais de s'en approcher le plus possible. Alors, ce grand mouvement de la nature perd toutes ses proportions, et paroît dans toute sa laideur; rien n'est flatteur, ni pour l'oreille ni pour les yeux; et lorsque j'entends des observateurs s'écrier plus que jamais, Que cela est beau! j'en reviens à l'idée où je suis, qu'on a cessé de s'entendre sur ce mot là, comme j'ai essayé de le prouver dans mes observations sur le beau et le joli.

C'est bien pis encore, lorsque l'on voit ce qu'on appelle la *grotte de Neptune*. C'est en effet une espece de grotte où l'on descend par un chemin que l'on trouve peut-être très beau aussi, mais qui est extrêmement rude et escarpé. Mon Dieu! est-ce que personne ne fera jamais justice des montagnes, et ne demandera sérieusement à leurs admirateurs ce qu'il y a de si beau dans ces rochers arides, dans ces crevasses profondes (1), etc., etc.

(1) Une foule de voyageurs sont extrêmement plaisants dans leurs admirations pour les montagnes: je ne parle pas ici des Saussure et des Ramond, savants et écrivains distingués, dont j'estime autant que personne les voyages et les recherches; je parle de leurs risibles imitateurs. Parmi ceux-ci, les plus divertissants m'ont paru être une Anglaise, nommée miss Williams, qui a donné un *voyage en Suisse*, et M. Dussaulx, estimé par de meilleurs ouvrages, mais dont le *voyage à Barege* est vraiment curieux par son emphase continuelle, et son style convulsionnaire. Je recommande cet ouvrage très sérieux aux hommes qui aiment à rire.

Pour le moment je ne me mêle que des cascades ; je reviens à celle de Tivoli, et à la grotte de Neptune. Au milieu des brossailles arides, au travers desquelles on y arrive, on entend un bruit sourd long-temps avant de rien voir. Enfin, on découvre tout-à-coup le fleuve qui, s'ouvrant un passage parmi des rochers énormes, se précipite avec un bruit égal au tonnerre, dans la vallée qui est à gauche, et couvre les spectateurs d'une fumée humide. Les couleurs de l'arc-en-ciel qui en résultent quelquefois, ne dédommagent pas assez les curieux, ni de ce bruit énorme, ni de cet aspect hideux. Ils ne manquent jamais, en marchant sur des rochers glissants, de s'approcher le plus qu'ils peuvent de l'abyme. Je fis comme les autres, et je pensai même y tomber. Je le dis, afin que si l'on trouve que je pense trop de mal ou trop peu de bien des eaux de Tivoli, on croie qu'il y a un peu d'humeur de ma part. La vérité est, que ni cette grotte ni cette cascade ne sont agréables à l'œil, et j'ose croire qu'une vallée féconde, qu'un fleuve tranquille qui y serpente, sont un spectacle beaucoup plus digne de l'homme et incomparablement plus beau qu'une cascade, supposé qu'une cascade soit belle.

Mais quoi, me dira-t-on, vous restez donc insensible à tous les grands effets de la nature : ces rochers entr'ouverts et suspendus sur votre tête, ce fleuve entier qui s'écroule, tout cela ne dit donc rien à votre imagination éteinte? Quoi, vous soutiendrez que ce spectacle si rare n'est pas extrêmement remarquable, extrêmement curieux ? Curieux : pardonnez-moi, il est extrêmement curieux, et c'est précisément ce que j'ai dit en commençant ce chapitre.

CAMPAGNE DE ROME.

Après Tivoli, je devrois peut-être parler de Frascati, qui est l'ancien Tusculum de Cicéron; mais il n'y a plus rien de Tusculum ni de Cicéron. On y voit, ainsi que dans toutes les parties les plus habitables des environs de Rome, beaucoup de très beaux casins ornés de belles statues, et souvent de plus belles eaux: mais tout cela n'a rien de supérieur, ni même d'égal aux villa Borghese et Pamphili; je n'en parlerai donc point. Mais il est impossible de ne pas parler, un moment au moins, de l'état de dépopulation et de misère de la Campagne de Rome; il est au-delà de ce qu'on peut imaginer. Un mauvais air, qu'entretiennent des eaux corrompues et une terre fétide, y établit une peste continuelle qui se joint à la continuité de la famine : la famine, c'est le mot. Je pourrois en citer des détails révoltants qui affligent dans le sein de Rome même, où les pauvres, à l'aspect des étrangers, semblent sortir de dessous chaque colonne. Toute la bienfaisance des papes s'épuise en vain pour combattre le mal qui résulte depuis plusieurs siecles de la plus vicieuse administration : il n'est pas rare, à Rome, de rencontrer un indigent qui se meurt d'inanition, et l'air d'indifférence avec lequel les Romains regardent ce spectacle prouve qu'ils n'y sont que trop accoutumés. Chose remarquable ! c'est dans la ville où l'on fait le plus d'aumônes de toute espece, qu'il y a le plus de victimes du besoin ; et quand on réfléchit, on se convainc bientôt que c'est précisément parcequ'on y fait le plus d'aumônes. Les aumônes, qui ne sont pas faites à des vieillards ou à des malades, engendrent les fainéants, et les fainéants engendrent la famine : si elle pénetre quelquefois au milieu des secours de Rome, on sent tout ce qu'elle peut dans le désert de sa campagne. Là, il existe des infortunés qui ne vivent que d'herbes en attendant qu'ils meurent d'en avoir vécu ; là, la jeunesse est déja vieille, et l'âge mûr est décrépit. La Campagne de Rome rassemble les horreurs de la nature et toutes celles de la société dégradée ; c'est là que les hommes qui ont la force de soutenir ces spectacles verront le triomphe de la destruction, et l'agonie de l'espece humaine. C'est là qu'ils pourront se convaincre que si la pauvreté éveille l'industrie, la misere l'éteint, et n'inspire rien que le désespoir et tous les sentiments vils. Il faut voir l'ancienne Laurente, l'ancienne Ardée, Civita-Vecchia, Ostie; Ostie qui eut quatre-vingt mille habitants, et qui n'en a pas trois cents, en comptant cent cinquante galériens qu'il faut même transporter ailleurs dans l'été, parceque l'air toujours mauvais y devient alors détestable. Un voyage détaillé dans l'ancien Latium (1) seroit une chose aussi intéressante pour l'humanité que pour les arts: on seroit étonné de voir ce qu'est devenu cet ancien théâtre des combats d'Énée et de Turnus, et plus tard des magnificences romaines. Quel douloureux spectacle aujourd'hui! Presque tous les êtres qu'on rencontre sur cette terre désolée rappellent au voyageur ému ce mot des gladiateurs déjà cité: Ceux qui vont mourir te saluent.

Mais que faire? me dit-on: vous peignez le mal, où est le remède? J'en connois trois: du travail, du travail, et du travail. Quand la mendicité cessera d'être en honneur; quand les prédicateurs, en n'encourageant pas l'aumône, n'encourageront plus à la demander; quand des corps de mendiants ne seront plus des ordres religieux, et en crédit; quand les souverains pontifes donnant une direc-

(1). Ce voyage vient de paroître, il est plein de recherches curieuses et d'apperçus intéressants. M. de Bonschetten, son auteur, étranger distingué par plus d'un mérite, a vu beaucoup plus que moi la Campagne de Rome; aussi en fait-il un portrait encore plus hideux.

tion plus juste à des intentions qui ne peuvent être plus pures, au lieu de s'épuiser en aumônes meurtrieres, formeront sur divers points de leur état des établissements de charité, où tout être qui voudra travailler sera sûr de vivre, alors il s'établira dans la prospérité de leurs sujets cette progression qui n'est que trop visible dans leur misere et leur destruction. Leur peuple ne craindra plus le fléau de la famine, et se défendra mieux contre celui du mauvais air. Le produit de ces établissements réparateurs suffira pour les soutenir, et fallût-il que le gouvernement romain y ajoutât quelque chose, il est évident du moins qu'il assureroit l'existence de toute sa population avec moins de fonds, qu'il n'en emploie chaque année à soutenir une partie des mendiants de sa capitale.

LES ARTS A ROME.

Il n'y a pas de ville qui n'ait son genre d'industrie particulier. Les arts sont l'industrie, la manufacture de Rome. Faute de pouvoir créer de nouveaux chefs-d'œuvre, les Romains vivent du débit et de l'imitation de ceux dont ils sont dépositaires : s'ils n'ont plus le génie, ils ont encore le goût; et tout ce qui tient aux arts du dessin y est en général plus parfait qu'ailleurs. Il y a dans ce genre des entreprises de toute espèce, depuis les plus magnifiques gravures de Morghen jusqu'aux plus foibles imitations des pierres gravées antiques. On y fabrique beaucoup de camées sur coquilles, plus fragiles, mais beaucoup moins chers, et, selon moi, plus agréables que les véritables camées, dont je ne concevrai jamais le prix exorbitant. Ce prix est d'autant plus énorme que tous ces morceaux ne sont rien moins qu'authentiques, et qu'il y a en tout temps à Rome des hommes dont l'unique occupation est de faire des pierres *antiques*. On ne peut dans cette ville être trop en défiance à cet égard. Les fabriques de mosaïques sont aussi très abondantes ; je ne parle pas de ces grands tableaux où l'on cherche à représenter les plus célèbres productions des arts, je parle seulement de ces petits ouvrages propres à former des épingles, à orner des bijoux ou à couvrir des tabatières. Ces mosaïques, ainsi que les pierres gravées, n'ont rien de bien agréable à l'œil, et leur plus grand mérite n'est guère que d'être des mosaïques, c'est-à-dire des ouvrages assez difficiles.

Un autre établissement, qui n'est pas peut-être bien précieux pour l'art, mais qui est très séduisant et très fréquenté des voyageurs, c'est celui dont j'ai déjà dit quelques mots à l'occasion des danseuses d'Herculanum. Il est particulièrement consacré à imiter en dessins coloriés les meilleurs morceaux de peinture qui nous restent de l'antiquité ; et le plus souvent, comme je l'ai dit, elle y est flattée prodigieusement : les morceaux des peintres modernes sont quelquefois moins flattés ou moins heureusement traités dans ces dessins toujours très bien soignés, mais plus remarquables par la richesse que par la vérité des couleurs. Tels qu'ils sont, ils ont leur mérite, et s'ils seroient déplacés dans un muséum, ils ne peuvent qu'être très bien accueillis dans un cabinet. C'est dommage qu'ils soient fort chers, et passent de beaucoup le prix des meilleures gravures de la même dimension. Au reste, les Français ont extrêmement augmenté à Rome le prix de tous les objets d'arts.

Si l'on n'a pas assez de ceux dont je viens de parler, on trouvera des statues antiques et modernes, des monuments, même des surtouts des desserts, qui représentent les ruines du Campo-Vaccino, ou tel autre site de Rome, etc.

Ce qu'il y a de singulier, c'est qu'on respire dans cette ville le goût des arts, et que l'homme qui y est arrivé avec le plus grand éloignement pour eux finit assez promptement par en devenir très amateur. Rien de plus rare qu'un étranger, qui ait passé quelque temps dans cette ville sans avoir formé une collection, ou sans nourrir le regret d'être dans l'impossibilité d'en former une. On a plus de goût à Paris dans d'autres genres; mais dans celui-là, quand on revient de Rome à Paris, on ne peut se dissimuler que les aimables habitants de cette dernière ville ne sont que des enfants pour les arts du dessin, et que les Romains ont un goût bien plus grand, plus noble, et plus pur. Les Parisiens sont à cet égard comme ces hommes qui chérissent des chansons vulgaires, sans se douter qu'il peut y avoir quelque chose de mieux. Mais l'institution de notre muséum, inconnue sous l'ancien gouvernement, la perfection de l'école française, les nombreux voyageurs français qui ont été chercher en Italie du goût et souvent de l'exagération, l'amélioration sensible qui se remarque dans toutes les formes de nos arts, tout fait penser qu'avant peu d'années la France, ou Paris du moins, aura dans cette partie l'avantage qui lui est assuré dans tant d'autres.

SPECTACLES.

Peut-on parler de l'Italie, d'un pays quelconque, sans parler de ce plaisir qui est partout le premier des plaisirs de l'esprit, comme il est le premier des arts! L'Italie est pleine de salles de spectacles, dont les plus belles et les plus vastes, à la fois, sont celles de Turin, de Vicence, de

Milan, et sur-tout celle de Saint-Charles à Naples. Ces salles sont habituellement mal éclairées; mais dans les grandes occasions, elles sont illuminées en bougies, ce qui produit un spectacle fort brillant, et c'est un enfantillage assez heureux; au reste, dans beaucoup de villes d'Italie, le goût des particuliers supplée à l'avarice des entrepreneurs, et comme les loges sont presque toutes des salons où l'on reçoit, elles sont souvent intérieurement éclairées en bougies.

Dans la plupart des villes d'Italie, chaque famille a sa loge, qui lui a été dans le temps adjugée par l'autorité, et qui lui reste de droit, toutes les fois qu'il se présente une troupe. Il est vrai que le prix de ces loges est extrêmement modique, si on le compare aux prix d'Angleterre et même de France; mais aussi ce prix est assuré, et ce produit constant; de sorte qu'une troupe qui arrive dans une ville peut calculer sur un revenu fixe, et n'a guere d'éventuel que les recettes du parterre. Il n'en est pas ainsi de nos troupes de provinces, qui, si elles ont le malheur d'arriver dans une mauvaise saison, ou celui de ne pas être goûtées, sont quelquefois totalement abandonnées, et n'ont rien qui leur garantisse leur subsistance, ni même les frais de leur voyage. Aussi pour ceux qui connoissent bien leur position, le sentiment de leur état misérable gâte souvent et flétrit le plaisir de leurs représentations les plus piquantes. Les troupes italiennes, beaucoup moins bonnes, ne sont pas beaucoup plus heureuses : mais elles ont du moins une ressource assurée, quoique modique.

Ce n'est guere que dans les grandes villes qu'on joue le grand opéra; ailleurs, les différentes troupes jouent ou la comédie, ou l'opéra bouffon. Quant à la tragédie, elle est peu suivie et peu goûtée; elle est bien mauvaise en Italie. On y est réduit, en général, à déclamer quelques opéra de Métastase, dont on a ôté les ariettes (c'est à-peu-près comme si l'on nous jouoit les opéra de Quinault); ou bien on représente quelques imitations de nos meilleures tragédies. Mais outre que ces imitations sont souvent des périphrases, elles sont si mal jouées, et les acteurs italiens, dans le tragique sur-tout, ont tant d'emphase, si peu de sensibilité et tant de gaucherie, que cela n'est pas supportable. On dit quelquefois que les Italiens sont nés acteurs; on s'est trompé : ces hommes gesticulateurs sont nés bouffons, quand ils ne sont pas nés horriblement tristes: et cela se conçoit sans peine, car quelquefois il n'y a rien de triste comme la bouffonnerie.

C'est ce que l'on sent lorsqu'on écoute les comédies italiennes, lorsqu'on voit cet éternel docteur, cet éternel Scapin, et cet éternel Arlequin, qui en sont les éternels personnages. J'ai entendu vanter le talent de tous ces acteurs qui jouent sur des canevas, et font toujours leurs rôles impromptu : rien n'est moins étonnant, et ne semble moins merveilleux à ceux qui les ont écoutés. Rien de plus nul, de plus insipide ou de plus grossier que ces conversations impromptu; encore ne le sont-elles jamais entièrement. Un docteur, un Scapin, sur-tout un Arlequin, ont toujours dans leur mémoire une soixantaine de tirades qu'ils amènent Dieu sait comme, et qui d'ailleurs sont en général d'une platitude et d'une grossièreté plus choquantes encore que celles de nos spectacles des boulevards; je l'avoue, en rougissant, elles sont presque toujours très applaudies. La plupart de ces tirades sont des comparaisons : j'en ai entendu une, dont le but étoit de comparer une femme à une jument. Tout ce qu'un semblable parallèle peut présenter de trivial, et même d'obscene, y étoit débité en plein théâtre devant une compagnie très nombreuse, qui se croyoit sans doute de la *très bonne* compagnie, et qui démentoit ce titre en applaudissant, ou en laissant applaudir ces inepties révoltantes. Je ne sais ce qui m'étonnoit le plus, de l'impudence du comédien, ou de la complaisance des spectateurs. J'ai reconnu par la suite, qu'il en est ainsi d'un bout de l'Italie à l'autre. Ceux qui inventent ne sont presque jamais ceux qui perfectionnent. Il y a un peu loin des grossiers Arlequins de Naples aux charmants Arlequins de Marivaux, de Florian, et même aux piquants Arlequins de nos bons vaudevilles.

Au reste, la licence des comédiens étonne moins, quand on sait la liberté du ton des sociétés. La langue italienne n'est pas très épurée encore, et le Français le plus libertin est long-temps étonné de ce qu'il entend dire et même répondre aux dames. Je n'ose pas citer ici l'espece de jurement que quelques unes se permettent en public, et sans le moindre embarras. Aussi beaucoup de celles qui entendent le mieux notre langue, ne comprennent-elles rien aux politesses délicates qu'un Français croit devoir leur adresser; mais si, se mettant enfin au ton du pays, il prend le parti de leur dire quelque chose d'un peu fort, il les voit quelquefois sourire agréablement, comme feroit une Française à qui l'on adresseroit la plaisanterie la plus modeste.

Je répete ici que je ne parle qu'en général, et que beaucoup d'Italiennes ont un ton meilleur et en exigent un plus convenable.

Les comédies, en Italie, sont pour la plupart d'une médiocrité rare. Ce qu'il y a de mieux encore, ce sont celles de Goldoni, que les Italiens ont appelé leur Moliere, et qu'ils devoient appeler tout au plus leur Dancourt. Goldoni a un peu plus d'ame et d'intrigue que ce foible comique, mais il n'en a ni l'esprit ni la gaieté. Heureux encore ceux qui entendent ses trop nombreuses compositions. Les représentations théâtrales roulent presque toujours sur ces canevas italiens, qu'il n'est pas concevable qu'on écoute. Aussi ne les écoute-t-on guere. Bien en prend aux Arlequins que les spectacles en Italie soient des lieux d'assemblée où l'on reçoit et où l'on rend des visites. Eux-mêmes, sentant l'ineptie de leurs scenes, tentent toutes sortes d'efforts, pour désennuyer un peu leurs tristes spectateurs. Beaucoup d'Arlequins sont d'assez lestes danseurs. J'en ai vu un à Rome, extrêmement agréable dans ce genre. Ceux qui n'ont pas ce talent, ont toujours du moins quelque tour de gibeciere qu'ils réservent pour leurs grands jours. J'ai vu un de ces arlequins qui s'élevoit dans les airs, monté sur un chien soutenu par des cordes, ce qui faisoit récrier d'admiration tous les spectateurs. Faute de mieux, quelquefois les troupes italiennes terminent leurs représentations par une loterie, qui ne laisse pas que d'attirer un peu de monde et un peu d'argent. Ils retiennent pour leur droit le cinquieme ou le quart, et le reste forme le lot ou les lots. On sent ce que c'est qu'un art dramatique réduit à de telles ressources. Au reste, c'est une chose singuliere et assez plaisante, que de voir pour la premiere fois tirer une de leurs loteries, et d'entendre les spectateurs répondre de toutes les parties de la salle. Ce sont eux qui deviennent acteurs pour le moment.

Les troupes d'opéra bouffons sont un peu moins

malheureuses. Elles sont en général plus suivies, et sur-tout plus applaudies. Bien entendu qu'on n'applaudit que la musique, et que le reste du temps on fait un tintamare qui empêche d'entendre le dialogue, ce qui est fort heureux. Les auditeurs des opéra buffa à Paris n'ont pas autant d'esprit ; accoutumés à tout écouter au spectacle, ils dévorent jusqu'à la fin ce récitatif si plat à tous égards, et qui est la perfection de l'ennui. Mais il est étonnant que des scenes faites pour un peuple qui n'écoute pas, ne soient pas au moins très abrégées pour un peuple qui écoute.

Il n'y a gueres de si petite troupe de comédie et d'opéra qui n'ait son *poëte* qui la suit partout ; ce poëte est bien la plus malheureuse créature de la troupe et de la terre. O Virgile, prince des poëtes, les poëtes ne sont pas des princes, et sur-tout en Italie. Je n'ose dire le prix habituel de leurs opéra buffa ; d'ailleurs, je serois peut-être obligé d'avouer que ces ouvrages sont payés encore plus qu'ils ne valent. Les auteurs de comédies et de tragédies sont un peu plus payés ; mais tout cela est extrêmement médiocre, dans un pays où un ouvrage dramatique survit rarement à une représentation, et presque jamais à la saison qui l'a vu naître. Aussi, rien de si pauvres à tous égards, que ces poëtes. On pourroit y retrouver des rivaux de Ragotin ; et il est plaisant en Italie, plus qu'ailleurs, de voir la libéralité avec laquelle à la fin de presque toutes leurs pieces, les auteurs disposent en faveur de quelqu'un de leurs personnages, de quelque somme considérable, en oubliant toujours d'en retirer préalablement quelques écus, pour remplir le désert de leur poche.

On accuse les Français d'être légers : je n'en conviens pas sur beaucoup de points; mais particulièrement sur la musique dont les productions sont si sujettes à être des pieces fugitives. Nous avons des opéra qu'on joue encore avec succès depuis quarante ans; OEdipe, qui en a près de vingt, semble tous les jours être apprécié davantage. En Italie c'est tout le contraire; jamais la troupe la plus active ne joue plus de deux opéra pendant tout le carnaval, qui dure en Italie presque depuis Noël jusqu'à la mi-carême : mais un seul opéra eût-il rempli avec le plus grand succès tout cet intervalle, il ne reparoît plus l'année suivante, et si après quelques années on veut le reprendre, il supporte au plus deux ou trois représentations, après lesquelles il est oublié sans retour. A cet égard les Italiens se montrent peu dignes des chefs-d'œuvre qu'on leur a donnés quelquefois : le beau pour eux n'est plus rien auprès du nouveau; c'est du nouveau qu'ils exigent, fût-il mauvais, comme il l'est assez souvent. Aussi l'on ne peut se faire d'idée de la quantité de bonne musique qui a paru, et disparu en Italie.

C'est dans les grands opéra, presque toujours de Métastase, que la musique italienne triomphe dans tout son éclat: fort peu de villes sont en état de soutenir la dépense de ces représentations. On y prodigue les décorations, qui jusqu'à ces dernieres années étoient mieux entendues, mieux peintes qu'en France: mais les machines y sont depuis long-temps fort inférieures. Les costumes y sont encore plus mauvais, et les plus riches sont ordinairement les plus inexacts. Mais ce qui acheve d'ôter tout intérêt dramatique à ces représentations somptueuses, c'est l'espece d'hommes qui y remplit le premier rang, et qui par-tout sembleroit devoir être au dernier. On a deviné ces malheureux sopranos, que je suis tout prêt à plaindre, mais que je ne puis me résoudre à applaudir: ils sont presque tous fort mal bâtis, et en général d'une corpulence singuliere; ils sont par eux-mêmes assez ridicules, sans être affublés, comme ils le sont presque toujours au théâtre, des rôles des plus illustres personnages de l'antiquité. J'ai vu quelque chose d'impayable en ce genre; j'ai vu et entendu un soprano faire et chanter le rôle d'Hercule. Je ne me souviens plus de celui de ses travaux qui étoit le sujet de la piece; je sais seulement celui qui ne l'étoit pas.

Je reviens aux grands opéra italiens: ils sont, je crois, encore un peu plus ennuyeux que les nôtres par les raisons que je viens de dire, et encore par leur coupe constamment monotone. Il est convenu que dans tous ces ouvrages, il doit y avoir tant d'airs pour la *prima donna*, tant pour la *seconda donna*, tant pour le *soprano*, et, qui pis est, il faut nécessairement qu'ils soient placés soit au commencement, soit à la fin de tel acte. Voilà pourquoi tous les opéra de Métastase sont des parties quarrées, et l'on s'étonne qu'il ait pu faire encore si bien, garotté de tant de manieres.

On voit par tous ces détails qu'il ne reste guere aux grands comme aux petits opéra italiens d'autre mérite que celui de la musique; mais ce mérite est quelquefois si grand qu'il tient lieu de tous les autres. Il faut être juste et en convenir, personne n'a encore approché pour l'expression musicale des chanteurs italiens; ils toucheroient à la perfection à cet égard, si le goût des roulades ne les poursuivoit encore quelquefois dans les morceaux qui en sont le moins susceptibles. Depuis quelques années, on s'est beaucoup rapproché en France de leur maniere; mais ce qui est moins heureux, on s'est encore plus rapproché de leurs défauts.

Puisqu'il est question d'imitation, les compositeurs italiens ont une habitude qu'on feroit fort bien d'imiter en France : ils ont senti qu'on feroit difficilement mieux que Métastase (dont les opéra et les vers sont bien mieux coupés pour la musique que ceux de Quinault), ils ne se lassent point de mettre en musique ces harmonieuses compositions, et il y a tel opéra de Métastase qui a été traité par trente maîtres différents. C'est ce qu'on devroit faire quelquefois en France pour nos bons opéra, dont la musique vieillit, et dont les paroles sont bonnes, au lieu de s'occuper toujours de poëmes nouveaux, qui sont vieux le lendemain. On voit que si les Italiens écartent trop tôt leur bonne musique, nous écartons trop tôt nos bons poëmes: il est vrai que ce n'est qu'à l'opéra, et encore n'est-ce pas toujours, témoin Armide, Atys, etc.

Toutes les troupes italiennes s'adjoignent, autant qu'elles peuvent, une troupe de danseurs: c'est par là que finissent presque toutes les représentations, et c'est par là aussi que je veux finir mon chapitre. Ces danseurs ont de la force et souvent de la légèreté, mais jamais de la grace: les plus applaudis sont connus sous le nom de *grotesques*; j'en ai déja parlé, et c'est au moins assez d'une fois.

En tout il n'y a de bon dans les spectacles d'Italie que la musique, si on y comprend les poëmes de Métastase, qui sont aussi de la musique, et souvent de la plus mélodieuse.

COUP-D'OEIL GÉNÉRAL.

Voilà à-peu-près tout ce que j'ai pu ou voulu dire de Rome; je sais qu'il y avoit une toute autre maniere de la considérer et de la peindre, maniere qui prête beaucoup plus au succès. Il y a des gens qui ne me pardonneront pas d'avoir parlé de cette ville illustre, sans être monté sur le trépied, comme ont cru ne pas pouvoir s'en dispenser la plupart de mes prédécesseurs. Je dois me plaindre du ciel qui ne m'a pas donné une sensibilité assez profonde pour tant admirer, et aussi pour tout admirer. Au reste, j'ai toujours remarqué que ces auteurs, qui *brûlent le papier*, sont les plus mauvais observateurs qui existent : ces grands écrivains ne peuvent pas se résoudre à décrire une chose telle qu'elle est ; c'est comme les grands peintres qui font si rarement un portrait ressemblant.

Je finirai par quelques considérations générales.

Rome est une cité immense, et d'autant plus immense qu'on en voit deux à la fois, l'ancienne et la nouvelle. Il faudroit plus d'un volume pour la peindre dans tous ses détails; mais au mérite de tant d'exactitude on joindroit difficilement celui de l'intérêt. Par exemple, quelles églises, fût-ce Saint-Jean-de-Latran et Sainte-Marie-Majeure, peuvent fixer long-temps l'attention de ceux qui ont vu Saint-Pierre? quelles ruines peuvent être regardées après qu'on a vu le Colysée? Voilà la considération qui abrege la recherche, et diminue les regrets de ceux qui, après avoir vu le sublime, ne peuvent ou ne veulent pas voir ce qui n'est que fort beau. Rome est pleine de monuments qui par-tout ailleurs seroient cités, et qui y sont à peine regardés.

On s'étonne qu'avec tant de belles choses les papes ne soient pas parvenus à en faire une très belle ville. J'en ai dit la principale raison : Rome n'a ni quais ni promenades ; j'ajouterois presque ni rues ; du moins le nombre des belles rues est très borné.

Une de ses plus vastes perspectives est sur le pont Saint-Ange, le seul des quatre ponts de Rome qui soit digne d'y être. Il est orné de statues fort mauvaises, mais qui ne laissent pas de faire en total un assez bon effet. Il est en face du château Saint-Ange, grosse tour ronde, ancien tombeau de cet Adrien, qui avoit appelé tous les arts à sa vie et à sa mort. Le cours du Tibre qu'on suit assez loin, les édifices les plus élevés de Rome qu'on distingue, et sur-tout le dôme de Saint-Pierre qui n'est pas éloigné, tout rend le coup-d'œil qu'on voit de ce pont véritablement imposant.

Les sept fameuses montagnes de Rome ne sont même plus des collines, du moins pour la plupart : le temps et les guerres ont presque tout effacé.

De nombreux aqueducs, nobles ouvrages des Romains, suppléoient au Tibre : il n'en reste plus que trois. Mais s'il y a moins d'aqueducs, il y a moins de Romains.

La population de Rome monte, dit-on, à environ cent cinquante mille habitants : elle diminue tous les jours.

On a cherché long-temps à expliquer la langueur de cette ville, et même de cet état, par le grand nombre des célibataires. On a beaucoup trop glissé sur la véritable cause, l'insalubrité de l'air ; insalubrité toujours croissante, et telle que tout voyageur qui, en toute saison, arrivera à Rome y sera témoin d'un fait que personne n'a remarqué quoiqu'il saute aux yeux de tout le monde. Il verra, à toutes les extrémités de Rome, des palais immenses, des rues entieres *absolument desertes :* tous les vingt ans le cercle de la solitude gagne quelque chose sur le cercle de la population, et on ne sait où cela s'arrêtera.

Rome est un mourant dont les extrémités sont déja froides.

Je ne sais si c'est un jeu du hasard, ou une action de la Providence contre la cité qui a fait le plus de mal au monde ; je n'examinerai pas si l'inculture augmente encore l'insalubrité des marais : le fait est que toute la Campagne de Rome, les faubourgs de Rome compris, est un désert. J'ajouterai au tableau de cette campagne, que sur les ouvriers qui viennent tous les ans de la Pouille faire le peu de moisson qu'on y prépare, il n'en revient pas la moitié chez eux. J'ai déja dit que le cercle de ce mauvais air se resserre continuellement autour de la petite population de Rome, et si quelque cause imprévue et puissante ne combat pas un effet si effrayant, il n'y a pas de raison pour que dans quelques siecles on ne cherche dans le désert les ruines de Rome, comme on y a trouvé celles de Palmyre.

O quelles réflexions viendront assaillir le voyageur si, assis un jour sur les ruines du Panthéon, il considere de loin les ruines de cet autre Panthéon que Michel-Ange avoit élevé au ciel ! Effrayé du néant de l'homme et de la vengeance des siecles, il méditera en silence ; et pendant ce temps d'autres princes, dans d'autres pays, formeront des empires, et éleveront des édifices dédiés à l'éternité.

NOTRE-DAME DE LORETTE.

J'ai vu Terni, et sa cascade qui est la plus haute de l'Europe: elle a environ cent cinquante pieds de hauteur; elle a de plus ce mérite, que, comme à Tivoli, c'est une riviere qui tombe, et non pas comme certaines cascades des Alpes quelques gouttes qui s'échappent. J'ai quelque temps considéré ce jeu imposant de la nature; mais je ne veux pas ajouter aux torts que j'ai eus à Tivoli, et j'y ai trop prouvé que j'étois indigne de parler des cascades. Je me tairai donc sur celle-ci, et je passerai de suite à Notre-Dame de Lorette, qui, à l'avantage d'être une assez jolie ville, joint celui d'être située dans un pays charmant, qui le paroît plus encore aux yeux de ceux qui sortent de l'horrible solitude de la Campagne de Rome, et des sauvages sites des Apennins. Il est peu de voyageurs qui en voyant cette horrible campagne n'accusent de son état le gouvernement des papes, et moi-même je ne sais si je n'en ai pas dit quelque chose: cependant il n'y a pas moyen de donner tout le tort à ces pontifes, quand on voit que l'Ombrie et la Marche d'Ancône, en un mot tout le revers des Apennins, gouverné également par eux et sans doute même moins soigné, est un pays opulent, parfaitement cultivé, et qui le dispute pour la beauté aux plus fertiles contrées de l'Italie et de la France.

On sait que l'opulence de Notre-Dame de Lorette venoit d'une autre source, et que les nations ont été long-temps tributaires de sa madone. Pendant que j'étois à Lorette cette image célebre languissoit tristement dans la bibliotheque nationale de Paris; depuis elle a été renvoyée à Lorette, et sans doute réintégrée dans la chapelle que les anges y transporterent.

Cette chapelle, qui est posée au milieu de l'église de Lorette, sans être d'une grande étendue, est cependant d'une masse qui augmente encore le miracle de son voyage.

A toute heure, il y a des dévots qui se traînent à genoux autour de cette sainte maison : la pierre qui l'entoure est visiblement usée.

On présente aux voyageurs, dans des papiers bénis, de la poussiere recueillie dans cette chapelle : j'ai eu soin d'en emporter.

De là nous allâmes à Ancône, la plus commerçante et la plus forte de tout l'état ecclésiastique. Je crus me retrouver dans mon pays, et j'avoue que ce que j'y recherchai le plus, ce fut des détails du siege qui y a tant honoré les Français. Heureux l'homme qui en voyageant chez les nations étrangeres y trouve souvent des monuments de la gloire de la sienne.

COTE DE L'ADRIATIQUE.

Depuis Ancône jusqu'à Bologne, et même presque par-tout, la côte de l'Adriatique est aussi riante, aussi fertile, et aussi saine, que celle de la Méditerranée en Italie est en général hideuse et pestilentielle, sur-tout dans l'état ecclésiastique. Quand on vient de voir ce qui est resté aux papes, on les plaint encore plus de ce qu'ils ont perdu.

C'est dans une des bourgades de cette côte qu'un général français eut une petite aventure, que je ne me rappelle que dans le moment, et que j'aurois dû mettre dans le chapitre des mœurs : je voudrois bien ne pas les blesser en la racontant. Ce général apprit qu'une grande dame italienne étoit logée dans l'auberge où il arrivoit ; il alla lui rendre visite, en fut fort bien reçu, et la trouva fort belle. La conversation s'engagea, et devint bientôt assez vive pour que le Français, étonné de l'indulgence de cette dame, osât lui demander s'il n'y avoit pas quelque inconvénient dans ses bontés : Non, sans doute, répondit-elle ; mais d'ailleurs est-ce qu'un général français a peur de quelque chose? Quoiqu'on puisse être de la plus grande bravoure sans la généraliser à ce point, le militaire se piquant d'honneur, profita de la complaisance de cette dame, et s'en ressouvint trois mois de suite.

En général les Français doivent en Italie se défier beaucoup d'une indisposition qu'on se permet d'y appeler française. Il est faux que l'Italie en ait l'obligation à la France; mais, supposé que cela soit, on peut dire que l'Italie s'acquitte tous les jours.

MANTOUE.

Je ne dirai que deux mots sur Mantoue.

Mantoue est beaucoup moins fort qu'on ne le croit généralement; il n'y a que son insalubrité qui n'ait pas été exagérée.

En passant à Mantoue, il me prit envie d'y acheter un *Virgile*: j'eus assez de peine à en trouver un; encore fut-ce une mauvaise édition de college.

DOUTES.

On trouve dans les voyages de M. de Lalande, de l'abbé Richard, de Gorani, dans une foule de livres, des détails si multipliés sur le commerce, l'agriculture, l'administration de la justice, et sur les gouvernements d'Italie, que je ne pourrois ici que les répéter : il n'est plus permis d'écrire ce qui est en Italie qu'en ajoutant ce qu'on en pense. Or, la plupart des objets précédents sont d'une importance telle, qu'il faut un plus long séjour que je n'ai fait dans ce pays pour me permettre d'avoir ou du moins d'exprimer sur eux un sentiment très décidé : sur d'autres points si j'ai émis des opinions assez tranchantes, ce n'est que sommairement, et avec une extrême défiance, que je présenterai mes doutes sur quelques uns de ces sujets. On peut sans danger se tromper sur les arts, les usages, ou les sites d'un pays; mais tant d'erreurs extravagantes, émises sur des matieres d'une importance et d'un intérêt général, ont eu des conséquences si funestes, qu'un tel résultat doit rendre pour long-temps très circonspects sur ces objets les écrivains qui se respecteront un peu.

Tous les voyageurs sans exception s'accordant

à trouver l'administration de la justice en Italie aussi mauvaise que dispendieuse, je ne troublerai pas leur unanimité : elle est par-tout dispendieuse, et sur-tout dans les pays où elle est *gratis;* mais du moins dans la plupart de ces pays la justice criminelle est en général prompte et sévere. L'Italie jouit trop peu de ce bienfait, le plus grand qu'un gouvernement puisse accorder à un peuple : j'en ai donné une preuve à l'occasion de la Calabre ; j'en ajouterai ici une autre. Dans dix-huit mois de gouvernement français à Rome, le premier moment passé, les assassinats ont cessé entièrement : les gens du peuple sûrs pour la premiere fois d'être tués s'ils tuoient, tiroient encore le couteau par habitude, mais s'arrêtoient au moment de frapper, en disant : Oh! s'il n'y avoit pas une police. L'ancien gouvernement est revenu avec son indulgence : les princes ont retrouvé leurs droits d'asile, les tribunaux leur mollesse, et les assassins leurs poignards.

Le commerce est bien foible dans cette Italie, que la richesse d'une partie de son sol, et l'étendue de ses côtes appeloient à un commerce immense. Peu de manufactures ; celles qui y ont eu de la réputation ne l'ont pas su garder. Il y a long-temps que nous avons surpassé les glaces de Venise, et les faïences de Faenza : nous rivalisons déja avec les crêpes de Bologne. D'ailleurs les manufactures d'Italie, fussent-elles aussi parfaites quelles le sont peu, ont trop de désavantages dans un pays qui n'a de marine nulle part, et presque pas de chemins dans sa partie méridionale. Ces causes et d'autres peuvent seules expliquer un fait qui m'a paru incontestable : autant en France tout annonce un essor vers le perfectionnement, autant en Italie l'impulsion vers la décadence est marquée. Il est clair aux yeux de l'observateur que dans presque tous les genres, la France monte encore, et que l'Italie descend toujours.

Un pays partagé en plusieurs états, comme l'Italie, ne peut pas avoir une grande influence militaire. Cette contrée a environ quinze millions d'habitants, non pas quinze millions comme l'Angleterre qui, après avoir presque jusqu'à nos jours compté huit millions d'hommes dans ses trois royaumes, a trouvé sans doute que ce nombre étoit trop peu imposant, et de son autorité l'a portée à quinze millions : l'Italie a quinze millions d'hommes effectifs, comme l'Angleterre en a dix tout au plus, et toute cette population de l'Italie ne produit pas quarante mille soldats. Si la disposition des états y concourt, l'esprit des habitants y a aussi sa part. L'Italie, qui à presque toutes les époques a produit des généraux distingués, produit des habitants souvent peu portés à l'art militaire : les généraux sont de tous les pays, mais les soldats semblent être du nord.

On pourra me dire : les Romains étoient Italiens,

et ils ont conquis le monde. Je conviens que la différence qui existe à cet égard entre l'Italie des deux époques est le plus grand problême de l'histoire : s'il m'appartenoit de chercher à l'expliquer je ferois observer que toutes les premieres guerres des Romains eurent lieu avec des peuples latins, ensuite avec les Carthaginois, peuples du midi. C'est dans le midi qu'ils éleverent ce colosse de puissance que leur discipline soutint et augmenta. Ils étoient depuis long-temps les maîtres de la Sicile, de l'Espagne, de l'Afrique (connue), de la Grece, de l'Asie mineure, que les Gaulois, qui une fois avoient pris et brûlé leur ville, étoient indépendants, menaçants même, ainsi que les Germains, à moins de cent cinquante lieues de leur capitale. Il fallut César pour les soumettre; et s'il employa dix ans et toutes les ressources du premier génie militaire pour conquérir les Gaules divisées en trente petites nations, il est évident que César lui-même eût très difficilement asservi les Gaulois réunis en un seul peuple. Les Germains vaincus quelquefois ne furent jamais entièrement asservis; ils rappellent le nom de Varus, comme les Parthes ceux de Crassus et d'Antoine. On sait comment finit cette lutte de plusieurs siecles, et que le nord, après avoir formé long-temps une digue contre la puissance de Rome, finit par reprendre l'offensive, et par envahir de toutes parts le midi, et Rome elle-même. Ajoutez à ces observations que les Romains, et César tout le premier, n'eurent rien de plus pressé que de remplir leurs armées de Gaulois et d'hommes du nord, et bientôt ceux-ci en firent la plus grande force: c'est un fait que tous les historiens attestent, et ce qui le prouve mieux encore, c'est le grand nombre de Gaulois, de Germains, de barbares qui figurent dans la liste de ces empereurs d'un jour, que firent et défirent les armées, et qu'elles prenoient presque toujours dans leur sein. Ouvrez l'histoire, et vous verrez l'Italie, dès qu'elle est réduite à elle-même, retomber dans l'inertie et dans la mollesse que le climat peut-être lui commande, et qu'avoient interrompu un concours des plus heureuses circonstances, une série de généraux du premier ordre, et une admirable discipline. Je pourrois ajouter bien d'autres faits pour le développement de cette opinion; mais en voilà assez si j'ai raison, et en voilà trop si j'ai tort.

Au reste, le mérite et le dévouement des soldats tient beaucoup par tout pays aux généraux qui les conduisent, à l'esprit qui les anime, à la cause qu'ils défendent. Dans la guerre de 1756 les descendants des soldats de Charles XII ressembloient aux soldats de Darius; dans cette même guerre les militaires français ressembloient peu aux grenadiers de Turenne et à ceux de Bonaparte, et dans celle-ci il y a un régiment de soldats du pape qui a combattu dans nos rangs contre les Napolitains, et qui n'a cédé à personne le prix du courage.

Candide disoit toujours, Il faut cultiver son jardin; et moi aussi je finirai ce chapitre par l'agriculture. Elle est peu florissante dans le midi de l'Italie (le bassin de Naples excepté); mais elle est quelquefois un prodige en Toscane, et toujours un spectacle ravissant en Lombardie. Ce beau pays n'a à cet égard rien à envier à aucun autre: il ne faut pourtant pas croire aux deux et trois récoltes annuelles qu'on lui donne très gratuitement dans quelques livres, et même dans quelques conversations; il faut du moins s'entendre sur cela. Je vois sous mes fenêtres en ce moment, dans une des moins bonnes parties de la France, une petite vigne dans les intervalles de laquelle on a semé des feves qui viennent fort bien; cette vigne est bordée d'osier, et plantée à longs intervalles de cerisiers très beaux : voilà bien quatre produits venant tous sur le même terrain. On voit qu'il ne faut pas aller en Lombardie pour être témoin de ce prodige. Nos moindres fermiers savent aussi qu'en s'y prenant de bonne heure, avec un temps favorable et beaucoup d'engrais, on obtient deux récoltes différentes sur la même terre, et les bords de la Loire et de la Seine sont témoins de ce miracle presque aussi souvent que ceux de l'Adda et du Tésin. La Lombardie, pour être au rang des plus beaux et des plus fertiles pays du monde, n'a pas besoin de toutes ces exagérations; il faut les garder pour les ruines, les montagnes, et les solitudes de l'Italie.

LE CHAPITRE DES REGRETS.

Il n'y a rien de parfait dans le monde, et surtout mon voyage en Italie. Outre les nombreuses choses que j'y ai mal vues, il y en a plusieurs que les circonstances ne m'ont pas permis de voir. Ainsi en Sicile, je n'ai pu qu'appercevoir ce mont Etna que j'aurois été bien-aise de visiter de plus près; en Italie, je n'ai vu ni Venise, qui n'est plus guere Venise, ni la superbe Gênes et ses magnifiques palais, ni ce célebre port de Livourne, ni ces voluptueuses isles Borromées, ni bien d'autres objets. Comme beaucoup de mes confreres j'aurois bien pu feuilleter des livres, et faire de belles descriptions; mais j'ai un ridicule bien grand pour un voyageur, c'est de ne vouloir parler à-peu-près que de ce que j'ai vu.

Il me semble au reste qu'indiquer ces lacunes, c'est un peu y suppléer.

Je ne pousserai pas plus loin la franchise, et je n'indiquerai pas les lacunes de toute autre espece qui existent dans cet ouvrage; car si je disois tout ce qui me manque, il ne me resteroit peut-être plus rien.

~~~~~~~~~~~~~~~~~~~~~~~~~~~~~~~~~~~

GENEVE, FERNEY.

Mon projet, mon desir du moins, étoit de revenir par le mont Saint-Gothard, ou par le Simplon, et de vérifier par mes yeux si, comme je le soupçonne violemment, la Suisse n'est pas, ainsi que l'Italie, démesurément vantée. Les circonstances ne le permirent pas, et ma santé encore moins. A peine rétabli d'une maladie extrêmement grave, c'eût été, après un si long voyage, abuser tout-à-fait de mes forces que de le finir à cheval et à pied, comme cela est indispensable par les deux routes dont je viens de parler. Je fus donc obligé de passer pour la quatrieme fois le Mont-Cénis, où du moins pour la premiere j'eus l'occasion et le plaisir de me faire ramasser. De là je regagnai Geneve : j'étois charmé de voir cette ville célebre à plus d'un égard, et je l'aurois vue avec plus d'intérêt encore si j'avois pu prévoir que, peu de mois après, un des hommes (1) que

(1) M. de Barenthe, préfet du Léman. Je suis trop lié avec lui pour en faire l'éloge : tous ses administrés me suppléeront.

j'aime et estime le plus en deviendroit le premier administrateur. Mais Geneve n'a pas besoin de considérations personnelles pour inspirer beaucoup d'intérêt : la beauté de son site, l'industrie de ses habitants ; le grand nombre d'hommes distingués qu'elle a produits, tout y excite la curiosité du voyageur, et je regrettai de ne pouvoir y donner en quelque sorte qu'un coup-d'œil. J'avois rendez-vous pour le même jour à Nyon, et encore je voulois en passant m'arrêter à Ferney : je ne voulus pas du moins quitter Geneve sans avoir vu la maison de Rousseau, et je trouvai piquant de voir le même jour le lieu où il avoit reçu la vie, et celui où Voltaire avoit passé la plus grande partie de la sienne. Cette maison de Rousseau, toute insignifiante qu'elle est, m'auroit fait palpiter de saisissement dans le temps où je croyois que ce grand écrivain avoit calculé le jeu de ses systémes avant de les publier, et qu'il connoissoit un peu la société qu'il vouloit régler : mais aujourd'hui qu'une terrible révolution nous a fait payer si cher une fâcheuse expérience, aujourd'hui que tant d'évènements pressés ont donné plus de lumieres aux écoliers qui les ont vus que n'en avoient auparavant les maîtres qui ne raisonnoient que sur la théorie, Rousseau, en conservant tous ses titres à l'éloquence, n'est plus guere regardé que comme un des sophistes les plus dangereux, et des esprits les plus faux qui aient existé. Le charme a cessé, le magicien a perdu les trois quarts de son crédit; la masure où il a reçu le jour a cessé d'être un temple, et est redevenue une masure, du moins voilà toute l'impression qu'elle me fit.

J'ajouterai que quoique, sous le rapport du talent, J. J. Rousseau soit un des hommes dont Geneve aura toujours le plus à s'honorer, c'est peut-être à Geneve que ses systèmes sont jugés avec le plus de justice, et même de sévérité. Il est trop vrai que ses éloquentes rêveries sur les enfants et sur les sociétés ont bouleversé l'éducation, ont beaucoup contribué à bouleverser l'Europe; et qu'après de cruelles épreuves on en est réduit à revenir à presque tout ce qu'il a proscrit. Il n'y a pas aujourd'hui un bon esprit qui ne sente la déraison des systèmes qu'il a soutenus, et sur-tout l'imprudence de plusieurs questions qu'il a élevées.

J'allai de Geneve à Ferney en suivant quelque temps les bords du charmant lac de Geneve, qui orne le charmant pays de Vaux. Il me tardoit d'arriver à Ferney, à l'habitation chérie de ce Voltaire qui a bien aussi ses torts, mais, ce me semble, de moins grands, et qui, je crois, aura plus de titres dans la postérité, et en tout est un homme d'un ordre encore supérieur.

Je traversai avec plaisir le beau village de Ferney, que Voltaire avec quelque raison a appelé son meilleur ouvrage, et qui, m'a-t-on dit, s'est encore embelli depuis sa mort. Le château de Ferney, auquel on arrive par une avenue agréable, n'est pas fort grand ni fort magnifique. On ne peut avoir un plus beau génie que Voltaire, mais il est possible d'avoir un plus beau château. Celui de Ferney a sept croisées de face sur quatre de profondeur. Il appartient à un particulier, qui permet avec beaucoup de complaisance à tous les étrangers de visiter la chambre de Voltaire; mais par une plaisanterie assez bizarre, il y a logé le curé de Ferney. Au curé près, on retrouve dans cette chambre tout ce qui y étoit du temps de Voltaire; la tenture, le lit, les meubles, les portraits de Catherine II, de madame du Châtelet, et jusqu'à ceux de la blanchisseuse et du ramoneur du patriarche de Ferney. On ne peut se défendre d'un intérêt profond en se trouvant dans la retraite d'un des hommes qui ont eu le plus de talent, et certainement de celui qui a eu le plus d'esprit. Je m'en arrachai avec regret pour aller voir la petite église qu'il avoit fondée : comme elle étoit fermée je ne pus la voir; mais je vis sur un de ses côtés extérieurs le très simple monument de pierre que Voltaire avoit fait préparer à ses cendres. On n'a pas suivi sa volonté à cet égard quoiqu'elle eût dû être sacrée, et il est étonnant que contre les intentions expresses de Rousseau et de Voltaire, les cendres de l'un ne soient pas à Ferney, et celles de l'autre à Ermenonville. J'ose dire qu'elles y inspireroient plus d'intérêt que par-tout ailleurs, et j'en juge par celui que m'inspiroit le tombeau désert de Voltaire : il commence déja à se dégrader, et je vis un lézard qui se glissoit entre ses pierres désunies. Cette petite circonstance prête tellement à faire des phrases qu'on croiroit que je l'ai imaginée si je profitois de l'occasion ; mais je n'ai garde, sur-tout ici, et ce seroit, ce me semble, échouer au port. Je quittai avec regret ce monument, et je ne voulus pas m'éloigner de Ferney, peut-être pour toujours, sans avoir fait quelques pas sur cette terrasse dont Voltaire parle quelquefois, et qui d'un côté est dominée par les Alpes, et de l'autre par le Jura. J'allai la voir, et je jouis quelques instants de sa position véritablement heureuse. Je me disois que là où j'étois, Voltaire avoit sans doute passé et composé cent fois, et je me laissois aller aux idées que ce lieu inspire, quand j'entendis sortir d'un des appartements du château les sons d'un *forte*, et bientôt, en s'accompagnant avec goût, une voix très douce chanta cette romance de Gulnare : *Un jour voyant mon ami dans la peine.* Je ne sais comment expliquer l'effet que me fit cet air imprévu. J'arrivois du fond de la Sicile, j'avois vu d'autres hommes et d'autres mœurs ; je ne faisois que remettre le pied sur le sol de la France, j'entendois pour la premiere fois un air de mon pays ; il me fit l'effet du rans des vaches ; j'oubliai Voltaire, Rousseau, Ferney ; je ne pensai plus qu'à ma patrie que j'allois revoir avec tout ce que j'y avois laissé de cher, et je sentis couler quelques larmes de joie.

O France ! pays charmant où j'ai eu le bonheur de naître, on ne te quitte jamais impunément. Célebre par la beauté opulente de ton sol, par la sociabilité de tes habitants, par toutes les aisances de la vie perfectionnée, tu mérites ta réputation, et il n'y a rien de si rare. Je t'aimerois sans tout cela, et quand tu ne serois que ma patrie : mais ce n'est pas sans plaisir qu'en voyant les autres pays, j'ai senti combien j'avois à me féliciter du mien. Oui, l'on fait fort bien de voyager en Italie et ailleurs ; mais, comme l'a dit Montesquieu, il faut vivre en France.

FIN.

TABLE
DES CHAPITRES.

Le pont de Beauvoisin . . . . Page 1
Les Echelles 3
La Maurienne. 5
Le Mont-Cénis 11
Turin 18
Milan 22
Lodi 26
Parme 28
Encore Parme 36
Bodoni 42
Colorno 47
La Chartreuse 50
Modene 54
Bologne 56
La Toscane 60
L'Etat ecclésiastique 65
Rome 68
Naples 72
Traversée 76
Nos compagnons de voyage 83
Nouveau plan 86

Un couvent de Capucins	Page 91
Coup-d'œil sur la Sicile	95
Suite du voyage	100
Palerme	105
Etude sur les mœurs	111
Paris	112
Retour à Naples	115
Excursion	118
Encore deux mots	128
Quelques détails sur Naples	134
Musique	138
Statues et tableaux de Naples	145
Pausilippe	153
Le Vésuve	163
Herculanum	166
Portici	168
Portici-Herculanum	169
Pompeïa	181
Pæstum	195
Marais Pontins	197
L'église de Saint-Pierre	202
Le Vatican	215
Chambres de Raphaël	219
Le Belvedere	229
Monte-Cavallo	233
Fontaine de Trévi	237

TABLE.

Le Capitole	Page 241
Campo-Vaccino	243
Le Colysée	246
Les colonnes	250
Description	253
Académie de France	258
Académie des Arcades	259
Promenades	263
Conversations	265
Le sigisbéisme	267
Les mœurs	275
Education	284
Villa Borghese	287
Les palais	292
Essai sur le beau et le joli	299
Les deux statues	303
La fontaine Egérie	305
Transteverins	307
Le cimetiere des protestants	308
Scala Santa, le saint Escalier	310
Canova	312
Le Panthéon	315
Le clergé	319
Tivoli	322
Campagne de Rome	330
Les arts à Rome	333

TABLE.

Spectacles	Page 336
Coup-d'œil général.	347
Notre-Dame de Lorette	351
Côte de l'Adriatique	353
Mantoue	354
Doutes	355
Le chapitre des regrets	361
Geneve, Ferney	362

FIN DE LA TABLE.

www.ingramcontent.com/pod-product-compliance
Lightning Source LLC
Chambersburg PA
CBHW070449170426
43201CB00010B/1269